Réaliser son premier court-métrage

SONY
HDV

Réaliser son premier court-métrage

CHRIS PATMORE

EYROLLES

Titre original en langue anglaise :
Movie making course

Traduction française : Lucas del Rex

Coordination et réalisation éditoriale
pour l'édition française : Belle Page,
Boulogne

61, boulevard Saint-Germain
75240 Paris cedex 05
www.editions-eyrolles.com

ISBN : 2-212-11702-7
Imprimé en Chine
N° d'éditeur : 7252
Dépôt légal : janvier 2006

SOMMAIRE

Introduction

AINSI, VOUS VOULEZ ÊTRE CINÉASTE ? VOUS RÊVEZ DE TRAVAILLER AVEC DES MÉGABUDGETS HOLLYWOODIENS, DE CÔTOYER LE GRATIN DU CINÉMA ET DE VOIR VOTRE ŒUVRE PROJETÉE AUX YEUX D'UN PUBLIC EN EXTASE. LA CHANCE VOUS SOURIRA PEUT-ÊTRE ET VOTRE RÊVE SE RÉALISERA, MAIS SI CÉLÉBRITÉ ET GLOIRE SONT VOS SEULES MOTIVATIONS, VOUS ALLEZ AU-DEVANT DE DÉCONVENUES CERTAINES. COMME TOUTES LES FORMES D'ART (ET LE CINÉMA EST UNE ACTIVITÉ ESSENTIELLEMENT CRÉATIVE, MALGRÉ CE QUE LAISSENT CROIRE CERTAINES PRODUCTIONS D'HOLLYWOOD OU D'AILLEURS), LA RÉALISATION D'UN FILM EXIGE TALENT ET PASSION, IMAGINATION ET CRÉATIVITÉ. ARMÉ DE CES QUALITÉS, VOUS ÊTES PRÊT À FAIRE VOTRE PREMIER FILM ; CERTES PEUT-ÊTRE PAS *CITIZEN KANE*, MAIS VOTRE PROPRE CRÉATION.

Allez au bout de vos rêves ▶
Alfred Hitchcock et Paul Newman sur le tournage du *Rideau déchiré* (1966). Budgets faramineux, stars internationales et succès planétaire sont le rêve de tout cinéaste en herbe, mais il faut bien débuter, et les courts-métrages restent la meilleure école.

LES NAINS AUSSI ONT COMMENCÉ PETITS...

Ce livre n'a pas pour but d'expliquer comment fabriquer un succès hollywoodien. Il s'agit bien de court-métrage, étape souvent obligée avant la réalisation d'un long-métrage, mais surtout moyen très accessible de vous initier à l'art du cinéma et d'aiguiser votre talent. Ce que vous y apprendrez sera applicable à de plus grosses productions. Concrètement, raconter une histoire en dix minutes peut être autrement difficile qu'en quatre-vingt-dix. C'est une question d'économie, ce qui ne veut pas dire de budget.

SILENCE ! MOTEUR ! ACTION !

L'ambition de ce livre est de vous apporter les connaissances fondamentales en matière de technologie et de méthodologie du cinéma avec très peu de moyens ou parfois pas du tout. Vous découvrirez les combines du film guérilla et les ficelles des vieux de la vieille pour faire du zéro budget. Et ce, avec un maître mot : « Action ! ». Finies les mauvaises excuses : « je ferai mon film quand j'aurai lu ce livre, puis cet autre » ; « je ne peux pas commencer tant que je n'ai pas l'argent pour engager une équipe et payer les frais de matériel », etc. Cet ouvrage est truffé d'informations qui vous seront nécessaires pour tourner votre film presque sans argent. Et on pourrait même dire que moins vous aurez de moyens, plus vous aurez à être inventif. Vous n'y perdrez jamais. Même si vos films ne sont jamais projetés en salle, leur réalisation aura été un loisir gratifiant, bon marché et amusant.

On dit souvent aux écrivains en herbe : « Lisez beaucoup et écrivez beaucoup. » Le conseil vaut pour les aspirants cinéastes. Regardez le plus possible de films, notamment sur DVD, avec les commentaires et les bonus. Vous avez là une école de cinéma à domicile avec les meilleurs intervenants professionnels imaginables. Vous y trouverez les plus précieux conseils et la même stimulation intellectuelle et créative que dans une école de cinéma.

Après les informations techniques, le chapitre des « Projets » apporte quelques idées pour vous aider à démarrer, au cas où vous auriez besoin d'un peu d'inspiration. Et ce, dans une multitude de genres cinématographiques. Alors commencez à faire des films et, qui sait, votre rêve deviendra peut-être réalité ? Ce n'est pas pour rien qu'on surnomme Hollywood « l'usine à rêves ». L'expérience étant le meilleur maître, il faut donc maintenant vous lancer !

STACK

Et l'homme créa le cinéma (un peu d'histoire)

C'EST SOUVENT PAR MANQUE D'ÉQUIPEMENT ET D'EXPÉRIENCE QU'ON COMMENCE PAR TOURNER DES COURTS-MÉTRAGES. AINSI EN FUT-IL AUX DÉBUTS DU CINÉMA : LES TOUT PREMIERS FILMS NE SONT QUE DES EXPÉRIMENTATIONS TECHNOLOGIQUES DUES À DES INVENTEURS. LES FRÈRES LUMIÈRE CHOISIRENT L'ÉVÉNEMENT LE PLUS QUOTIDIEN (DES OUVRIERS SORTANT DE LEUR USINE) POUR METTRE À L'ÉPREUVE LEUR TROUVAILLE, LE CINÉMATOGRAPHE. N'EST-CE PAS CE QUE CHACUN FAIT POUR ESSAYER SA CAMÉRA ?

Le Voyage dans la Lune ▲
Le chef-d'œuvre incontournable du prolifique réalisateur de courts-métrages Georges Méliès mêle prises de vues réelles et animation.

Les premiers films, réalisés par des scientifiques, étaient quasiment tous de nature documentaire, avec pour thème des trains et autres moyens de transport. Mais dès lors que les caméras tombèrent aux mains des artistes, un nouveau monde s'ouvrit. Passé la fascination initiale devant un train arrivant en gare, le public réclama des images plus divertissantes. Dès les balbutiements du septième art, les cinéastes s'efforcèrent d'utiliser des effets spéciaux, lesquels étaient souvent le fruit du hasard, d'une utilisation erronée du matériel. Ainsi, une caméra qui s'enraye quelques instants, faisant apparaître et disparaître des personnages sur la pellicule, est à l'origine du premier film fantastique du magicien du cinéma français Georges Méliès. Plus de 500 autres courts-métrages suivirent, parmi lesquels le fameux *Voyage dans la Lune* (1902), où se mêlent prises de vues réelles et animations simples.

Les pionniers développèrent également des techniques telles que le très gros plan, les mouvements de caméra et même le montage en champ/contre-champ, toujours d'actualité. Outre l'absence de son si caractéristique, ces innovations achevèrent la différenciation du cinéma d'avec le théâtre. Une nouvelle manière de raconter des histoires était née.

LES ATTENTES DU PUBLIC

La notoriété du cinéma grandit au même rythme que sa popularité. Des cinéastes tels que D. W. Griffiths produisirent des films de fiction de plus en plus longs et le public était prêt à payer le prix pour les voir. En revanche, pour des raisons pratiques, les films d'animation, les actualités filmées, et même les comédies, demeurèrent des courts-métrages, projetés en complément des longs-métrages.

Au début des années 1920, les courts-métrages de Charlie Chaplin, W. C. Fields, Laurel et Hardy, les films d'animation de Max Fleischer et du jeune Walt Disney s'avérèrent d'une incroyable popularité, au point d'attirer parfois plus de public que le film lui-même, et de devenir l'outil idéal pour l'expérimentation du son synchrone. Malheureusement, cette percée du cinéma de divertissement coïncidait avec les débuts de la crise de 1929, à l'heure où la préoccupation principale n'était certainement pas de se distraire dans les salles obscures.

L'ARRIVÉE DU COURT-MÉTRAGE

Afin d'attirer le public, les studios d'Hollywood redoublèrent d'efforts dans la réalisation de courts-métrages plaisants de qualité. Cependant, tous n'étaient pas des comédies. De nombreux drames, des séries à suspens sortirent des studios. Et pourtant, malgré sa popularité, le court conservait sa réputation de cousin pauvre du film de série B, d'où son peu de moyens. La télévision acheva de tuer l'industrie hollywoodienne du court-métrage. Mais, paradoxalement, ce nouveau média fournit du travail à une génération entière de réalisateurs de courts, en offrant un nombre toujours croissant de créneaux d'une demi-heure que les cinéastes d'animation, alors très demandés, remplissaient par 10 minutes de dessins animés, à l'image des indémodables « Looney Tunes ». L'avènement de la télévision commerciale alla de pair avec le développement d'un tout nouveau type de courts-métrages, les publicités, ô combien importantes pour la vie d'une chaîne.
Durant cette période, les cinéastes européens produisirent des courts-métrages moins commerciaux, de nature plus expérimentale, plus focalisés sur la dimension artistique que distrayante du cinéma, que ce soit en prises de vues réelles ou d'animation. Ce travail imprégna peu à peu les longs-métrages, jusqu'à influencer très nettement les cinéastes du monde entier.
À partir des années 1970, la popularité du court-métrage connut un net déclin, notamment parce que les cinéastes indépendants se concentrèrent sur le long-métrage, délaissant le court aux amateurs et aux artistes. On assiste de nos jours à un véritable renouveau de ce genre, en grande partie grâce aux caméras vidéo numériques à prix raisonnables et aux systèmes de montage modernes. De plus en plus de gens osent réaliser des courts-métrages et les diffuser, autant sur Internet que dans les festivals. Bien que la qualité ne soit pas toujours de mise, de véritables talents sont ainsi révélés. L'avenir du court-métrage est donc assuré.

Charlie Chaplin ◄
Avec ses courts-métrages muets, où il incarna l'inénarrable Charlot, il devint une icône internationale, de nos jours encore vénérée.

Laurel et Hardy ▲
Le légendaire duo comique assura la transition vers le cinéma parlant grâce à ses inusables courts-métrages.

Un quart d'heure de gloire

IL ÉTAIT UNE FOIS UN CINÉASTE QUI TENAIT À RACONTER UNE HISTOIRE SIMPLE ET PROFONDE AVEC UN BUDGET RESTREINT. IL DONNA NAISSANCE À UN SUCCÈS INTERNATIONAL. TOUT EST DONC POSSIBLE AVEC UN COURT-MÉTRAGE BIEN FICELÉ. VOILÀ DE QUOI STIMULER VOTRE INSPIRATION.

Little Terrorist ▲
L'affiche du film qui fut nominé aux Oscars.

Ashvin Kumar est un cinéaste de la nouvelle génération du cinéma indien (au même titre que Asif Kapadia, le réalisateur de *The Warrior*, en 2001) dont le travail contribue à montrer qu'au-delà de Bollywood, les grands studios de cinéma de Bombay, il est possible de créer de somptueux films, dans la tradition de Satyajit Ray.

Après des études de journalisme et de communication, Ashvin commença à tourner des courts en vidéo, des publicités et des clips musicaux à Londres, en même temps qu'il montait sa société de post-production numérique à New Delhi. Quelques essais infructueux pour intégrer une école de cinéma le conduisirent à penser qu'il avait plutôt intérêt à investir son argent dans un film qu'il réaliserait lui-même, faisant ainsi son auto-formation. Le moyen-métrage de 48 minutes auquel il donna jour en 2003, *Road to Ladakh*, reçut un accueil positif et fut projeté dans le monde entier. Son format ne lui permettant pas d'être sélectionné dans les festivals de courts-métrages, Ashvin décida d'écrire un film de 15 minutes relatant l'histoire d'un jeune Pakistanais de 12 ans qui franchit accidentellement la frontière de l'Inde.

La production de *Little Terrorist* commença en novembre 2003. Avec un budget d'environ 25 000 euros, Ashvin publia une annonce sur shootingpeople.org et recruta ainsi toute une équipe de bénévoles prêts à payer leur voyage en Inde.

En dehors des frais d'avion et de la rémunération des acteurs locaux, le tournage en Inde permettait de maintenir les coûts de production au minimum. Cependant, il fallut faire face à des difficultés particulières, notamment les températures extrêmes du désert du Rajasthan, même au mois de janvier, période pourtant la plus douce de l'année. Par ailleurs, le

La jeune star ▲
Une scène du film, où Jamal, le « terroriste », se cache des gardes-frontières à sa poursuite.

En pleine action ▲
Ashvin Kumar (à droite) et son directeur de la photo, Markus Huersch, discutent de la meilleure manière de tourner une scène.

Un coup du sort ▲
Le feu dévastant la tente où la pellicule était stockée.

Aménagement des lieux ◄
La maison où se déroulent la plupart des actions a dû être spécialement construite afin de permettre l'accès à la caméra et au matériel (lumière, machinerie, etc.).

Un public pas comme les autres ◄
De nombreux curieux mirent en danger la production ainsi que leur propre vie en observant le tournage depuis le bord de la carrière.

contraste violent entre ombre et lumière créé par le soleil intense dans cette région fut un véritable casse-tête pour le directeur de la photographie.

Le tournage, prévu sur six jours, ne laissait aucune place aux erreurs et à l'imprévu. Mais que serait le cinéma sans imprévus ? Citons, entre autres, la tente qui a pris feu (par bonheur, la pellicule fut sauvée), les 200 villageois intrigués qui observaient le tournage et transformaient la prise de son en véritable cauchemar, les problèmes de communication avec les acteurs non anglophones, etc. Enfin, malgré tout cela le délai fut respecté.

Une fois le film dans la boîte, Ashvin enfila sa casquette de monteur pour terminer son œuvre. À la bande originale composée par Nainita Desai, il choisit de mêler de la musique folklorique indienne enregistrée sur place. Les interprètes, les musiciens du groupe Lanngar, apparaissent dans le film sous les traits d'une troupe de troubadours.

La première mondiale du film eut lieu en septembre 2004 au Festival des films du monde de Montréal où il obtint le premier prix. Fin 2004, le film avait été sélectionné dans 20 festivals, remportant deux prix et une nomination aux Récompenses européennes du cinéma. Au festival de Manhattan, il gagna le Prix du public, qui consistait en un ensemble d'aides matérielles (location d'une caméra pour deux mois, matériel lumière et machinerie, 50 000 dollars de frais de laboratoire et d'auditorium, ainsi que huit semaines de montage et post-production…) permettant de réaliser un premier long-métrage. Un prix inestimable pour le jeune cinéaste. Le couronnement de la carrière de *Little Terrorist* fut sa nomination pour l'Oscar du meilleur court-métrage en 2005.

En 18 mois, le film est passé de simple concept dans un petit studio londonien au glamour de la plus prestigieuse manifestation d'Hollywood, grâce à la lucidité et la détermination d'un cinéaste soutenu par la générosité profonde d'une équipe. Ceci pour dire que le talent et une organisation sans faille peuvent suppléer à bien des moyens jugés indispensables par ceux qui en bénéficient !

Le décor principal ▲
L'extérieur du décor principal, une maison de village.

Construction des tours ▲
Les décors furent construits par des artisans du village.

Les caméras vidéo

POUR TOURNER UN COURT-MÉTRAGE, VOUS AUREZ D'ABORD BESOIN D'UNE CAMÉRA (SAUF SI VOUS LE DESTINEZ À L'ANIMATION SUR ORDINATEUR). POUR LE CINÉMA, IL EXISTE DES CAMÉRAS FILM ET DES CAMÉRAS VIDÉO, AVEC POUR CHACUNE UNE GAMME DE FORMATS VARIÉS. LA VIDÉO NUMÉRIQUE (DV) FAIT FUREUR AUJOURD'HUI ET EST TRÈS LARGEMENT À L'ORIGINE DE LA RÉSURGENCE DU COURT-MÉTRAGE.

Les éléments d'une caméra ▼
Toutes les caméras vidéo ont les mêmes constituants de base. Cependant, chaque modèle a sa spécificité et son style propre, comme cette HDR-FX1 de Sony, premier modèle grand public de la gamme HDV (High Definition Video).

Écran de contrôle : Ajustable, il facilite le visionnage, quel que soit l'angle ou la position de la caméra, mais il n'est pas assez précis pour évaluer la balance des couleurs et l'exposition.

Micro : Vérifiez les prises des micros externes pour une meilleure prise de son direct. Les prises XLR, surtout sur les caméras haut de gamme, sont les meilleures.

Contact pour accessoires : Ici sont fixés les micros externes ou petits projecteurs.

Viseur : Équipé d'un minuscule écran numérique, pas aussi précis que la visée reflex des caméras cinéma.

Cache de l'objectif : Il protège l'objectif des rayons de lumière incidents à l'origine du « flare » qui dégrade l'image.

Batterie : Prévoir plusieurs batteries, surtout lorsque le branchement sur secteur est impossible.

Cassette : Plus l'accès à la cassette est aisé, plus le changement de bande est rapide.

Commandes d'accès direct aux fonctions : Permettent un contrôle manuel des réglages de la caméra.

Zoom : La plupart des caméras ont un objectif non interchangeable, sauf la Canon XL et certains modèles professionnels. Vérifiez le rapport optique de zoom (habituellement 10x environ).

3 CCD : Le chiffre correspond au nombre de capteurs, variable. Le mieux est le 3 CCD, mais certaines caméras mono-CCD donnent aussi de très bons résultats.

Bague de mise au point : Préférez un accès aisé à la mise au point manuelle, pour un aspect plus professionnel.

Réglage du diaphragme : Sur les caméras haut de gamme, il permet d'ajuster la quantité de lumière traversant l'objectif.

Il existe sur le marché plusieurs formats de DV, depuis la miniDV grand public jusqu'à la HDV (High Definition Video) professionnelle comme celle qui a été utilisée pour la série *Star Wars*.

QUEL FORMAT CHOISIR ?

Pour nous, le choix de la miniDV semble le plus évident. Cependant, le DVCAM, la Béta numérique (Digital Betacam) et les nouvelles caméras HDV sont des solutions envisageables, quoique plus onéreuses. Il est préférable de s'en tenir à la vidéo numérique plutôt que d'utiliser les anciens formats analogiques, tels le VHS, le S-VHS, le Hi-8, et même le Béta analogique professionnel.

Outre la médiocre qualité de résolution des modèles grand public, ces formats sont souvent plus coûteux et compliqués à manipuler, notamment pour la numérisation des rushes, seul moyen d'exploiter les avantages du montage virtuel.

Autre atout de la vidéo numérique : sa capacité à conserver sa qualité originale, quel que soit le nombre de copies faites.

Des films distribués en salle ont été tournés en miniDV, notamment *Le Projet Blair Witch* (Eduardo Sánchez et Daniel Myrick), *Time Code* (Mike Figgis), *Full Frontal* (Steven Soderbergh) et *28 Days Later* (Danny Boyle). N'est-ce pas la preuve évidente que le cinéma n'exige pas obligatoirement et uniquement la pellicule comme support ? Si votre ambition est d'apprendre le métier de cinéaste et de participer éventuellement à des concours ou des festivals, de faire des DVD, de les diffuser sur les réseaux câblés locaux, ainsi que sur Internet, alors le format DV est idéal.

Caméra professionnelle ▶
Sony est au premier rang des caméras grand public de qualité professionnelle. La PDX 10 offre le DVCAM, le 3 CCD et la prise XLR à un prix inférieur à certaines caméras d'occasion similaires.

Caméra HDV ▲
JVC a lancé sur le marché une des premières caméras HD grand public, alliant la qualité « broadcast » (répondant aux normes de télédiffusion) à un prix abordable. Les concurrents ont immédiatement répliqué avec leurs propres produits. Une aubaine pour les cinéastes !

Adaptable et universelle ▶
La caméra Canon XL DV est appréciée par de très nombreux réalisateurs, à Hollywood comme parmi les cinéastes indépendants. L'un de ses multiples avantages réside dans ses objectifs interchangeables. La XL2 (photo) offre également un balayage progressif et un véritable capteur 16/9 (non anamorphosé).

CONSEILS D'ACHAT

Si vous achetez votre première caméra DV, évitez autant que possible les modèles premiers prix. Il leur manque souvent les caractéristiques fondamentales sans lesquelles vous aurez des difficultés à effectuer un travail correct : un bon objectif, une résolution de qualité raisonnable, une prise pour micro externe (mini-jack ou, nettement mieux, XLR) et une connectique DV in/out. Vu les progrès technologiques, le rapport qualité-prix ne cesse de s'améliorer ; consultez donc les magazines de consommateurs afin de vous renseigner sur les produits et de comparer leurs prix.

S'il est inutile de dépenser plus que nécessaire pour l'achat d'une caméra, vouloir économiser sur certaines options utiles est aussi un mauvais calcul – même si les caméras DV les plus bas de gamme auront toujours plus d'options que certains anciens modèles professionnels. Tout en vous concentrant sur l'histoire à raconter plutôt que sur le vaste sujet de la technique, n'oubliez pas qu'une mauvaise image et un son défectueux n'ont aucune chance de captiver l'attention du public.

L'immense avantage du DV est indéniablement son prix. Pour preuve, deux heures de pellicule 16 mm avec développement et télécinéma (sans compter la location de la caméra) équivalent à peu près à l'achat d'une caméra DV semi-professionnelle avec 12 heures de bande. L'inconvénient du numérique n'apparaît que lorsque le film doit être projeté au cinéma, car le transfert de la bande vers le 35 mm est extrêmement coûteux. Mais si le destin de votre film en DV est d'être produit en salle, vous pouvez exiger du distributeur qu'il paye lui-même le kinéscopage.

LOUER OU ACHETER ?

Le choix du format dépend de votre budget et du circuit de diffusion du film une fois terminé. Si vous savez qu'il sera diffusé à la télévision, le DVCAM ou la Béta numérique sont les meilleures solutions, car ils garantissent à la fois une haute qualité d'image et un véritable 16/9. Les prix sont élevés mais restent accessibles, d'autant que leur utilisation assure une exploitation commerciale.

Pour des tournages occasionnels, il est plus intéressant de louer. Les progrès techniques étant rapides, la location offre la possibilité soit d'utiliser un matériel dernier cri, soit de louer des caméras plus anciennes à un prix réduit.

Le marché de la caméra grand public et semi-professionnelle est soumis à une telle concurrence qu'il n'est pas difficile d'obtenir des offres de financement à paiement différé. Dans ce cas, la location devient alors moins intéressante.

Avant tout, il s'agit de savoir équilibrer son budget et de réaliser le film de la meilleure qualité possible.

Les caméras film traditionnelles

Le terme de « film » convient tant au support de l'art cinématographique qu'aux œuvres qui en résultent. Pour chaque type de film, il existe un éventail de formats. Le choix du support et du format qui lui sera associé dépend donc du budget et des ambitions que vous vous fixez, deux aspects généralement indissociables.

- ▸▸ 16 mm : le meilleur format pour les petits budgets
- ▸▸ 16 mm standard ou Super16 ?
- ▸▸ Petit format : le Super 8

LE FORMAT DE PELLICULE

Le 35 mm

L'argent est généralement le facteur décisionnel dans le choix du format. La pellicule 35 mm dépasse sans doute le cadre de ce livre, car il s'agit d'un format professionnel très onéreux – même si certains réalisateurs ingénieux ont pu y recourir pour presque rien. Sauf exception, il est assez rare de parvenir à tourner son premier court-métrage en pellicule 35 mm.

Bolex RX5 ▲
Compagnons des cinéastes indépendants durant des décennies, les vénérables caméras Bolex 16 mm sont disponibles en version « moteur à ressort » ou alimentées par batteries. On en trouve d'occasion à bon prix.

Le 16 mm

Juste après le 35 mm vient le 16 mm. Format idéal pour tourner en analogique des films indépendants et à petit budget, il offre l'avantage d'une pellicule et d'une caméra moins chères que celles du 35 mm. De qualité excellente, il sera aisément « gonflé » en 35 mm si vous obtenez une sortie en salle. Un grand nombre de cinéastes indépendants à présent renommés ont utilisé ce format pour leur premier long-métrage : Éric Zonca (*La Vie rêvée des anges*), Robert Rodriguez (*El Mariachi*), Spike Lee (*She's Gotta Have it*), Jean-Luc Godard (*À bout de souffle*)... Si vous envisagez de montrer votre œuvre dans des festivals, préférez ce support, bien que la vidéo numérique soit de plus en plus prisée.

16 mm standard ▶
Si vous êtes angoissé à l'idée d'acheter une caméra d'occasion, sachez que l'on trouve des caméras 16 mm remises à neuf, à prix raisonnable, en particulier sur le web.

En matière de 16 mm, vous avez le choix entre le 16 mm standard et le Super 16. Le 16 mm standard fut longtemps celui des tournages télé, car il adopte le même format d'image 4/3 que le petit écran et prévoit d'être doté d'une piste pour le son. L'avantage du Super 16 est son format panoramique de 1.66:1, proche du 16/9 de la télévision haute définition. Il est de surcroît particulièrement adapté au gonflage en 35 mm. Malheureusement, l'image élargie s'étend sur le bord de la pellicule, initialement destiné à accueillir la piste son. Le Super 16 requiert une caméra spéciale et les projecteurs doubles-bandes dédiés ne sont pas légion.

LES PETITS FORMATS

Ces formats grand public sont les plus accessibles. Le Super 8, avant l'arrivée des caméscopes, était le support privilégié des films familiaux. La pellicule est vendue en cartouches de 15 mètres (environ 2 minutes

Caméra pro Super 8 ▲
Film pro 8 mm ◄
Pour tourner en Super 8, il existe toute une gamme de pellicules, de services de développement et de télécinéma, des caméras neuves ou remises à neuf. Si vous ne disposez pas de commerçants spécialisés, pensez à consulter le web où des sites se sont développés et proposent de nombreux modèles. Braun Nizo, Canon, Beaulieu et Nalcom sont d'excellents choix.

et 30 secondes à 24 images par seconde). On les place dans la caméra pour tourner, puis on les envoie à un laboratoire pour le développement. Ce format est bien trop petit pour une application professionnelle, à moins que vous ne recherchiez ce style des films d'antan ou que votre budget soit vraiment dérisoire. Quelques fabricants commercialisent encore ces caméras, surtout vendues d'occasion à très bon prix, sur eBay par exemple. Avec la pellicule, le Super 8 peut s'avérer onéreux, comparé aux récents caméscopes numériques (DV) ; pourtant il a toujours ses inconditionnels (voir pages 116-117).

LE MATÉRIEL

Mais une caméra seule ne suffit pas, surtout en ce qui concerne le 16 mm. Vous devrez également acquérir des objectifs, une cellule afin de mesurer la lumière et du matériel pour l'enregistrement du son. Contrairement à la vidéo, vous ne pouvez pas enregistrer le son directement sur la caméra. Il vous faudra donc impérativement un magnétophone adapté : le DAT (Digital Audio Tape) s'est récemment imposé sur le marché, grâce à ses qualités audio, sa facilité d'utilisation et son prix. Pour le son, reportez-vous pages 72-75.

Et il faudra encore prévoir un peu de machinerie (pieds de caméra, rails, chariots...) plus du matériel de montage. Voir pages 16-17 et 86-91.

LA PELLICULE

AVANTAGES

Qualité de l'image – La pellicule offre une meilleure résolution et des couleurs de qualité supérieure.

Contrôle – La vitesse des ralentis est davantage maîtrisable.

Distribution – La plupart des salles sont exclusivement équipées en projecteurs film, malgré une évolution.

Archivage – L'image fixée sur pellicule se dégrade moins vite.

INCONVÉNIENTS

Coût – L'équipement et le support sont onéreux. Les coûts de la pellicule et du développement ne laissent aucune place aux erreurs ou à l'expérimentation.

Expérience – Il est nécessaire d'avoir des connaissances en matière d'éclairage ainsi qu'en photométrie et photochimie pour obtenir de bons résultats.

Équipe – Au moins une personne supplémentaire est indispensable pour la prise de son.

LOUER OU ACHETER ?

Le 35 mm dépasse le budget du plus grand nombre et impose donc la solution de location. Quant au 16 mm, tout dépend du sérieux de votre projet et de votre volonté de réaliser d'autres films à l'avenir. S'il s'agit d'un projet professionnel et que vous n'avez pas accès à une caméra par vos amis ou votre école, vous devrez louer. Vous tournerez avec du matériel moderne, fiable, bien entretenu et, si par malheur une panne se produisait, vous bénéficierez sans doute de matériel de remplacement. De plus, le prix de location est une dépense que vous pourrez inclure dans les coûts de production, charges fiscalement déductibles. La location est d'autant plus évidente pour les longs-métrages financés.

Si vous avez la chance de vous voir proposer une caméra à un prix très avantageux, assurez-vous qu'elle est en bon état et qu'elle convient à l'utilisation que vous lui réservez. L'achat d'une caméra peut présenter des inconvénients, notamment en cas de panne. Les frais de réparation étant à votre charge, le tournage risquerait d'être arrêté faute de moyens. Si la réalisation de courts-métrages est un hobby, sans enjeux professionnels importants, ces caméras bon marché peuvent être le choix idéal : vous pourrez sans doute accomplir ce que vous attendez, sans dépasser leurs capacités techniques. Une fois votre tournage terminé, vous aurez toujours la possibilité de revendre votre caméra, sans grosses pertes financières.

Quelques accessoires

UNE FOIS CHOISIE VOTRE CAMÉRA, FILM OU VIDÉO, IL FAUT RÉFLÉCHIR AUX ACCESSOIRES INDISPENSABLES POUR QU'ELLE SOIT, LITTÉRALEMENT, SUR PIED. TOUTE UNE SÉRIE DE DISPOSITIFS EST ENVISAGEABLE POUR L'INSTALLER : TRÉPIED, GRUE, DIVERS TYPES DE STEADICAM, ET LA « DOLLY ». CHACUN AYANT UNE UTILITÉ PROPRE ET UN PRIX SPÉCIFIQUE.

LES SUPPORTS DE CAMÉRA

Les trépieds

Le modèle le plus utile est sans conteste le trépied. Pour une caméra vidéo, préférez-en un de bonne qualité. Les modèles professionnels sont généralement vendus en deux parties, les « branches » et la « tête » – l'élément essentiel et le plus onéreux. Une tête fluide est indispensable pour un tournage sérieux : un trépied simple ne suffit que pour des plans fixes ; dans les mouvements, tels que les « panoramiques » (suivi d'action horizontal) ou les « tilts » (mouvement vertical), le manque de souplesse produit une image approximative, mais sans le rendu caractéristique de la caméra-épaule. Les têtes fluides les plus chères sont habituellement livrées avec des systèmes permettant de les adapter facilement à d'autres supports, comme les grues et les dollies.

Les modèles grand public de trépieds à tête fluide peuvent rendre de bons services. Mais dans une optique professionnelle, investissez dans un produit de qualité comme ceux de chez Sachtler ou Vinten. Vous le garderez des années, il ne se démodera pas aussi vite que les autres technologies, et vous pourrez sûrement le revendre sans perte.

Flowpod ►
Pour atténuer les secousses causées par une caméra-épaule, surtout lorsqu'il faut marcher ou courir, un stabilisateur est indispensable. Le prix d'un système complet de Steadicam est exorbitant et nécessite un opérateur aguerri. Des solutions bon marché, comme le FlowPod, offrent un rendu très correct.

Têtes fluides ▼
Les trépieds à tête fluide sont essentiels pour filmer des mouvements souples, ce qui est d'autant plus important en vidéo. Choisissez-en un correspondant à votre caméra (ni trop lourd ni trop léger), adaptable à plusieurs hauteurs et compatible avec les éléments de machinerie que vous voulez utiliser. Le modèle présenté ici vient de chez Miller, détenteur du premier brevet de tête fluide.

Trépied léger compact ▲
Ce trépied, utilisable à des hauteurs allant de 70 à 160 cm, peut supporter une caméra pesant jusqu'à 10 kg.

Trépied léger ◄
Ce trépied combine une tête fluide à rotule de 75 mm avec des branches légères, solides, se déployant totalement à plat. Il comporte un système de contrepoids réglables, un niveau à bulle, et pèse 2,25 kg.

Le Steadicam

Un harnais muni d'un bras articulé suspendu à l'aide de poulies compose le « Steadicam ». L'opérateur peut ainsi suivre une action avec une grande liberté de mouvements. L'image reste très fluide car ce système absorbe en souplesse les secousses provoquées par les déplacements. À la différence du travelling sur chariot, ce procédé donne l'impression d'une caméra qui flotte et peut constituer un choix de mise en scène affirmé. Le Steadicam est un équipement très onéreux mais il existe des modèles spéciaux pour caméra DV qui peuvent également servir de « monopod ».

Et le reste

N'oubliez pas de prévoir aussi l'équipement pour la lumière (pages 52-55) et l'enregistrement du son (pages 72-75), en fonction des conditions de tournage et de la caméra. En outre, une multitude de petits éléments sont indispensables sur un plateau, à commencer par le clap.

LE CLAP

Vos tournages n'auront jamais l'air parfaitement professionnels sans clap. Chez un spécialiste, il vous coûtera cher, quel que soit le modèle : la traditionnelle ardoise noire ou le plus moderne tableau blanc. Les claps numériques, peu nécessaires pour vous, indiquent le « timecode ». On trouve dans les magasins de gadgets des claps en tableau noir trois fois moins chers et suffisants. Un clap n'est indispensable que si vous enregistrez séparément le son et l'image : l'image du clap fermé et le son provoqué par sa fermeture indiquent le point de synchronisation. Si vous tournez en vidéo avec son synchrone (audio et vidéo sur le même support), il est plus économique d'utiliser un simple tableau où seront notées les informations nécessaires avant chaque prise. Rien de plus simple que de fabriquer vous-même le vôtre, en utilisant une petite ardoise blanche sur laquelle les diverses sections seront dessinées au feutre indélébile. Sur le tournage elle servira d'identification et, avec une liste des plans tournés, facilitera le montage, particulièrement si votre caméra affiche le timecode.

Matériel informatique ▶
Le iMac offre une puissance colossale dans un design compact et a l'avantage d'être livré avec tous les logiciels basiques nécessaires au montage, à la musique et à la création de DVD. Il peut également accueillir Final Cut Pro (et Express), standard du montage virtuel.

Clap ▲
Incontournable, le clap donne une touche pro, mais il est onéreux et indispensable seulement en cas d'enregistrement séparé du son et de l'image.

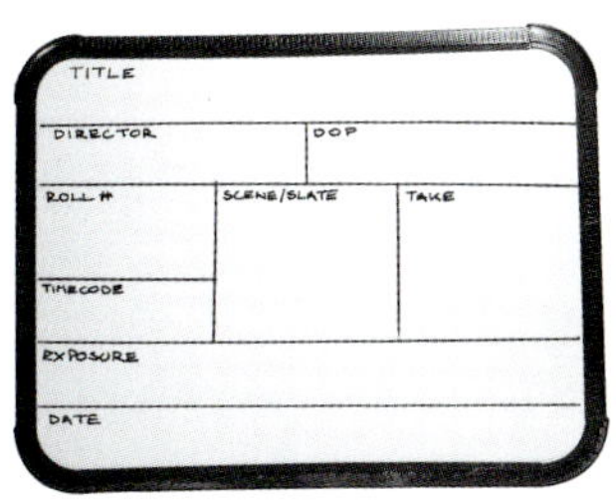

Ardoise blanche ▲
En vidéo, elle peut servir de clap. Dessinez au feutre indélébile les cases permanentes et utilisez, au tournage, des stylos effaçables pour identifier chaque prise.

L'ORDINATEUR

Pour compléter votre équipement, il ne manque plus qu'un ordinateur capable d'effectuer certaines tâches, depuis l'écriture du scénario jusqu'au montage, en passant par la budgétisation. Comme pour la caméra, visez la qualité. Tous les Macintosh constituent un excellent choix, notamment grâce au logiciel Final Cut qui s'est imposé comme la référence en matière de montage virtuel. Les modèles Apple, le eMac, le iMac et le iBook, sont prévus pour les logiciels nécessaires à la production d'un film et à la création de vos propres DVD (voir pages 86-91 pour les logiciels).

Prêt à tourner?

Une caméra, un micro, un trépied et un ordinateur : voilà l'équipement essentiel à la réalisation de tout premier court-métrage. Sans oublier quelques provisions de film ou de bande. Les dizaines d'autres accessoires seront évoqués dans les chapitres suivants, le plus important étant, à présent, de vous lancer et de vous familiariser avec votre équipement.

AVANT DE COMMENCER

Le cinéma a cette particularité d'être une réalisation autant solitaire que collective. L'écriture du scénario se fait seul, la pré-production avec un ou deux assistants de confiance, tandis que le tournage réunit le casting et l'équipe avant de laisser le réalisateur en binôme, voire seul s'il le fait lui-même, lors du montage. Présent à toutes les étapes, le réalisateur est au centre des responsabilités, qui l'isolent parfois, et sa capacité à en gérer le poids rend la tâche enthousiasmante, ou écrasante.

Le court-métrage offre une expérience, dans des proportions moindres, du cycle de production, impliquant tous les rôles présents dans un long-métrage, mais en modèle réduit.

UNE PIÈCE EN TROIS ACTES

Trois étapes distinctes composent la fabrication d'un film (la pré-production, le tournage et la post-production), chacune comptant différentes tâches caractéristiques. Combien d'entre elles effectuerez-vous ? Et dans quelle mesure ? Cela dépend de vous et de la nature de votre film. En revanche, plus tôt vous prendrez l'habitude de travailler avec méthode, plus simple sera la gestion de votre carrière naissante.

La pré-production constitue les « fondations » de votre film. Une préparation minutieuse est donc fondamentale pour assurer la solidité du projet. Hitchcock allait jusqu'à dire : « Le film est terminé, il ne reste plus qu'à le tourner ! » Les pages qui suivent décrivent, plus ou moins dans l'ordre où vous les traverserez, les étapes importantes avant de tourner. Et maintenant, à l'action !

La chasse aux idées

ON DIT QUE LA NATURE HUMAINE EST SOUMISE À DEUX PRINCIPES DE BASE : LE DÉSIR ET L'ACTION. UNE IDÉE NOUS VIENT, ET NOUS LA TRANSFORMONS EN ACTION – ENFIN, C'EST LA THÉORIE. CONCRÈTEMENT, C'EST SOUVENT PLUS COMPLIQUÉ, ON A TENDANCE À PASSER PAR DES DÉTOURS QUI PEUVENT RETARDER L'ACTION.

⏩ Filmer ce que vous connaissez : le documentaire
⏩ Fictions : exploiter les contraintes

Avec le cinéma, rien de plus simple. Une idée surgit pour une histoire ou un documentaire, on attrape sa caméra et on se met au travail. Enfin presque… Car, malheureusement, on a souvent des idées, mais c'est la réalisation qui se complique : toutes les raisons de ne pas s'y mettre semblent justifiées ! Parfois, c'est l'inverse, on a la caméra et la motivation mais pas la moindre idée. Pour faire un film, idée et action doivent être réunies. Parce qu'un film c'est avant tout le résultat d'une synergie entre plusieurs individus, un travail d'équipe où l'on met à profit les talents de chacun.

IDÉES DE DÉPART

Pour l'exercice, admettons que vous ne faites pas partie d'un réseau de cinéastes, mais que vous venez d'acquérir une caméra avec l'envie de faire un film. Vous commencez par vous promener caméra au poing en filmant tout ce qui bouge pour vous familiariser avec votre matériel : c'est un excellent entraînement avant de vous embarquer dans un véritable projet. Cependant le résultat risque d'être d'un intérêt très limité. Ce qu'il vous faut, c'est une idée.

Grâce au court-métrage, vous avez l'extraordinaire possibilité de choisir un thème unique et de l'explorer autant que vous le souhaitez, dans un temps minimal. Un conseil habituel aux débutants : écrivez à propos de ce que vous connaissez. Si, pour vous, transmettre efficacement une idée en 10 minutes seulement représente un véritable défi, vous pouvez commencer par le documentaire. Trouvez un sujet qui vous passionne, car sans passion à l'écran vous ne captiverez jamais un public. Ce peut être n'importe quoi, de la collection de timbres au club de bridge du quartier. Plus le sujet est obscur, plus l'approche nécessite de créativité. Vous trouverez plus d'informations sur la réalisation d'un documentaire dans le chapitre « Projets ».

Ayez l'œil ▼
Lisez, consultez les journaux, regardez la télévision. Soyez à l'affût du monde et inspirez-vous de ce qui vous entoure.

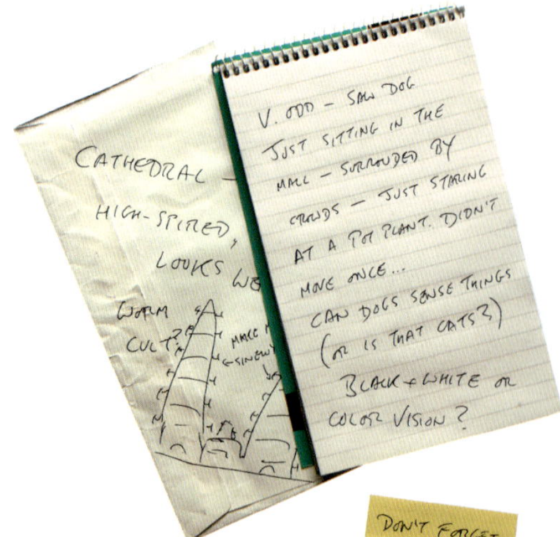

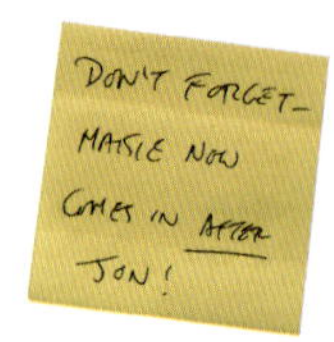

Prenez des notes ▶
Ne laissez pas s'évaporer cette brillante idée surgie dans le bus. Ayez toujours sur vous un calepin et prenez l'habitude de noter ce qui vous vient.

HISTOIRES BRÈVES

Si vous êtes un conteur dans l'âme, les mêmes règles s'appliquent. Écrivez sur un sujet que vous connaissez, mais limitez vos ambitions pour cette première expérience. Auparavant, faites le point sur ce dont vous disposez en matière de casting, d'accessoires et de décors. Votre imagination se nourrira de ces contraintes et le résultat vous surprendra.

Un des principaux défis réside précisément dans la limitation du temps. Vous avez tout intérêt à fixer à l'avance la durée de votre film. Inutile d'être extrêmement précis, mais une fourchette raisonnable (« pas plus de » et « pas moins de ») vous aidera à rester structuré. Mieux vaut être trop court que trop long: voyez ce qu'on peut raconter en 5 minutes, et comme 15 minutes d'une histoire mal ficelée peuvent être ennuyeuses.

Au moment de rassembler vos idées, ne vous inquiétez pas si elles vous paraissent peu originales. La singularité naîtra de votre approche et de votre interprétation. Le plus important, c'est de s'y mettre, d'apprendre en faisant et, par-dessus tout, d'exercer impitoyablement son sens de l'autocritique.

CONSULTEZ ÉGALEMENT

Pages 22–25 : *Des histoires efficaces*

Pages 106–109 : *Documentaires de 10 minutes*

Nourrissez votre inspiration ▼

Une fois que vous tenez cette première idée fondamentale, rassemblez tous les éléments qui vous inspireront (cartes postales, curiosités dénichées dans un marché aux puces…). Notez également vos trouvailles dans un journal de bord.

DES FILMS IMPROBABLES

Certains films au succès retentissant, que les producteurs avaient refusés considérant l'idée de base comme sans potentiel commercial, ont vu le jour grâce à la ténacité de leur réalisateur. En voici dix exemples. Mais la liste n'est pas exhaustive.

1 ***Dans la peau de John Malkovich* :** Un marionnettiste infortuné découvre un accès direct pour pénétrer le cerveau de l'acteur John Malkovich et tente d'exploiter la situation.

2 ***Les Dents de la mer* :** Un énorme requin mangeur d'hommes sème la terreur sur la côte ouest des États-Unis.

3 ***Clerks* :** Un vendeur d'épicerie est contraint de travailler un jour de congé. Mésaventures et papotages entre amis pour une journée pas comme les autres.

4 ***The Toxic Avenger* :** Quand un gringalet faible d'esprit tombe dans une cuve de déchets radioactifs, le voilà transformé en un super-héros armé de balai-serpillière.

5 ***Pi* :** Un mathématicien part à la quête de l'énigme de l'Univers par l'analyse des chiffres et de l'écriture hébraïque.

6 ***Bugsy Malone* :** Une comédie musicale de gangsters interprétée exclusivement par des enfants.

7 ***Toy Story* :** Les jouets d'un petit garçon s'animent dès qu'il sort de sa chambre. Un nouveau venu, cadeau d'anniversaire, va semer la zizanie dans cet univers.

8 ***Easy Rider* :** La chevauchée fantastique de deux marginaux sur des motos très personnalisées.

9 ***Harold et Maude* :** Un jeune homme, obsédé par la mort, rencontre une vieille dame de 80 ans lors de l'enterrement d'un étranger. Ils tombent amoureux.

10 ***Chicken Run* :** La grande évasion d'un poulailler d'élevage avec toute une colonie de poules en pâte à modeler.

Des histoires efficaces

NOMBREUSES SONT LES RECHERCHES ET LES THÉORIES SUR L'ART DE RACONTER DES HISTOIRES, ÉCRITES OU FILMÉES. LES ROMANS ET LES LONGS-MÉTRAGES POSSÈDENT LEUR STRUCTURE PROPRE, LES COURTS-MÉTRAGES EN ONT UNE AUTRE.

- ▸▸ Captiver le public
- ▸▸ La recette hollywoodienne
- ▸▸ L'odyssée du héros

Bien que certaines de ces théories soient largement acceptées et fournissent des formules magiques, rien ne préjuge de la bonne manière de raconter une histoire. Mais si elle est mauvaise, elle sautera aux yeux de celui qui échoue à intéresser son public.

LES FICELLES DU MÉTIER

L'essentiel dans une histoire, c'est bien moins ce que l'on raconte que la manière de le raconter. Un bon orateur peut transformer la plus stupide banalité en véritable merveille, alors qu'un conteur médiocre rapportera la capture d'extraterrestres comme une liste de courses. La façon de raconter influe également sur l'interprétation du public. Les médias en sont conscients et savent susciter la sympathie envers telle personne ou tel événement. Ce qui peut être contestable en matière de journalisme est une bénédiction pour le conteur.

Dans un court-métrage comme dans une nouvelle, les personnages principaux doivent être introduits de manière à permettre l'identification du spectateur au héros aussi rapidement que possible parce que vous

Les personnages de l'odyssée du héros ▶
Ce descriptif sommaire se contente de souligner les caractéristiques et fonctions de chaque archétype. La difficulté réside dans le fait que tous ces éléments archétypaux doivent être incarnés dans le psychisme humain. Si vous créez des personnages dans le but précis de représenter certains archétypes, ne perdez jamais de vue qu'ils ne jouent ce rôle qu'en fonction du héros de l'histoire. Pour plus d'informations, reportez-vous à la bibliographie page 140.

LES ARCHÉTYPES

LE HÉROS :
Aussi appelé protagoniste ou personnage principal, il est celui dont on raconte l'histoire. Pas nécessairement bon et courageux (un anti-héros n'est cependant ni l'un ni l'autre), il doit traverser une aventure, physique, émotionnelle, spirituelle, etc., et atteindre son objectif, recevoir une révélation.

LE MENTOR :
Bienfaiteur et guide du héros, il lui transmet les connaissances. On le représente traditionnellement sous les traits d'un vieil homme sage (à l'image de Gandalf, ou d'Obi Wan Kenobi).

L'ANNONCIATEUR :
Ce personnage annonce le héros ou apporte la nouvelle qui déclenche sa quête. Il peut s'agir également d'une personne, un ami ou un amoureux par exemple, qui pousse le héros à accomplir sa mission.

n'avez pas le temps de présenter la *backstory* (le passé des personnages). Parallèlement, les réactions émotionnelles de « l'ennemi » doivent être mises en place très tôt. Avec du talent, on parvient parfois même à susciter à l'égard d'un personnage des sentiments contraires, que ressentira chacun selon sa sensibilité. L'essentiel est de captiver le public aussi vite que possible.

ACCROCHEZ-LES VITE

Dans un long-métrage, il faut saisir l'attention du public lors des 20 premières minutes, même si, en général, le spectateur reste jusqu'au bout parce qu'il a payé sa place ou espère que quelque chose se passe enfin sur l'écran. Pour un court-métrage, où l'on ne dispose même pas toujours de 10 minutes pour raconter l'histoire, le point d'accroche doit survenir le plus tôt possible.

Les courts-métrages sont des tranches d'un récit plus vaste, se suffisant à elles-mêmes. Habituellement, ils sont construits en un acte qui passe par un « climax » et aboutit à une chute surprenante, comme dans les histoires drôles. Ils répondent donc à un autre schéma narratif que les traditionnels trois actes du long-métrage, mais peuvent aussi s'y conformer.

Les méthodes narratives qui suivent sont plutôt celles du long-métrage, mais aisément adaptables à l'écriture du court. Peut-être un peu difficiles à appliquer à un film d'une ou deux minutes qui, pourtant, doit lui aussi comporter un début, un milieu et une fin. Peu importe la méthode que vous choisirez, le but est de captiver votre public, et pour cela votre histoire devra être concise. Un court-métrage devrait toujours être aussi bref que possible, sans mettre en péril le contexte ou le fil du récit.

LA RECETTE HOLLYWOODIENNE

Appelée communément « formule classique hollywoodienne », la structure en trois actes permet de char-

LE GARDIEN DU SEUIL :
Personnage ou objet, il constitue un obstacle sur le chemin du héros. Il peut également s'agir d'une force maligne, comme le doute.

LE MUTANT :
Sans aller jusqu'à des personnages extrêmes comme le mystique des *X-Men* ou un loup-garou, ce personnage présente une apparence trompeuse. La femme fatale, dont la beauté et le charme cachent un aspect sinistre, en est un exemple.

LE LUDION :
Plus connu sous le nom de trickster, il apporte à l'histoire une pause comique, en brisant la tension par ses bêtises ou en semant la zizanie.

L'OMBRE :
Tout ce qui est négatif et doit être détruit par le héros est ombre, même ses propres névroses. C'est le côté obscur que représente Dark Vador.

Les structures narratives ▼
L'odyssée du héros et la formule en trois actes sont les standards du long-métrage hollywoodien, mais elles peuvent convenir aussi bien à des narrations plus courtes. En 15 minutes, *Little Terrorist* parvient à dérouler toutes les étapes de la structure mythologique à travers l'histoire d'un jeune garçon propulsé dans une culture opposée à la sienne et pourtant toute proche géographiquement (voir page 10).

penter très clairement les parties essentielles d'un film : le début, le milieu et la fin. Le premier acte introduit les personnages, la situation initiale et le cadre. Il occupe le premier quart du film. Au deuxième acte, qui représente environ la moitié du film, la plupart des conflits et des actions se mettent en place pour être résolus au cours du troisième acte. L'aperçu est ici très simplifié et requiert des rebondissements dynamisant l'histoire, conventionnellement situés en fin de premier acte, lorsque le héros est forcé d'agir. Au milieu et/ou en fin de deuxième acte, une crise quelconque emporte le protagoniste. C'est alors l'apogée, le climax. Puis vient le troisième acte, où tout peut être heureusement résolu conformément à la sacro-sainte règle hollywoodienne du happy end.

L'ODYSSÉE DU HÉROS

Une structure narrative plus complexe, connue sous le nom d'« odyssée du héros », s'inspire de la mythologie. Fondée sur les travaux du psychanalyste C. G. Jung et les théories mythologiques de Joseph Campbell, cette approche consiste à considérer les personnages et les événements en fonction d'archétypes. Les faits se déploient selon un modèle établi.

De prime abord, la méthode paraît rigide, mais son utilisation est profitable pour analyser une histoire et l'améliorer – non pour l'écrire.

Les meilleures histoires surgissent d'elles-mêmes, comme un flash. Si vous avez l'une de ces inspirations, notez-la comme elle vous vient, sans vous soucier de la structure ni même du contenu. Une fois ce premier jet rédigé, relisez-le et donnez-lui une forme compréhensible.

Examinez ensuite la liste des archétypes pages précédentes pour voir combien vous en utilisez et comparez la structure avec celle de la charte de l'odyssée du héros. Cette méthode fonctionne bien avec une intrigue en trois actes, et peut même offrir des éléments intéressants pour un récit en un acte.

ACTE I

LE MONDE ORDINAIRE

Le monde ordinaire, pour le héros de cette histoire, c'est un village pakistanais près de la frontière indienne où il joue au cricket avec ses amis.

L'APPEL DE L'AVENTURE

L'aventure démarre lorsqu'un ballon est envoyé au milieu d'un *no man's land* truffé de mines. Jamal part à sa recherche, jusqu'à se retrouver du mauvais côté de la frontière.

LA CONFRONTATION

Les gardes-frontières aux trousses, Jamal est paralysé par la peur, malgré les encouragements de ses amis à s'enfuir.

LE MENTOR

Jamal parvient à semer les gardes-frontières et est recueilli par un adorable vieux maître d'école qui lui propose son aide.

LE GARDIEN DU SEUIL

Le vieil homme propose à Jamal d'entrer chez lui par-derrière, mais il se retrouve face à face avec sa fille.

LES ÉPREUVES, LES ALL[IÉS] ET LES ENNEMIS

Les gardes-frontières arrivent à la recherche d'un terroriste musulman. Le vieil homme tond la tête du garçon afin de le faire passer pour un hindou.

De nombreux scénaristes hollywoodiens privilégient cette structure mythologique, notamment parce qu'elle fait appel directement à la part inconsciente de notre esprit (ce que d'aucuns appellent le subconscient).

C'EST UNE AUTRE HISTOIRE

Comme en témoigne l'exemple ci-dessous, un film de 15 minutes, déjà long pour un court-métrage, peut contenir tous les éléments standard de la structure mythologique en trois actes, que l'auteur l'ait conçu consciemment ou non.

Mais faut-il nécessairement entasser tous ces éléments dans un film de 5 minutes ? Les trois actes sont-ils impératifs ? Bien sûr que non ! La seule exigence réside dans la clarté et la concision de l'histoire.

Au stade de l'écriture, interrogez-vous sans cesse sur ce qui doit être gardé ou supprimé. Vous travaillez sur le visuel : efforcez-vous toujours de caractériser les personnages et les situations en vous demandant « comment les montrer » plutôt que « comment les dire ». Et aussi, quel est le meilleur moyen de les montrer ? Quelle doit être la longueur du plan pour faire passer l'idée ?

Ne croyez pas que les courts-métrages soient une option facile ; ils exigent au contraire bien plus de soin dans leur construction qu'une version longue. Pensez à Blaise Pascal qui notait en post-scriptum : « Pardonnez-moi de cette si longue lettre, je n'avais pas le temps de la faire plus courte. »

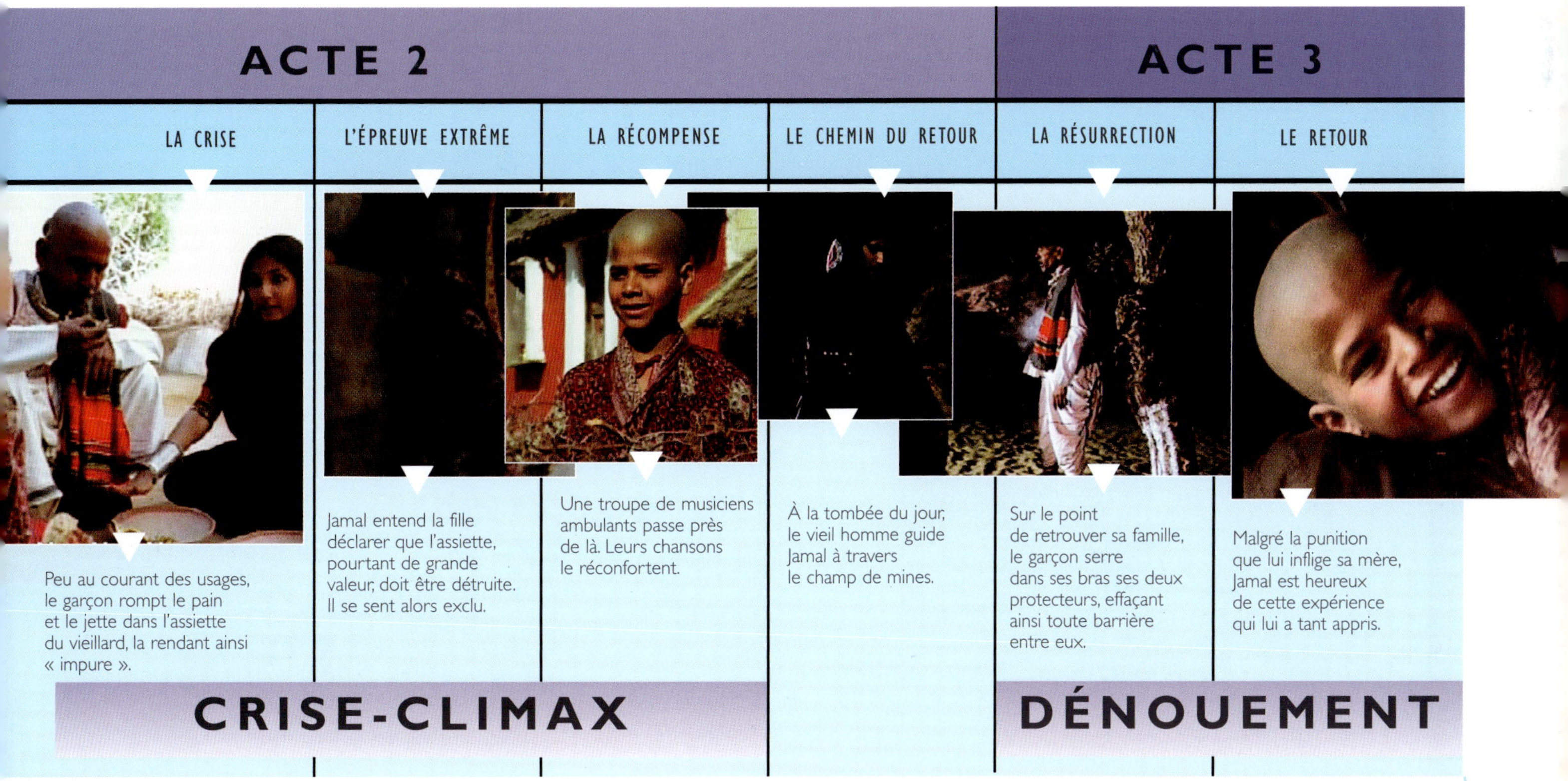

L'écriture du scénario

À PRÉSENT, L'HISTOIRE QUE VOUS DÉSIREZ RACONTER DOIT PRENDRE UNE FORME COMPRÉHENSIBLE ET UTILISABLE PAR TOUS CEUX QUI CONTRIBUERONT À VOTRE PROJET.

La forme qui convient est évidemment celle du scénario, ou script : un document qui doit obéir à certaines règles afin d'indiquer aux acteurs ce qu'ils doivent dire et au reste de l'équipe ce qu'elle doit faire. Pas si simple…

La mauvaise manière ▶
Un scénario mal formaté est presque illisible. Les dialogues disparaissent parmi les informations. Les trop nombreuses indications de caméra sont inutilisables par le réalisateur, et les changements de scène difficiles à identifier.

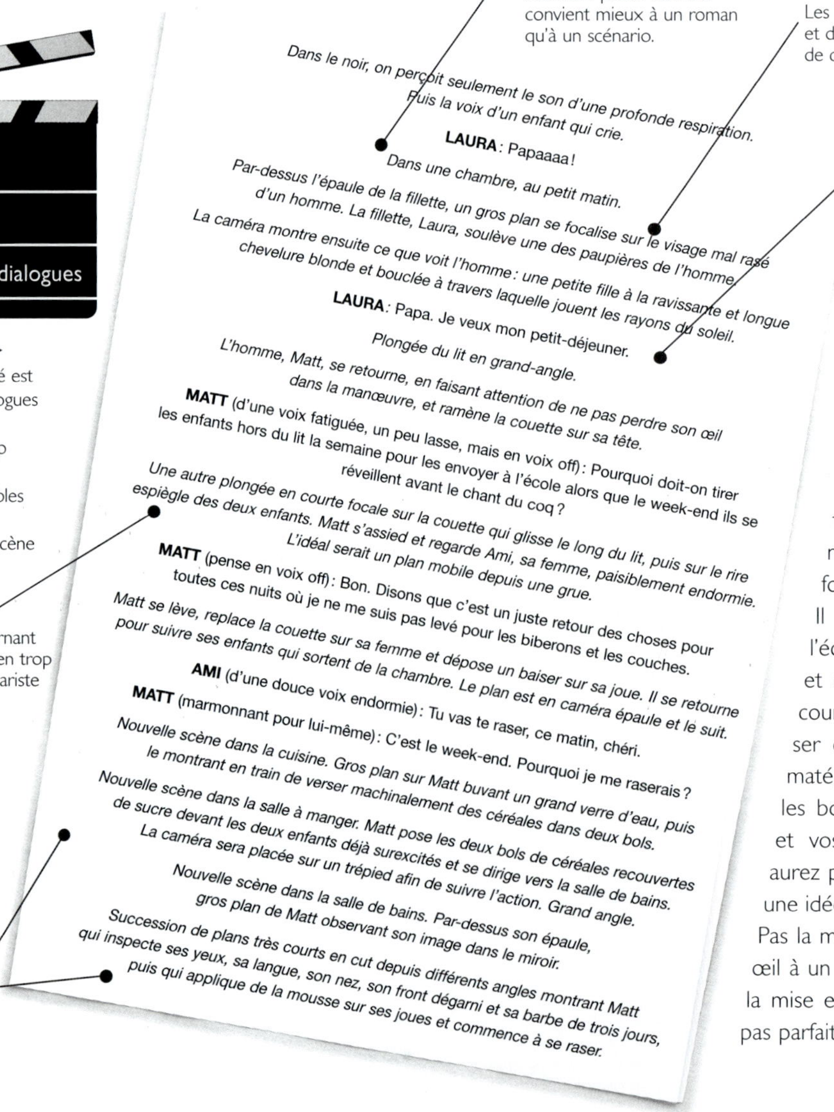

Dans le noir, on perçoit seulement le son d'une profonde respiration. Puis la voix d'un enfant qui crie.
LAURA : Papaaaa !
Dans une chambre, au petit matin.
Par-dessus l'épaule de la fillette, un gros plan se focalise sur le visage mal rasé d'un homme. La fillette, Laura, soulève une des paupières de l'homme.
La caméra montre ensuite ce que voit l'homme : une petite fille à la ravissante et longue chevelure blonde et bouclée à travers laquelle jouent les rayons du soleil.
LAURA : Papa. Je veux mon petit-déjeuner.
Plongée du lit en grand-angle.
L'homme, Matt, se retourne, en faisant attention de ne pas perdre son œil dans la manœuvre, et ramène la couette sur sa tête.
MATT (d'une voix fatiguée, un peu lasse, mais en voix off) : Pourquoi doit-on tirer les enfants hors du lit la semaine pour les envoyer à l'école alors que le week-end ils se réveillent avant le chant du coq ?
Une autre plongée en courte focale sur la couette qui glisse le long du lit, puis sur le rire espiègle des deux enfants. Matt s'assied et regarde Ami, sa femme, paisiblement endormie. L'idéal serait un plan mobile depuis une grue.
MATT (pense en voix off) : Bon. Disons que c'est un juste retour des choses pour toutes ces nuits où je ne me suis pas levé pour les biberons et les couches.
Matt se lève, replace la couette sur sa femme et dépose un baiser sur sa joue. Il se retourne pour suivre ses enfants qui sortent de la chambre. Le plan est en caméra épaule et le suit.
AMI (d'une douce voix endormie) : Tu vas te raser, ce matin, chéri.
MATT (marmonnant pour lui-même) : C'est le week-end. Pourquoi je me raserais ?
Nouvelle scène dans la cuisine. Gros plan sur Matt buvant un grand verre d'eau, puis le montrant en train de verser machinalement des céréales dans deux bols.
Nouvelle scène dans la salle à manger. Matt pose les deux bols de céréales recouvertes de sucre devant les deux enfants déjà surexcités et se dirige vers la salle de bains. La caméra sera placée sur un trépied afin de suivre l'action. Grand angle.
Nouvelle scène dans la salle de bains. Par-dessus son épaule, gros plan de Matt observant son image dans le miroir.
Succession de plans très courts en cut depuis différents angles montrant Matt qui inspecte ses yeux, sa langue, son nez, son front dégarni et sa barbe de trois jours, puis qui applique de la mousse sur ses joues et commence à se raser.

La description du décor dans une prose littéraire convient mieux à un roman qu'à un scénario.

Les indications interminables et décousues sur les mouvements de caméra embrouillent le texte.

Pour éviter les confusions, les noms des personnages doivent toujours être indiqués séparément du dialogue.

Les indications techniques concernant la caméra sont bien trop détaillées. Le scénariste se substitue au réalisateur.

La mise en page est incorrecte, les marges sont trop réduites, en haut et en bas comme sur les côtés.

POINT DE DÉPART

Grâce à l'informatique, la mise en forme d'un scénario s'est considérablement simplifiée. Un script étant somme toute un texte, n'importe quel logiciel de traitement de texte convient. Sur Internet, de très nombreux modèles de documents formatés sont téléchargeables.

Il existe même de logiciels dédiés à l'écriture de scénario. Si vous tournez et réalisez vous-même votre premier court-métrage, vous pouvez vous passer d'un document correctement formaté, mais il faudra ensuite apprendre les bonnes méthodes. Votre expérience et vos ambitions allant croissant, vous aurez probablement le désir de présenter une idée de long-métrage à un producteur. Pas la moindre chance qu'il jette même un œil à un document dont la présentation de la mise en forme jusqu'à la reliure, ne sera pas parfaite.

La bonne manière ►
Un scénario correctement formaté utilise la typographie et la mise en page pour distinguer les éléments qui le composent. Hormis les dialogues et de rares notes techniques, le texte est aligné à gauche. Un scénario ne comporte ni italique ni caractère gras ou souligné

Une indication courte, formulée selon les abréviations usuelles, suffit amplement.

L'indication concernant la caméra est brève, claire et succincte.

Le nom du personnage inscrit au-dessus de la réplique indique clairement à l'acteur le moment de son intervention.

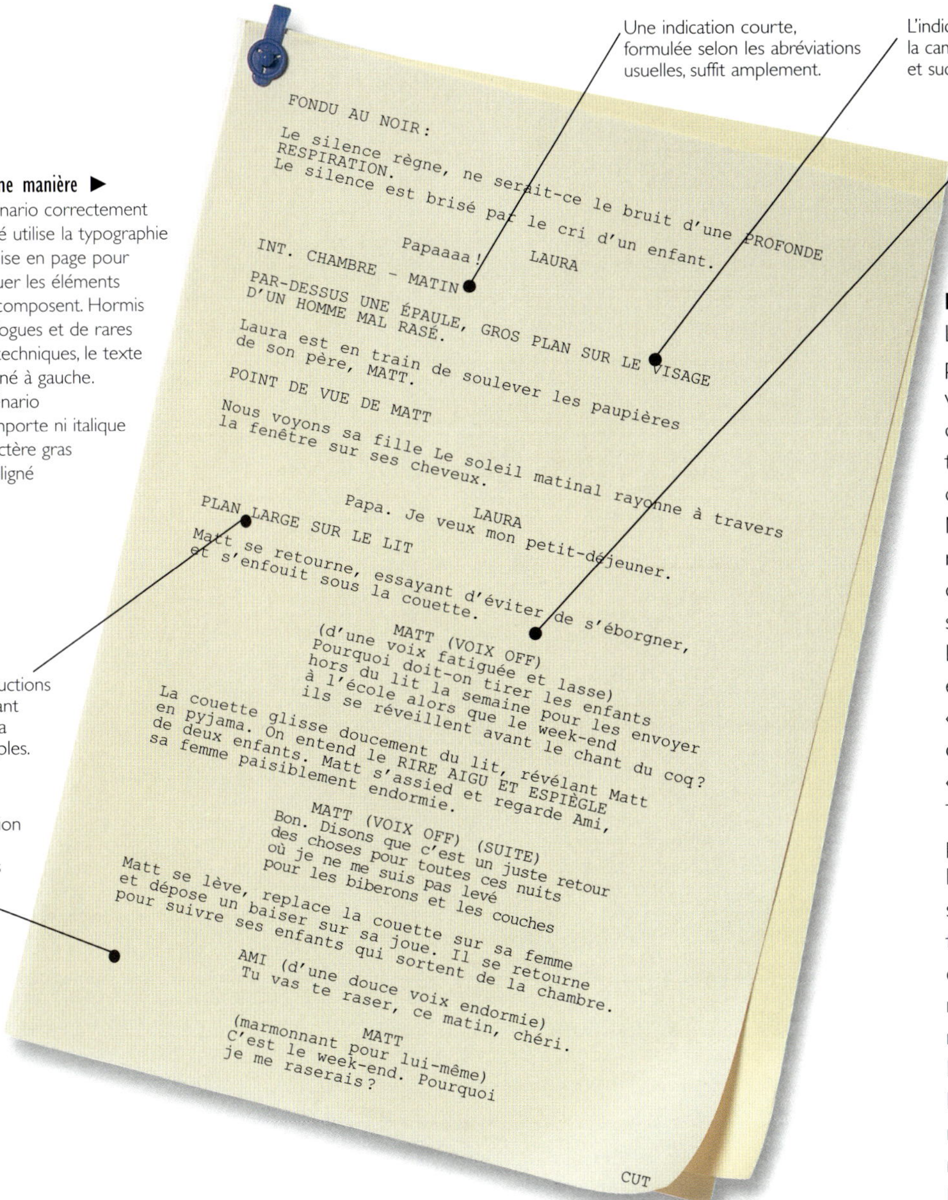

FONDU AU NOIR :

Le silence règne, ne serait-ce le bruit d'une PROFONDE RESPIRATION.
Le silence est brisé par le cri d'un enfant.

LAURA
Papaaaa !

INT. CHAMBRE – MATIN

PAR-DESSUS UNE ÉPAULE, GROS PLAN SUR LE VISAGE D'UN HOMME MAL RASÉ.

Laura est en train de soulever les paupières de son père, MATT.

POINT DE VUE DE MATT

Nous voyons sa fille Le soleil matinal rayonne à travers la fenêtre sur ses cheveux.

LAURA
Papa. Je veux mon petit-déjeuner.

PLAN LARGE SUR LE LIT

Matt se retourne, essayant d'éviter de s'éborgner, et s'enfouit sous la couette.

MATT (VOIX OFF)
(d'une voix fatiguée et lasse)
Pourquoi doit-on tirer les enfants hors du lit la semaine pour les envoyer à l'école alors que le week-end ils se réveillent avant le chant du coq ?

La couette glisse doucement du lit, révélant Matt en pyjama. On entend le RIRE AIGU ET ESPIÈGLE de deux enfants. Matt s'assied et regarde Ami, sa femme paisiblement endormie.

MATT (VOIX OFF) (SUITE)
Bon. Disons que c'est un juste retour des choses pour toutes ces nuits où je ne me suis pas levé pour les biberons et les couches

Matt se lève, replace la couette sur sa femme et dépose un baiser sur sa joue. Il se retourne pour suivre ses enfants qui sortent de la chambre.

AMI (d'une douce voix endormie)
Tu vas te raser, ce matin, chéri.

MATT
(marmonnant pour lui-même)
C'est le week-end. Pourquoi je me raserais ?

CUT

es instructions oncernant caméra ont simples.

pagination aérée, marges ples.

QUELQUES LOGICIELS

Deux logiciels d'écriture sont de plus en plus répandus : Final Draft et Movie Magic Screenwriter. Ils formatent automatiquement le scénario selon les normes et la terminologie en vigueur, et génèrent très facilement des listes de personnages, de scènes, de lieux, etc. Ils permettent également de signaler les changements et les réécritures par des couleurs. Pour vous faire une idée, téléchargez les versions démo sur Internet.

L'ART ET LA MANIÈRE

L'écriture d'un scénario diffère en tous points, ou presque, de l'écriture d'un roman. Le cinéma est un art visuel, l'atmosphère et l'humeur ne peuvent être décrites avec les termes d'un roman. Le texte, destiné tant au réalisateur et aux techniciens qu'aux acteurs, doit être concrètement reproductible face à la caméra. Ne peuvent donc figurer que des descriptions matérielles ou des actions (une lumière, une mimique, un objet, et non une pensée, un regret). Et ces descriptions sont toujours faites au présent.

Les indications sont généralement concises ; ainsi pour exposer le lieu et le moment de la scène :
« INT. SALLE DES ORDINATEURS – NUIT »
ou :
« EXT. RUE – MATIN ».

Tout le monde sait à quoi ressemble une rue, mais vous pouvez, si nécessaire, inclure des détails, la circulation, l'aspect des immeubles, etc. Si vous écrivez un scénario sans connaître les conditions financières de sa réalisation, laissez autant de marge que possible à vos descriptions : qu'elles soient suffisamment caractérisées mais assez souples aussi pour s'adapter à d'éventuelles modifications.

De même, à moins d'un trait physique particulier, inutile de vous éterniser sur le portrait de vos protagonistes. Une astuce efficace : référez-vous à un personnage existant. Si vous écrivez « un personnage à la Aldo Maccione », vous serez immédiatement compris. Vous pouvez aussi avoir en tête un casting imaginaire, même si, vraisemblablement, les comédiens de votre premier film seront recrutés parmi vos connaissances.

QUELLES INSTRUCTIONS DONNER ?

Les instructions concernant la caméra ou la réalisation sont à exclure du scénario. S'il est destiné à un autre réalisateur, il n'en tiendra pas compte. Si vous le réalisez vous-même, vous savez ce que vous voulez faire, et ces indications seront bien plus utiles dans un découpage technique ou un story-board si vous en faites un.

Outre les brèves indications de scène, les quelques descriptions et actions, l'essentiel du scénario réside dans les dialogues, qui sont sans conteste l'élément le plus difficile à rédiger. N'hésitez pas à jouer dans votre tête tous les personnages afin de bien les posséder et d'éviter qu'ils parlent tous de la même manière, ou pire, qu'ils soient stéréotypés.

Une page de scénario correspond à peu près à une minute de film. Mais cette règle s'applique plutôt aux films de plus de 90 minutes, où actions et descriptions s'équilibrent, alors que le script d'un film de 5 minutes peut tenir en une page et, inversement, un film d'une minute nécessiter plusieurs pages.

Quand le scénario vous satisfait (en général, après plusieurs réécritures!), faites-le lire par des acteurs. Vous ne saurez pas si vos dialogues fonctionnent avant de les avoir entendus. Demandez ensuite aux comédiens leurs impressions et notez-les, que vous les trouviez justifiées ou non, car, avec vos propres remarques, elles vous serviront à d'éventuelles révisions ou retouches. Vous serez alors prêt pour une nouvelle étape.

À CONSULTER

www.finaldraft.com: site français du logiciel Final Draft

www.movie-soft.com: site français de vente de logiciels de cinéma, dont Movie Magic Screenwriter

www.simplyscripts.com: lien vers des scénarios de films téléchargeables gratuitement

www.6nop6.com: site du magazine Synopsis

www.scenariopole.net: site pratique pour les scénaristes

Créer une feuille de style ▼

Si vous ne voulez pas acheter un logiciel d'écriture de scénario, créez une feuille de style dans un traitement de texte, comme ici dans Word, et sauvegardez-la dans un modèle de document.

Assurez-vous que dans vos « Préférences », l'unité de mesure est le centimètre puis, dans « Format/Document », onglet « Marges », entrez les valeurs suivantes: gauche: 0 cm; droite: 0 cm; haut: 0,75 cm; bas: 2 cm.

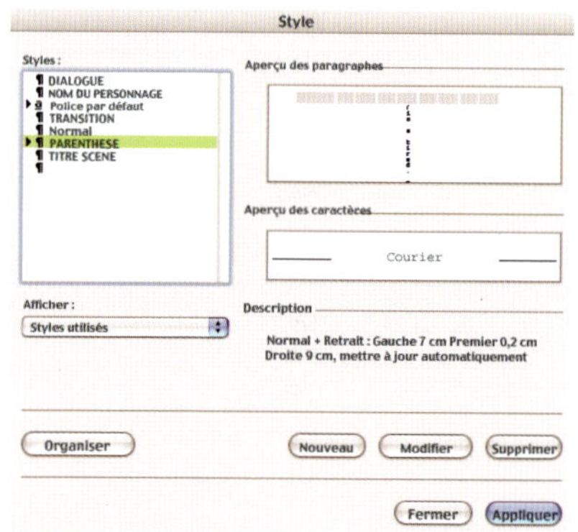

1
Dans le menu Format, sélectionnez « Style » et cliquez sur « Nouveau »

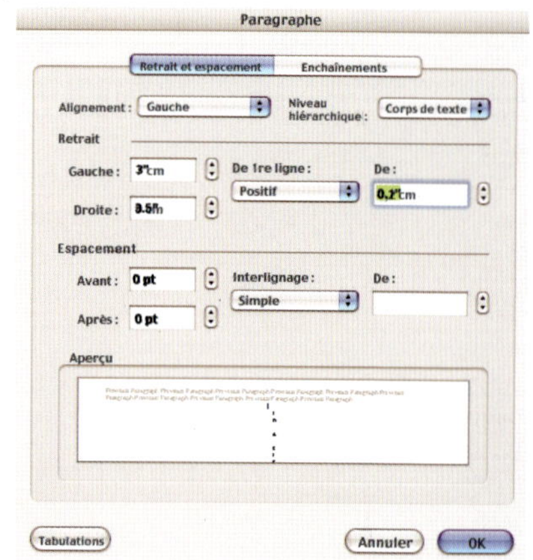

2
Dans la boîte de dialogue, cliquez sur le bouton « Format » puis sélectionnez « Paragraphe » dans la liste déroulante. Renseignez les champs en vous reportant aux valeurs indiquées dans le tableau ci-dessous. Tous les scénarios sont rédigés avec un interligne simple.

Mettre en pages le scénario ▼

Voici les noms des styles les plus fréquemment utilisés et les réglages correspondants.

Nom	Attributs de police	Marge gauche	Marge droite	Espace avant	Retrait	Paragraphe suivant
Nom du personnage	Majuscules	9 cm	2,5 cm	12 pt		Dialogue
Dialogue		6,5 cm	6,5 cm			Action
Parenthèses		7 cm	9 cm		0,2 cm	Dialogue
Titre scène	Majuscules	4 cm	2,5 cm	12 pt		Action
Plans	Majuscules	4 cm	2,5 cm	12 pt		Action
Action		4 cm	2,5 cm	12 pt		
Transitions	Majuscules	4 cm	2,5 cm	12 pt	Alignement droit	Action
Didascalies Acteur	Majuscules	4 cm	2,5 cm	12 pt	Centré	
Didascalies scéniques	Majuscules	4 cm	2,5 cm	12 pt	Centré	

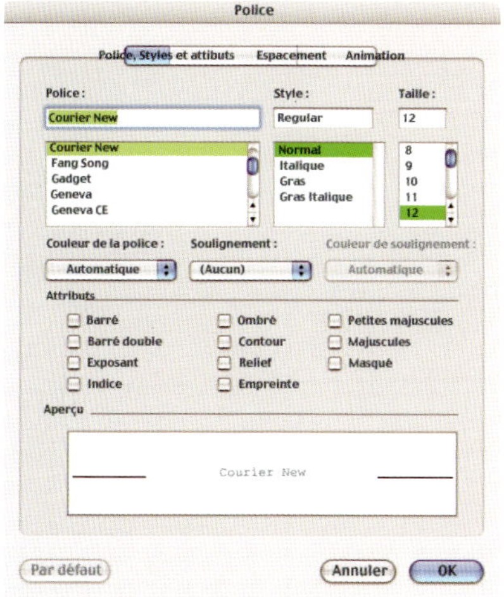

3

Cliquez sur OK pour refermer la boîte de dialogue précédente et sélectionnez de nouveau « Format » puis « Police ». Les scénarios sont généralement rédigés en « Courier New Taille 12 ». Certains styles sont en majuscules, attribut qui peut être sélectionné ici.

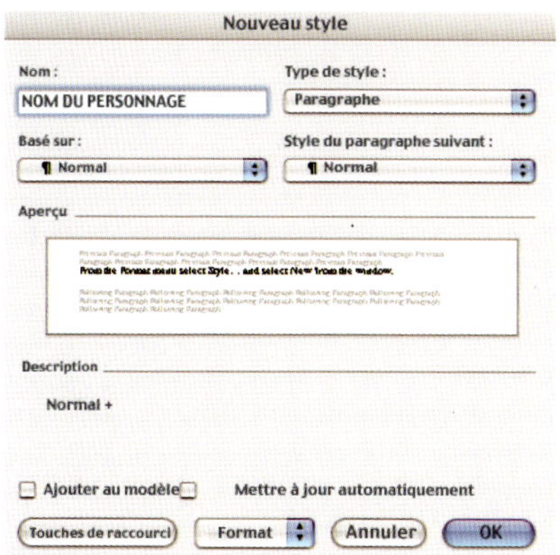

4

Cliquez sur OK pour refermer la boîte de dialogue des options de police et donnez un nom au style (voir tableau page ci-contre). Une fois tous les styles formatés, vous pouvez revenir à leurs options et déterminer le « Style du paragraphe suivant », ce qui vous aidera pour la mise en forme de votre texte.

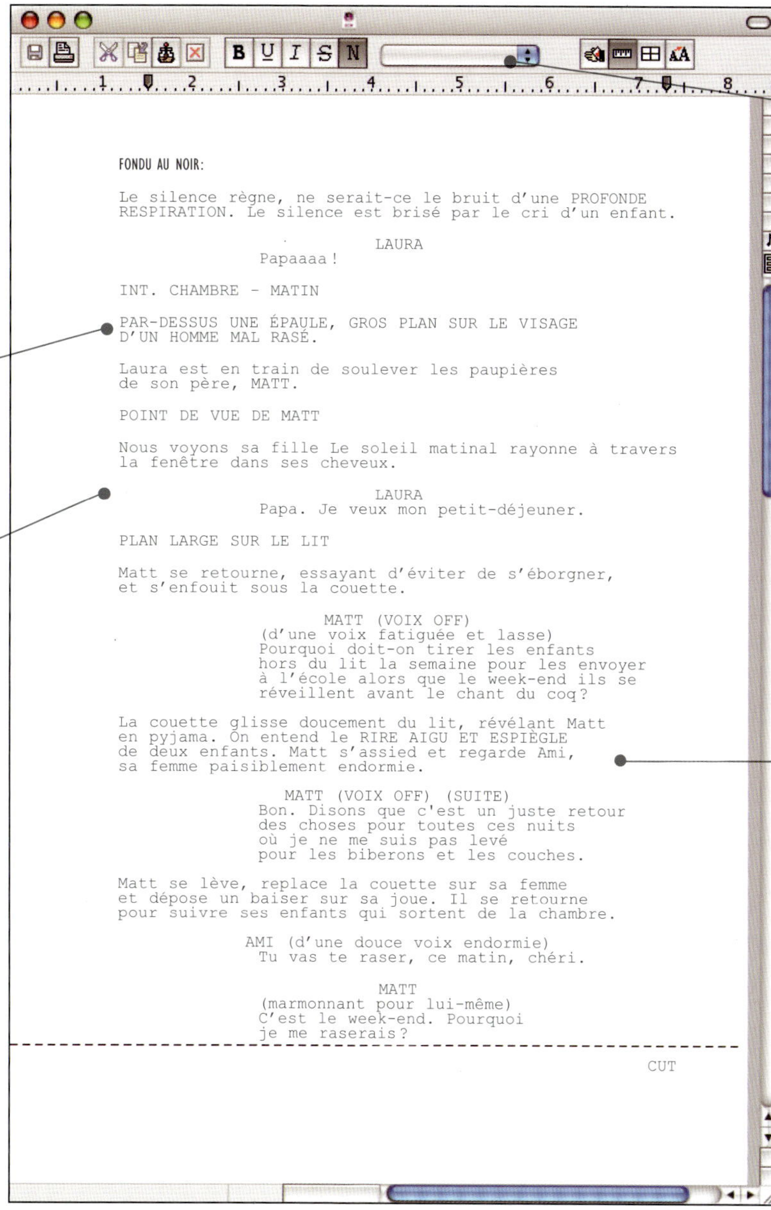

Au service du scénariste ▲

Les logiciels d'écriture de scénario sont des traitements de texte spécialisés qui aident à la mise en pages et au formatage. Ils permettent aussi de préparer le plan de travail. La page ci-dessus est rédigée avec Movie Magic Screenwriter 2000.

Le story-board

LE SCÉNARIO EST LA VERSION ÉCRITE D'UN FILM ALORS QUE LE STORY-BOARD EN EST UNE PREMIÈRE APPROCHE VISUELLE. AUTANT LE PREMIER RÉPOND À DES CRITÈRES DE MISE EN FORME RELATIVEMENT PRÉCIS, AUTANT LE SECOND EST UN EXERCICE ASSEZ LIBRE.

Story-boards dessinés à la main ▼
Sur votre ordinateur, créez des cases au format adéquat et imprimez-les. Crayonnez vos plans dedans et ajoutez des commentaires. Inutile de faire des dessins élaborés, ils ne servent que d'aide-mémoire.

Chaque réalisateur a sa propre vision du story-board. Certains ne présenteront que quelques croquis des scènes les plus complexes alors que d'autres détailleront chaque plan avec précision. La conception du « board » dépend, en général, des méthodes de travail de chacun.

POURQUOI UN STORY-BOARD ?

Une des fonctions du board est de présenter votre vision du film aux autres membres de l'équipe, notamment au directeur photo et au cadreur. Il sert aussi à exposer aux non-spécialistes de l'image, comme les financiers ou certains producteurs, des concepts compliqués. Ainsi, lorsque les frères Wachowski préparaient *Matrix*, ils durent proposer un story-board aux personnes décisionnaires car elles ne comprenaient pas le scénario.

Bien qu'il ne soit pas indispensable de dessiner chaque plan, un board détaillé peut faciliter le déroulement du tournage. Cela ne signifie pas pour autant qu'il faille suivre à la lettre chaque vignette. Un imprévu peut toujours survenir ou une meilleure idée peut surgir au moment du tournage. Restez donc souple et ouvert, pour limiter les sources de tension ou ne pas passer à côté d'un plan génial.

LA MÉTHODE TRADITIONNELLE

Il n'y a pas de règles concernant le degré de précision du story-board, cela dépend essentiellement de l'utilisation que vous souhaitez en faire. Vous pouvez vous contenter de petites fiches de bristol, comme lors de la phase de développement du scénario. Dessinez la vignette et notez vos idées au verso. Une autre solution consiste à imprimer des rectangles (au ratio du format pressenti pour votre film : 16/9, 4/3…) dans lesquels vous crayonnerez les plans. Bristols ou rectangles de papier sont ensuite accrochés à un tableau (« board » signifie tableau en anglais) où ils peuvent être facilement intervertis. Ne vous angoissez pas trop si vous êtes un piètre dessinateur, car la qualité des croquis importe peu. L'impératif, c'est de transmettre l'idée, fût-ce à l'aide de bonshommes bâtons.

L'ANIMATIC

Le story-board permet, en phase de pré-production, de travailler sur le déroulement et le rythme de l'histoire. Dans cette optique, vous pouvez réaliser un « animatic », sorte de vidéo du board, accompagnée des dialogues du scénario. Dans ce cas, filmez avec votre caméra vidéo chaque vignette pendant la durée nécessaire, ou scan-

nez-les. Ensuite, assemblez ces images dans un logiciel et ajoutez le son (musique ou dialogues sommaires).
L'animatic donne une assez bonne estimation de la durée d'un film et permet d'identifier rapidement les scènes ou plans superflus. Pour le court-métrage, c'est un outil précieux car le temps est un paramètre primordial. Le problème se pose moins pour les longs métrages, car la durée peut toujours s'affiner au montage avec des coupes de plusieurs minutes. Mais lorsqu'on ne dispose précisément que de quelques minutes, c'est de chaque seconde qu'il faut tirer le meilleur.
Pour les films d'animation traditionnels (en pâte à modeler par exemple), le story-board est une étape incontournable : puisqu'on modifie le sujet à filmer à chaque image, il n'est pas question de refaire à volonté des prises et des plans. Seules les images de synthèse offrent cette possibilité, mais cela implique un investissement considérable en temps, en travail et en matériel. En revanche, pour les prises de vues réelles, particulièrement en vidéo, vous pouvez tourner l'action sous autant d'angles que vous le désirez. Vous aurez le choix au montage.

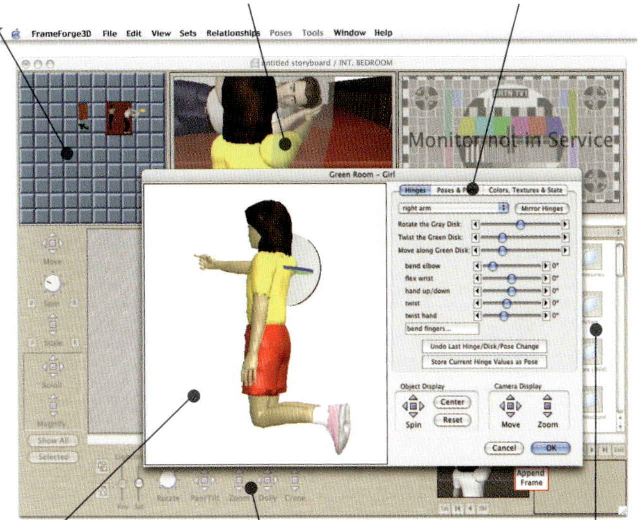

Logiciel de story-board ▲
Le logiciel de story-board le plus simple est sans conteste FrameForge 3D. Une incroyable bibliothèque de personnages, d'accessoires et de décors vous permet de créer une mini-version de votre film en animatic et de tester les angles, les mouvements de caméra et les focales avant même de tourner réellement vos plans. Vous risquez cependant de passer plus de temps à concevoir le story-board qu'à tourner votre film !

L'ÈRE DU NUMÉRIQUE

Deux éditeurs de logiciels se partagent ce marché (comme en matière de scénario). Power Productions propose trois versions d'un même logiciel, avec un nombre croissant de fonctionnalités : Storyboard Quick, Storyboard Artist et Storyboard Artist Pro. L'autre logiciel s'appelle FrameForge 3D.
Ils disposent de bibliothèques de scènes, d'accessoires et de personnages auxquels vous pouvez ajouter les photos de vos propres décors. Certains sont même compatibles avec les logiciels d'écriture et permettent aussi la création d'animatics, autorisant une vision claire du film en phase de pré-production. Malgré un rendu plutôt froid, qui n'a pas le charme des vignettes dessinées à la main, le prix raisonnable, la rapidité et la facilité d'utilisation de ces logiciels plaident en leur faveur.
Quelle que soit la méthode que vous choisirez, le story-board est une étape à ne pas négliger dans le processus de réalisation. Il facilitera grandement votre travail et celui de vos collaborateurs.

Storyboard Quick ◄
Storyboard Quick est un logiciel 2D. Il est simple et rapide d'utilisation, mais son rendu basique et son nombre limité de fonctions ne font pas l'unanimité. Les photos de décors peuvent être importées afin d'avoir un aperçu avant le tournage.

Le budget

L'ARGENT FAIT TOURNER LE MONDE, DIT-ON, ET EN MATIÈRE DE CINÉMA, IL SEMBLE QUE CE SOIT MÊME LE CRITÈRE MAJEUR. AINSI, À HOLLYWOOD, ON PARLE SOUVENT D'UN FILM EN TERMES FINANCIERS : « TELLE PRODUCTION A COÛTÉ 100 MILLIONS DE DOLLARS », « TELLE AUTRE A RAPPORTÉ TANT DE MILLIONS AU BOX-OFFICE ».

Pour un premier film indépendant, la logique est inversée et les producteurs ont tendance à retenir les films qui coûtent le moins cher (à l'image d'*El Mariachi* avec son minuscule budget de 7000 dollars). C'est une contrainte qui, pour vous, se révélera au final très positive et formatrice. Sachez qu'habituellement les discussions les plus difficiles dans le monde professionnel portent sur les dépassements de budget et qu'il est donc préférable d'apprendre à les éviter.

Même si vos premiers films ne demandent aucun financement, parce que vous les réalisez avec les moyens du bord, il vous sera toujours utile et très instructif d'établir un budget, si hypothétique soit-il.

Comme on l'a vu, le court-métrage est une bonne école pour se confronter à tous les aspects de la fabrication d'un film et donc pour évaluer les postes de dépenses correspondants. Par ailleurs, le montage d'un budget vous obligera à vous renseigner sur les prix du marché, ce qui vous fournira des arguments pour négocier ultérieurement auprès des différents intervenants.

LA TÊTE SUR LES ÉPAULES

Pour établir votre budget prévisionnel, créez une feuille de calcul dans un tableur (Microsoft Excel, par exemple). Un simple tableau suffit : une colonne pour les divers postes, une pour la quantité, une pour le coût unitaire et une autre pour le total. Prévoyez aussi une dernière colonne pour le prix effectif, cela vous permettra d'anticiper les dépassements.

Les premières dépenses incompressibles vont à l'équipement et aux consommables. La question de la location ou de l'achat de la caméra a déjà été traitée (voir pages 13 et 15), mais vous avez intérêt à inclure son coût, même si elle vous appartient (dans ce cas, indiquez un prix théorique). Notez également que si vous utilisez de la pellicule, la facture sera bien plus élevée que pour de la bande DV.

Les acteurs et l'équipe technique constituent un autre poste incontournable. S'ils travaillent bénévolement, leurs déplacements et l'intendance seront sûrement à vos frais (voir les pages 80-81). Incluez également dans le budget le tarif syndical de chaque personne. Même si vous faites apparaître le service fourni comme don en nature, imputez-le, surtout si vous demandez des subventions, car il doit être comptabilisé comme une contribution financière au projet.

À cette liste, ajoutez les accessoires, les costumes, le maquillage, les éclairages, les transports, les studios et les décors. Pour votre premier film, vous obtiendrez probablement tout cela à peu de frais, mais plus vos productions deviendront professionnelles, plus ces dépenses seront réelles. Enfin, prenez de bonnes habitudes dès le départ : gardez toutes les factures, car vous devrez les présenter à votre comptable et pour être remboursé de vos frais quand vous réaliserez des films financés.

Et si la perspective de tous ces chiffres vous décourage, engagez quelqu'un qui les gérera pour vous. Sans oublier qu'il s'agit, là encore, d'une dépense imputable.

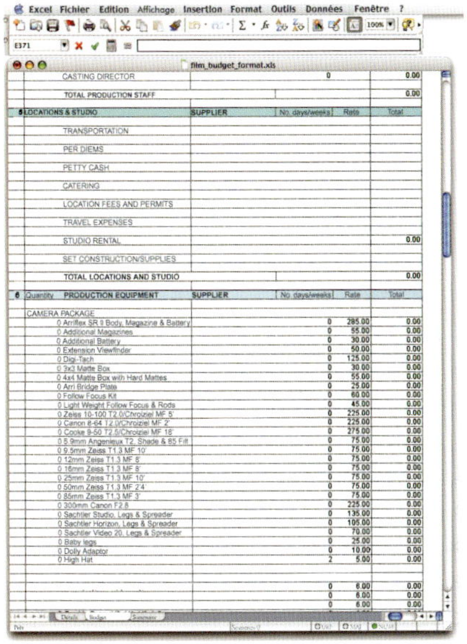

GROS BUDGET ▲

Ce modèle Excel pour un film à gros budget recense tous les postes dont vous pourriez avoir besoin. Il est téléchargeable sur www.shootingpeople.org.

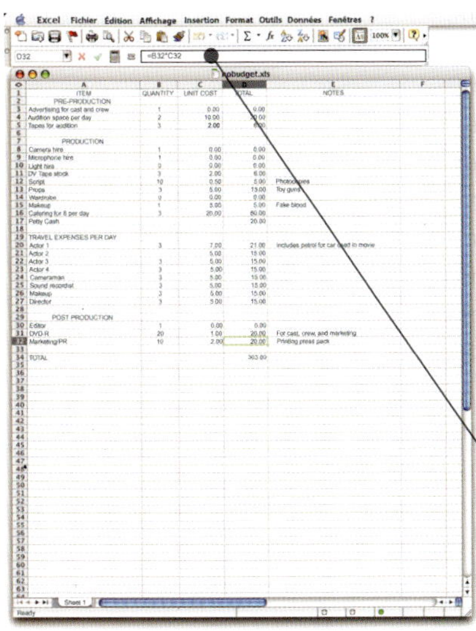

Petit budget (agrandi à droite) ▲

Un tableau comme ceux d'Excel est idéal pour présenter un budget. Une colonne supplémentaire pour les dépenses réelles, à partir de vos factures, permet de les comparer aux frais prévus.

Formule de calcul du total de chaque poste.

Exemple de budget ▼

Un film sans budget occasionne quand même des dépenses. Si l'on peut les limiter en demandant aux acteurs et à l'équipe de travailler bénévolement, mieux vaut prendre en charge leurs frais par courtoisie… notamment si vous envisagez de travailler à nouveau avec eux dans l'avenir. Ce budget d'un film de 10 minutes tourné en mini-DV avec quatre acteurs et quatre techniciens bénévoles atteint quand même 450 euros.

Le recrutement de l'équipe et des acteurs s'est fait via un bulletin Internet de cinéastes.

Un théâtre amateur local a loué une de ses salles pour les auditions.

L'enregistrement sur cassette lors du casting a aidé à la sélection.

Le matériel caméra et son a été loué. Aucun éclairage artificiel n'a été nécessaire.

Les repas pour l'équipe et les acteurs sont importants, mais ne coûtent pas forcément cher (voir intendance, pages 80-81).

Un peu de liquide est à prévoir en cas d'urgence.

Outre les repas de l'équipe et des acteurs, défrayer les transports est un minimum. Allouez la même somme à tous, même à ceux qui se déplacent à pied ou à vélo. Assurez-vous qu'ils habitent dans la ville où vous tournez. L'acteur 1 a prêté sa voiture comme accessoire. Il a reçu un petit bonus pour l'essence.

Libellé	Quantité	Coût unité	Total	Remarques
PRÉPARATION				
Annonce équipe et acteurs	1	0.00	0.00	
Local d'audition par jour	2	10,00	20,00	
Cassettes pour l'audition	3	2,00	6,00	
TOURNAGE				
Location de caméra	1	0,00	0,00	
Location de micro	1	0,00	0,00	
Location de matériel lumière	0	0,00	0,00	
Cassettes DV	3	2,00	6,00	
Scénario	10	0,50	5,00	Photocopies
Accessoires	3	5,00	15,00	Faux pistolets
Costumes	0	0,00	0,00	
Maquillage	1	5,00	5,00	Faux sang
Repas pour 8 par jour	3	20,00	60,00	
Dépenses courantes			20,00	
FRAIS DE TRANSPORT PAR JOUR				
Acteur 1	3	7,00	21,00	Dont essence pour voiture utilisée dans le film
Acteur 2	3	5,00	15,00	
Acteur 3	3	5,00	15,00	
Acteur 4	3	5,00	15,00	
Cameraman	3	5,00	15,00	
Ingénieur du son	3	5,00	15,00	
Maquilleur	3	5,00	15,00	
Réalisateur	3	5,00	15,00	
POST-PRODUCTION				
Monteur	1	0,00	0,00	
DVD-R	20	1,00	20,00	Pour l'équipe, les acteurs et le marketing
Marketing/Presse	10	2,00	20,00	Impression du dossier de presse
Total			**450,00**	

Une copie du film terminé est indispensable à chaque membre de l'équipe pour pouvoir montrer son travail.

Votre imprimante personnelle aussi a besoin d'encre et de papier.

Choisir son équipe

IL EST TEMPS À PRÉSENT DE RÉUNIR L'ÉQUIPE DE TALENTS NÉCESSAIRE À LA RÉALISATION DE VOTRE PROJET, TOUT EN SACHANT QUE SA TAILLE DÉPEND NOTAMMENT DE LA COMPLEXITÉ DU SCÉNARIO.

Pour un film à petit budget, mieux vaut employer le minimum de personnes. La raison est principalement économique : même si vous ne les payez pas, vous devez assurer les frais d'intendance et de transport.
Une solution est celle des amis qui acceptent de vous aider sans aucune contrepartie. Ne vous surchargez pas pour autant d'effectifs inutiles. Car la clé d'un tournage à budget serré est un groupe restreint, uni et polyvalent, capable de travailler rapidement, d'anticiper les situations et de résoudre les problèmes.
La taille de l'équipe est proportionnelle au financement. Il suffit, pour s'en convaincre, de voir le nombre impressionnant d'assistants et d'assistants d'assistants au générique d'un long-métrage.
Sur les films à petit budget, une même personne peut être employée à diverses tâches ; son expérience s'en trouve enrichie et la cohésion et la flexibilité du groupe en sortent renforcées. Un trop grand nombre d'intervenants aboutit à leur désœuvrement et à un encombrement du plateau alors que tous auront le sentiment de satisfaction du travail accompli, si chacun est pleinement affairé.
Pour constituer votre équipe, choisissez parmi votre entourage ou parmi les amis de vos amis : les affinités simplifient souvent les rapports. Vous pouvez aussi contacter une troupe de théâtre locale qui vous donnera accès à toutes sortes de ressources et de talents transposables au cinéma.
Cette œuvre étant la vôtre, efforcez-vous d'assumer le plus possible de fonctions et n'employez des gens que pour les tâches que vous ne pouvez pas accomplir vous-même par manque de temps, de capacité physique ou de compétence technique.
Cependant trop de fonctions entre les mains d'une seule personne seront facteurs de stress. Sachez vous entourer à bon escient. Mais une fois que vous avez engagé quelqu'un, laissez-le faire son travail tout en le supervisant : en un mot, déléguez. Faites-lui comprendre que, primo, vous êtes le responsable, et que, secundo, vous appréciez l'aide apportée. Éloges mérités et remerciements bienvenus sont le salaire des petits budgets.
Dans les pages suivantes, les divers postes seront décrits plus en détail afin de vous aider à définir vos besoins et à décider de la taille idéale de votre équipe.

Des métiers variés ▶
Rien ne vous empêche de réaliser seul votre film (selon la manière dont le son est enregistré), mais cette autonomie poussée à l'extrême n'est pas toujours adaptée. En règle générale, vous pourrez assumer certains postes alors que d'autres demanderont des personnes aux compétences bien précises.

PRODUCTEUR

Le producteur est le chef d'entreprise du projet ; il est chargé de réunir tous les éléments nécessaires à sa réalisation et il monte le financement. Il peut avoir eu l'idée du film et l'envie de le produire, mais il peut aussi avoir été contacté par un auteur-réalisateur qui souhaite se consacrer entièrement à l'art et à la technique en déléguant les questions d'argent. Le métier de producteur demande des prédispositions pour les aspects économiques et administratifs et un goût pour les relations avec des professionnels variés. La personne qui gère l'avancée journalière du film s'appelle le directeur de production.

RÉALISATEUR

La réalisation est un des métiers du cinéma qui a le plus de prestige. Le réalisateur est le responsable artistique et technique du film (si l'on veut maîtriser une œuvre dès sa conception, l'idéal est d'être auteur-réalisateur). Il doit savoir diriger les comédiens, les techniciens de l'image, du montage, du son, de manière à fixer sur la pellicule le film tel qu'il l'imagine.

Tout au moins dans le cinéma indépendant, il est le seul maître à bord à condition qu'il sache tenir son budget. Un bon réalisateur doit donc être visionnaire… et rigoureux.

DIRECTEUR PHOTO

Le directeur de la photographie, ou chef opérateur, est le responsable de l'image. Il doit savoir traduire à l'image la vision du réalisateur. Plus qu'un caméraman, il travaille donc en très étroite collaboration avec le réalisateur pour décider des meilleurs angles de prise de vue, de l'éclairage, de la focale, des mouvements de caméra, etc. Si vos compétences techniques sur ces points vous semblent limitées, un chef opérateur expérimenté vous permettra d'obtenir un résultat de bien meilleure qualité. Apprenez en même temps à manier votre propre caméra.

ASSISTANT RÉALISATEUR

L'assistant réalisateur établit le plan de travail et gère le bon déroulement du tournage. Il accomplit le travail ingrat, mais indispensable, pendant que le réalisateur se consacre entièrement à son art.

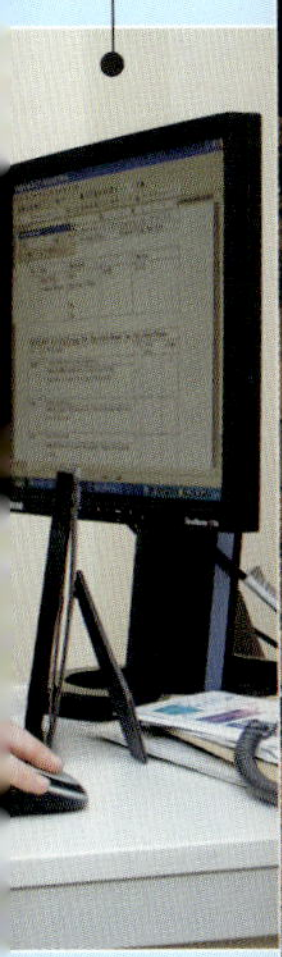

ASSISTANT OPÉRATEUR ◄

L'assistant opérateur est responsable de la mise au point de l'image. Il est aussi chargé de vérifier que rien (cheveu, poussière…) qui puisse altérer la pellicule n'a pénétré dans la fenêtre de la caméra.

INGÉNIEUR DU SON/PERCHMAN

L'ingénieur du son est le responsable de la prise de son. Il vous sera indispensable si vous tournez sur pellicule, à moins que vous ne fassiez un film muet ou sans dialogue, ou bien un clip où le son n'est pas en prise directe. Le perchman, quant à lui, est une personne endurante et forte, capable de tenir une longue perche dotée d'un micro au-dessus de sa tête pendant toute la durée d'une prise, hors du cadre mais le plus près possible des acteurs. Ces performances font de lui un membre clé de l'équipe. Pour un tournage en vidéo, seul le perchman sera nécessaire.

RÉGISSEUR

Le régisseur est la personne chargée pendant le tournage des aspects matériels, notamment de la présence au bon endroit et au bon moment des personnes et des objets.

SCRIPTE

En tant que proche collaboratrice (c'est souvent une femme, pourquoi ?) du réalisateur, la scripte joue un rôle important sur le plateau. Elle est chargée de consigner pour chaque prise tous les éléments artistiques et techniques, ce qui permet d'éviter les faux raccords d'un plan sur l'autre, d'une prise sur l'autre. Un œil ultra-sensible au détail, à la limite de l'obsession, est impératif pour ce travail.

CHEF DÉCORATEUR

Le chef décorateur est responsable de la création, de la construction, de la réalisation ou de l'achat des décors. Il résout aussi avec la production la question des frais d'accessoires (voir pages 46-47).

COSTUMIER ET MAQUILLEUR

Ces deux métiers sont souvent représentés dans une équipe, car il est rare que les acteurs n'aient ni costume ni maquillage. Le rôle du maquilleur ne se limite pas à embellir ou à grimer les acteurs, il masque aussi les brillances dues à la transpiration sous les projecteurs (voir pages 48-49).

MACHINISTE

Le machiniste est la personne chargée de la manutention, de l'installation et du maniement du matériel dédié aux mouvements de caméra (dolly, grue, etc.).

MONTEUR

Le monteur est chargé d'assembler les images et les sons du film. Bien qu'il intervienne après le tournage, il est sage de l'impliquer le plus tôt possible car si un bon montage peut sublimer un film, un mauvais peut le ruiner. Un monteur expérimenté vous donnera donc de précieux conseils sur ce qu'il faut tourner, de manière à offrir plus de matière à son travail (voir pages 86-91).

AUTRES POSTES

Chef électro : il est responsable du matériel électrique et des lumières.

Second assistant opérateur : il charge la pellicule dans le magasin de la caméra. Il est aussi responsable de l'identification des bobines.

Clapman : il remplit les cases du clap et fait l'annonce en début de prise.

Assistants décorateurs : ils installent et démontent les décors.

Régisseur d'extérieur : il réserve et supervise les décors naturels et demande les autorisations de tournage.

Stagiaire : il est celui qui accomplit les tâches ingrates que tout le monde refuse de faire (délivrer des messages, chercher un accessoire, etc.). Mais c'est souvent pour lui une première expérience.

Clapman ▲

Casting et répétitions

SI VOTRE COURT-MÉTRAGE N'EST NI UN DOCUMENTAIRE NI UNE ANIMATION, VOUS AUREZ BESOIN D'ACTEURS. MAIS LES BONS COMÉDIENS ACCEPTANT DE TOURNER SANS CACHET NE SONT PAS LÉGION. NOTAMMENT PARCE QU'ILS VIVENT DE LEUR TRAVAIL. PENSEZ AUX TROUPES DE THÉÂTRE AMATEUR.

Les rôles rémunérés sont trop rares, surtout pour les débutants et la compétition est rude. Par conséquent, on trouve des acteurs qui acceptent de jouer gratuitement dans des films à petit budget. C'est pour eux une occasion de tourner et de se faire connaître en étoffant leur CV. C'est à vous de les convaincre par la qualité de votre scénario et de votre réalisation. Voici quelques pistes pour dénicher de nouveaux talents.

RECHERCHE SUR LE NET

Des sites web, comme jobcinema.free.fr, offrent des services de dépôt et de consultation de demandes et d'offres d'emploi. L'inscription est souvent gratuite et les personnes qui fréquentent ces sites sont en général dans l'optique des films à petit budget.

Acteurs sur le net ▶
Vous pourrez trouver sur le net les talents dont vous avez besoin. Plusieurs sites présentent les CV d'acteurs en quête de rôles. Certains considèrent d'ailleurs que travailler sur des films à très petit budget est un excellent exercice.

Les troupes de théâtre amateur sont aussi d'excellents viviers de talents. Les ateliers d'acteurs vous permettront de rencontrer des comédiens et d'apprendre les rudiments de l'art dramatique, indispensables à un réalisateur. Mieux vous connaîtrez les acteurs, mieux vous saurez les diriger et les conduire à donner le meilleur d'eux-mêmes. Les manières d'incarner un rôle au théâtre et au cinéma sont cependant différentes. Au théâtre, le jeu est plus appuyé, la voix porte davantage et l'intensité dramatique suit une progression linéaire à mesure que l'intrigue avance. Au contraire, au cinéma, les scènes suivent rarement un ordre chronologique et le jeu est souvent plus subtil et intimiste, car l'acteur est proche du spectateur qui scrute chaque mouvement et perçoit chaque parole. Certains comédiens de théâtre rencontrent des difficultés à s'adapter au cinéma, et leur interprétation paraît moins naturelle à l'écran. Par ailleurs, l'acteur de cinéma doit séduire la caméra et c'est pourquoi un casting est indispensable.

LE CASTING

Votre première sélection se fera sur l'apparence physique, le plus souvent à partir de photos que vous aurez reçues. Cependant, ces clichés sont réducteurs car ils ne montrent qu'une pose du comédien, qui, en outre, est la plus avantageuse. Vous pourrez effectuer un premier tri sur le critère de la taille des acteurs. En effet, il est préférable de privilégier des personnes pouvant entrer dans le même cadre, à moins d'une scène nécessitant de grandes différences de taille des personnages.

Bio d'acteur ▶

Les « bios » (ou CV) sont souvent un peu « gonflées », voire inventées. Voici quelques points à observer avec soin.

Claire Amarin

123 bis, rue Damrémont 75018 Paris
Téléphone : -- -- -- -- --
E-mail : claire.amarin@hotmail.com

Née le 19 avril 1980
Taille : 1 m 68
Cheveux : châtains
Yeux : noisette

Agent : Denis Fabrier
17, bd Richard Lenoir Paris 11e
Téléphone : -- -- -- -- --
E-mail : den.fab@hotmail.com

Formation

1999/2001 – Ligue d'improvisation
1996/1999 – Cours Florent. Cours de théâtre et de cinéma sous la direction de Stéphane Lopez et Isabelle Storm
Cours privés de chant avec Grace Cantillary
Cours privés de guitare électrique avec Wolfgang Gardiner
1994/1996 – Conservatoires municipaux des 1er et 11e arrondissements de Paris, cours de théâtre sous la direction de Phillipe Perruchet et Pierre Aymard.
1990/2000 – Formation musicale au conservatoire municipal du 11e arrondissement, solfège et guitare.

Aptitudes

Voix de mezzo-soprano, bonne lecture de la musique
Chanteuse et compositrice : joue et enregistre sur son propre matériel. Joue de la guitare et de la batterie.
Parle couramment anglais. De bonnes notions en allemand et espagnol.
Capable de parler avec plusieurs accents : en français, accents du sud, de l'est, breton, corse, québécois, belge, suisse, etc. En anglais, accent américain, anglais, écossais, canadien.
Détentrice du permis voiture, permis moto et certificat d'aptitude à la plongée.
Pratique le roller-blade, le patin à glace et l'équitation.
Refuse de jouer dénudée.
Peut incarner des personnages de grande adolescente et jeune adulte.

Expérience

Théâtre :
Antigone de Jean Anouilh, rôle d'Ismène, sous la direction de Michel Petitpierre, festival des Arlequins (Cholet)
English poetry, poèmes anglais à Paris, sous la direction de Kim et Bob Dunton, représentations dans divers cafés parisiens
A Crucial Week in the Life of a Grocer's Assistant, rôle de Mona, au Festival Off d'Edinburgh
La ronde d'Arthur Schnitzler, rôle de la Grisette, festival les Téméraires (Cherbourg)
Un pont vers le paradis, comédie musicale de Jeanne Léopold, rôle de Betty, avec les étudiants de Sciences Po.
Cinéma et télévision :
What time is it ?, court-métrage de John Elworth, rôle de Diana Appleton
Les Éléphants d'abord, court-métrage d'Estelle Michaux, rôle de la femme de chambre
La Vie d'Elisa, court-métrage d'Olivier Merks, rôle d'Elisa à 15 ans
Du vent et des vagues, film TV de Robert et Henri Villézieux, rôle de l'ange (diffusion Arte)
Sous les pavés, série TV, épisode 15, réalisé par Suzi Marquez, rôle de Manon (diffusion TF1)
Chanson et musique :
Plusieurs maquettes d'album enregistrées
Composition de la musique de films : *Les Éléphants d'abord* d'Estelle Michaux et *Paroles d'enfer* de Sarah Touatti
Chante et joue souvent dans les bars parisiens, comme Le Tél mobile et L'Électron
Expériences de cabaret à Londres au Rock Garden, Hope & Anchor

Ces détails personnels sont insuffisants sans une photo en pied.

Les compétences additionnelles ou exceptionnelles doivent être signalées. Méfiez-vous d'un acteur qui se vante lors du casting de talents qui ne sont pas mentionnés dans sa bio. Même s'il peut apprendre, vous n'avez ni le temps ni le budget pour cela. Si le film inclut des scènes de nu, parlez-en dès l'audition (les acteurs indiquent parfois dans leur CV s'ils acceptent ou refusent les scènes de nu).

Une bonne connaissance du « milieu » vous aidera à savoir s'il s'agit d'un lieu professionnel ou amateur.

Si vous avez un doute, demandez un enregistrement, vous saurez s'il s'agit d'un vrai rôle ou d'une figuration. Toutefois, cela indique quand même une certaine habitude des plateaux de tournage.

Vérifiez que le numéro de téléphone portable et l'adresse e-mail sont fournis.

Il est plus facile de traiter avec des agents. Il faut toutefois savoir qu'ils n'apprécient pas, pour leurs protégés, les travaux non rémunérés et que dans ce cas, les acteurs se passent souvent de leurs services.

Les études ne remplacent ni l'expérience ni le talent. Notez que, si vous devez travailler avec des enfants, ils auront souvent un jeu plus naturel et accepteront souvent mieux les instructions du réalisateur car ils n'ont encore aucune expérience.

Une expérience théâtrale est le signe de certaines aptitudes, mais un comédien de théâtre ne fera pas forcément un bon acteur au cinéma. Le nom du théâtre vous dira si la troupe est amateur ou professionnelle.

Après avoir choisi les acteurs que vous voulez auditionner, recevez-les et annoncez-leur clairement dès le début de l'entretien ce que vous attendez d'eux, particulièrement si vous avez des exigences spécifiques (scènes de nu, talent de cavalier ou d'équilibriste...). Gardez à l'esprit que certains acteurs peuvent mentir sur leurs capacités dans le but d'obtenir un rôle, tout spécialement s'il est rémunéré. Il faut donc insister sur l'importance d'être honnête au nom de leur sécurité et de celle de l'équipe. Renseignez-vous également sur leurs disponibilités.

Pour le casting, choisissez un endroit neutre plutôt qu'un domicile privé. Un théâtre local peut mettre à disposition un espace, qui pourra aussi servir aux répétitions.

Voici quelques conseils pratiques pour un bon déroulement de l'audition : la présence de deux personnes, homme et femme, pendant le casting peut éviter les risques d'accusations douteuses ; voyez s'il est utile de prévoir un autre acteur pour donner la réplique, ou un opérateur pour manipuler la caméra vidéo. Enfin, demandez au comédien de donner son nom au début de l'audition afin qu'il soit enregistré sur les cassettes.

Plusieurs méthodes existent pour mener un casting. Certains réalisateurs fournissent aux acteurs le scénario avant l'audition pour leur permettre de la préparer, d'autres préfèrent la lecture découverte ou l'improvisation. À vous de voir quelle formule vous convient le mieux.

Après une première audition, dressez une liste des acteurs que vous aimeriez revoir. Faites-les jouer avec ceux que vous avez déjà choisis. L'impalpable et mystérieuse alchimie entre comédiens existe, et vous devrez faire votre possible pour la trouver ou pour vous en approcher.

QUELQUES RÈGLES DE BONNE CONDUITE

Assurez-vous que rien dans votre attitude ne paraisse ambigu. Diverses règles de courtoisie envers les acteurs sont également à respecter. Remerciez-les d'être venus, soyez positif et professionnel quant à leur prestation, qu'elle soit bonne ou non. Donnez toujours une indication de la date à laquelle vous prendrez votre décision, et respectez-la. S'ils sont envoyés par un agent, n'oubliez pas de le prévenir. N'informez un acteur (ou son agent)

TESTS DE CASTING

Lors du casting, vous devez évaluer le talent et la capacité des acteurs à incarner vos personnages. Ces quatre méthodes devraient vous donner une idée de leurs aptitudes.

1 Afin de tester la compréhension d'un rôle par un acteur et sa capacité à mémoriser un texte, envoyez-lui tout le scénario de votre film et demandez-lui d'en apprendre un passage pour le jour de l'audition. Ou au contraire, envoyez-lui seulement un extrait, afin de voir comment il interprétera le personnage hors du contexte.

2 Lors du casting, demandez au comédien de lire sans préparation un passage inconnu, du même personnage ou d'un autre qu'il serait susceptible de jouer. Après cette première lecture, faites-lui relire la scène, en lui donnant alors des indications. Vous évaluerez ainsi son aptitude à appliquer vos instructions.

3 Évoquez le passé du personnage avec l'acteur et demandez-lui d'improviser, avec un autre comédien, la scène précédant celle qu'il vient de jouer. Ensuite, demandez-leur de rejouer la scène du scénario. Vous verrez ainsi la capacité de l'acteur à intégrer le personnage et ce qu'il peut apporter au rôle.

4 Si certaines scènes requièrent des aptitudes particulières ou la manipulation d'objets spéciaux, il faudra les faire effectuer devant la caméra lors du casting.

d'un refus que lorsque ceux qui ont été choisis ont fermement accepté. Vous n'aurez pas ainsi à revenir sur votre position et à le rappeler pour remplacer au pied levé un comédien sélectionné non disponible. Quoi qu'il en soit, ne dites jamais à un acteur qu'il est un deuxième choix.

Préférez le téléphone, plus direct, et évitez les e-mails et les textos, un peu fuyants, pour annoncer vos décisions négatives. Si toutefois vous devez y avoir recours, prenez comme prétexte un trop grand nombre de personnes à appeler. Sachez enfin, qu'à moins d'être débutants ou vraiment naïfs, les acteurs ne sont pas dupes de ces pratiques.

Vous avez (failli avoir) le rôle! ►
Ce type de lettre est destiné à des acteurs que vous avez appréciés, mais qui sont passés à côté du rôle. Mais pourquoi ne pas leur proposer des rôles secondaires?

[EN-TETE]

[COORDONNÉES ACTEUR]
[LIEU, DATE]

Cher [ACTEUR],
je vous remercie d'avoir participé au casting du film [TITRE]. Votre interprétation était originale et intéressante. De nombreux acteurs ont été auditionnés, et, après réflexion, nous avons proposé le rôle à un comédien qui était plus proche de notre vision générale.
Nous vous proposons cependant d'interpréter le rôle de [NOM DU PERSONNAGE] qui vous irait, selon nous, parfaitement. Le début du tournage étant imminent, une réponse de votre part par e-mail, à lonoprod@free.fr, est urgente.
Dans l'attente de votre réponse et dans l'espoir de bientôt vous revoir,
Très cordialement,

[SIGNATURE]

Producteur
Lono Films

[EN-TETE]

[COORDONNÉES ACTEUR]
[LIEU, DATE]

Cher [ACTEUR],
je vous remercie d'avoir participé au casting du film [TITRE]. Votre interprétation était originale et intéressante. Cependant, de nombreux acteurs ont été auditionnés, et, après réflexion, nous avons proposé le rôle à un comédien qui était plus proche de notre vision générale.
Nous gardons toutefois vos coordonnées et votre C.V. pour d'éventuelles productions futures ainsi que pour les transmettre aux cinéastes de notre entourage. Si vous y voyez un inconvénient, merci de nous le faire savoir par e-mail à lonoprod@free.fr et nous vous les renverrons.

En vous souhaitant de nombreux succès dans vos démarches,
Très cordialement,

[SIGNATURE]

Producteur
Lono Films

Une autre fois peut-être... ◄
Une lettre de refus doit être courtoise et encourageante. Gardez de bonnes relations avec les acteurs car un comédien qui n'est pas adapté à votre projet actuel pourra être tout indiqué dans le futur. Conservez leurs coordonnées et constituez-vous un vivier de talents pour des projets ultérieurs.

LES RÉPÉTITIONS

Même pour un film de cinq ou dix minutes, prévoyez des répétitions. Les acteurs ont besoin de s'imprégner de leur personnage et d'établir des liens les uns avec les autres. Quelques jours suffiront avant le début du tournage. Cela vous permettra éventuellement d'ajuster la réalisation en fonction des talents respectifs.

En tant que réalisateur, vous devez savoir précisément ce que vous attendez des comédiens. Le court-métrage est souvent une tranche qui s'inscrit dans une histoire plus longue, vous devez donc avoir une idée claire du passé des personnages et travailler en ce sens avec les acteurs. Laissez-vous guider par le genre et le scénario : les répétitions ne seront pas les mêmes s'il s'agit d'un thriller ou d'un mélodrame. Enfin, permettez à vos acteurs d'apporter leurs suggestions, tout en gardant le contrôle de la décision finale.

Un bon casting et de bonnes répétitions facilitent le déroulement du tournage. Toutes ces préparations sont finalement un gain de temps… et d'argent.

Organiser le tournage

UN PLAN DE TRAVAIL PERMET D'ORGANISER LE TOURNAGE AFIN DE LE RENDRE AUSSI FLUIDE QUE POSSIBLE. PLUS LA PRODUCTION EST D'AMPLEUR, PLUS UNE PLANIFICATION PRÉCISE EST VITALE.

La principale raison d'élaborer un plan de travail est économique. Même pour un film à petit budget, on gaspille du temps et de l'argent en l'absence d'un programme précis. Par ailleurs, les risques de tensions ou de prises manquées sont décuplés. Cependant, un film d'une ou deux minutes, avec un ou deux acteurs, dans un décor unique, n'exigera pas une planification aussi complexe qu'un tournage avec plusieurs décors, séquences et acteurs, qui implique une vraie logistique. Mais le principe reste le même : par exemple, si un décor qui apparaît à plusieurs reprises dans le film, n'est disponible qu'une journée, il faut tourner toutes les scènes ce jour-là, avec les bons acteurs, costumes et accessoires. L'indispensable scripte veillera à chaque détail.

Plan de travail ▼
Les cases doivent clairement faire apparaître, par jour de tournage et par séquence, les acteurs, les accessoires, le matériel, les décors, etc. Un tel tableau facilite grandement le travail. Il se construit aisément avec Word ou Excel.

« DÉPOUILLER » LE SCÉNARIO

Décomposez d'abord le scénario selon ses éléments essentiels, c'est-à-dire les scènes, les décors, les personnages, les accessoires, les effets spéciaux, les équipe-

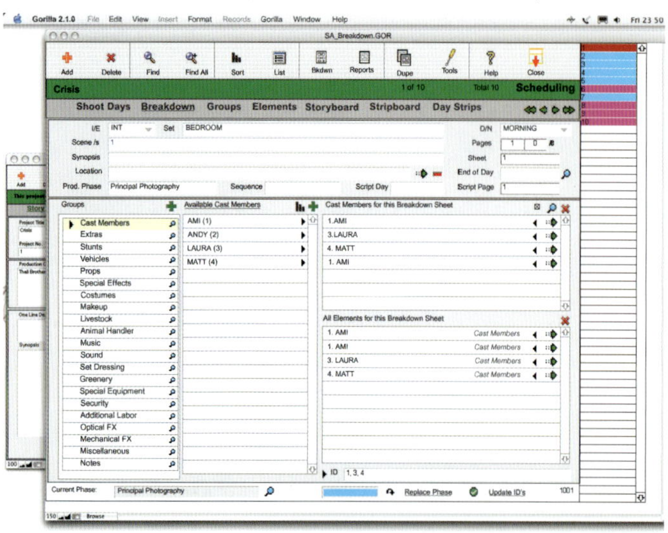

Logiciels de planification ▼
Un logiciel comme GorillaPro facilite le tournage, surtout des longs-métrages, son prix étant rentabilisé par le gain de temps. Mais il n'existe qu'en anglais.

JOUR DE TOURNAGE	JOUR 1							JOUR 2		
FILM : Crisis RÉALISATEUR : Alan Smithee DIRECTEUR PHOTO : Mario Chiaroscuro ASSISTANTE RÉA : Anna Nuddating	Chambre Matt	Cuisine Matt	Salle à manger Matt	Salle de bains Matt	Salle à manger Matt	Rue encombrée	Parking	Rue encombrée	Parking	Voiture
DÉCOR (D)/STUDIO (S)	D	D	D	D	D	D	D	D	D	D
INTÉRIEUR (I)/EXTÉRIEUR (E)	I	I	I	I	I	E	I	E	E	I
JOUR (J)/NUIT (N)	J	J	J	J	J	J	J	J	J	J
N° DE SÉQUENCE	1	2	3	4	5	6	7	6	8	9
DÉCOMPTE DE PAGE	8/8	1/8	1/8	3/8	7/8	1/8	1/8	1/8	2/8	8/8
ACTEURS :										
Acteur 1 : Matt	1	1	1	1	1	1	1	1	1	1
Acteur 2 : Ami	2				2	2	2	2	2	2
Acteur 3 : Laura	3		3		3	3	3	3	3	3
Acteur 4 : Andy	4		4		4	4	4	4	4	4
Acteur 5 : Piéton						5				
ACCESSOIRES :										
Céréales (C)		C	C							
Matériel de rasage (R)				R						
Journal (J)					J					
Moto (M)						M	M	M	M	M
Sièges-auto enfants (SA)						SA	SA	SA	SA	SA
MATÉRIEL CAMÉRA :										
Steadicam (SC)	SC	SC	SC	SC						SC
Harnachement voiture (HV)							HV			HV
Grue (G)									G	

ments de caméra, etc., ainsi que la longueur des plans. Ce dernier paramètre peut être calculé de la façon suivante : partant du principe qu'une page de scénario correspond environ à une minute de film, on divise chaque page en huit parties qui durent donc chacune 7,5 secondes utiles (durée effective à l'écran) et on compte le nombre de huitièmes contenus dans la scène. Notez toutefois que cette méthode, pourtant très pratique, est peu usitée en France. Pour chaque scène que vous aurez décomposée, prenez une fiche cartonnée ou du bristol et écrivez-y tous les paramètres.

Une fois toutes les scènes ainsi dépouillées, il reste à consigner les éléments variables. Il faut notamment tenir compte de la distance entre les divers décors, du moment et des conditions de tournage (jour ou nuit, intérieur ou extérieur), de la disponibilité des locaux, de celle des acteurs, de qui joue avec qui. Il faut ensuite faire fonctionner le tout !

Un ordinateur sera d'un grand secours pour ces manipulations, surtout si les combinaisons et les variations sont nombreuses. Si vous avez les moyens, utilisez MovieMagic Scheduling ou Gorilla. Ces logiciels permettent d'importer un document formaté depuis un programme d'écriture et de le dépouiller. De plus, ils proposent des options de budgétisation et de production formidables. Un tableur ou un logiciel de base de données peuvent aussi faire l'affaire, mais ils demandent un apprentissage plus poussé. Vous pouvez aussi choisir la bonne vieille méthode des petits papiers que l'on combine entre eux à la main.

Vous obtiendrez au final un tableau, partagé en jours, faisant apparaître, dans l'ordre du tournage, les lieux, le nom des acteurs, les accessoires, les effectifs techniques, etc. qui correspondent à chaque scène. Cette liste sera distribuée et tenue à la disposition de toutes les personnes impliquées dans le film, dès le début du tournage. Les impondérables, une maladie, un orage, une défaillance technique, peuvent toujours venir perturber le plan le plus précis. Il faudra alors vous adapter à la situation.

FEUILLE DE SERVICE

[Titre du film] / [Nom du réalisateur] **Producteur :** [Nom] / [Téléphone] **Directeur de Production :** [Nom] / [Téléphone] **1er Assistant Réalisateur :** [Nom] / [Téléphone] **2e Assistant Réalisateur :** [Nom] / [Téléphone] **3e Assistant Réalisateur :** [Nom] / [Téléphone]	**Date :** [jj/jj/aaaa] **Horaire de début :** [hh:mm] **Horaire de fin :** [hh:mm]

Informations sur le décor
[y compris adresse, moyens de s'y rendre (voiture et/ou transport en commun)]

N° Séq.	Page scénario	Intérieur/Extérieur	Description	Jour/Nuit	Résumé	Huitièmes de pages	Acteurs

N° Acteur	Nom acteur	Nom personnage	Heure de départ	Répétition sur plateau	Maqullage Costumes	Prêt à tourner (PAT)	

Informations supplémentaires
[y compris détails sur éventuels effets spéciaux ou cascades à tourner ce jour]

Annonce à l'avance pour le jour suivant :

N° Séq.	Page scénario	Intérieur/Extérieur	Description	Jour/Nuit	Résumé	Huitièmes de pages	Acteurs

Feuille de service ▲
La feuille de service complète le plan de tournage. Distribuée généralement la veille du jour de tournage à l'équipe et aux acteurs, elle permet les réajustements de dernière minute, fréquents, en particulier sur les longs-métrages.

RESPECTER LE PLANNING

Le plan de tournage doit indiquer de manière réaliste ce que vous pensez pouvoir filmer en une journée. Si vous parvenez à le respecter, voire à le condenser, tant mieux. En revanche, en cas de dépassement, le retard rejaillira sur les jours suivants. Ce problème est particulièrement épineux dans les grosses productions où le nombre de personnes ralentit la marche des choses, avec une incidence fâcheuse sur le budget. Si le cas se présente, vous devrez concevoir un nouveau plan de tournage et le distribuer à l'équipe.

Pour vos premiers films, vous aurez du mal à estimer précisément la durée de préparation et de tournage de chaque plan. Vous avez plutôt intérêt à établir une liste des plans nécessaires et à les organiser dans un ordre pratique selon les décors, les acteurs et les techniciens, sans vous imposer une contrainte de temps. Après chaque plan ou mise en place, consignez la durée qui aura été nécessaire et vous serez bientôt capable de dresser un plan de tournage fiable.

À CONSULTER

www.junglesoftware.com : une version démo du logiciel GorillaPro est téléchargeable (en anglais uniquement) sur ce site.

www.entertainmentpartners.com : on peut y télécharger une version démo du logiciel Moviemagic Scheduling (site en anglais).

www.net4image.com/pedagogie : vous y trouverez des plans de tournage et des feuilles de service vierges à télécharger gratuitement.

Les décors naturels

Le petit budget d'un film repose essentiellement sur un tournage en décors naturels. Construire un plateau ou louer un studio arrive si loin dans la liste des priorités du budget que ce thème sera à peine abordé dans ce livre. Bien sûr, si vous avez la chance de pouvoir utiliser gratuitement un studio, ne vous en privez pas.

Tourner en décors naturels apporte certes une touche de réalisme, mais ce n'est pas toujours économique (la location d'un vieil entrepôt désaffecté peut se révéler fort chère). Ainsi, les grosses productions évaluent les implications financières et logistiques de ce type de lieux. En effet, un décor naturel suppose souvent des coûts de transport, des dépenses d'éclairage et d'équipement caméra, qui parfois peuvent dépasser le prix d'un décor construit en studio.
De plus, s'ajoute à cela un grand nombre de variables, notamment des contraintes de planning, liées par exemple à l'interruption de la vie publique, et des facteurs incontrôlables, tels les phénomènes naturels (météo, lumière du jour). Enfin, tourner dans des lieux publics impose toutes sortes de permis, et le moindre imprévu peut mettre en péril toute l'organisation.

À L'EXTÉRIEUR…

Certes, un film à petit budget implique plus de souplesse et de rapidité. Mais cela ne dispense pas de demander les autorisations pour un tournage dans des lieux publics, sous peine d'être hors-la-loi.
Les grandes villes sont dotées de services municipaux qui contrôlent, coordonnent et délivrent ces permis. Mieux vaut les appeler pour connaître les conditions légales et les tarifs. Des détails sur le tournage vous

Restaurants ▶
Les restaurateurs acceptent volontiers gracieusement les tournages dans leur établissement, tant que leur service n'est pas perturbé et qu'ils sont crédités au générique. Les restaurants sont souvent fermés un jour et demi par semaine, certains ne sont ouverts que le soir, ce qui permet de tourner en journée. Notez que les bruits en cuisine peuvent gêner la prise de son mais ils peuvent aussi générer l'ambiance voulue. Assurez-vous que l'endroit est assez spacieux pour accueillir l'équipe et les éclairages. Sachez que les glaces murales peuvent être de vrais casse-tête. Si vous devez déplacer des meubles, remettez-les à leur place après le tournage. Prenez à votre charge les repas pris sur place et vérifiez que le contenu des assiettes est raccord entre deux prises.

Bureaux et salles de courtage ▶
Si votre film nécessite une grande salle ou des bureaux en espace ouvert, vous en trouverez peut-être pour tourner le week-end. Il faudra alors penser, pour le réalisme, à enregistrer l'ambiance sonore ultérieurement. En revanche, les bureaux de courtage ne sont pas des endroits très propices aux petits budgets : les chances que l'on vous laisse perturber la séance boursière sont maigres et, si vous devez tourner après la fermeture, il vous sera difficile de recréer la frénésie caractéristique du lieu. Par ailleurs, afficher des données correctes sur les ordinateurs sera un véritable défi. Pensez enfin à la difficulté de filmer des écrans (des bandes horizontales apparaissent) bien que les nouveaux écrans LCD ne posent pas ce problème.

seront demandés, mais il est inutile d'être très précis lors de ce premier contact. Renseignez-vous sur les contraintes éventuelles. Précisez qu'il s'agit d'un petit budget mais que vous voulez malgré tout faire les choses dans les règles. Si vous êtes étudiant ou si votre équipe en compte un, vous aurez peut-être des conditions avantageuses en invoquant le film d'école.

Naturellement, si des scènes d'action, comme une poursuite de voitures ou une fusillade, doivent être tournées, prévenez impérativement la police pour des raisons évidentes de sécurité. Mais ce ne sont peut-être pas là de bonnes idées pour un premier film. Pensez aussi à contracter les assurances nécessaires (voir l'encadré à droite).

...OU À L'INTÉRIEUR

Les décors intérieurs présentent un autre type de problèmes, selon qu'il s'agit de locaux privés, administratifs ou publics. L'autorisation du propriétaire ou de l'administrateur du lieu est là encore requise, et vous devrez vous plier à son planning; ainsi, le tournage doit souvent se dérouler en dehors des horaires d'ouverture. Vous devrez peut-être même, en fonction des conditions posées, adapter votre organisation, voire le scénario. Il est parfois plus facile de trouver d'abord des lieux vacants, puis d'imaginer l'histoire en fonction de ce décor...

Pendant la pré-production, vous-même, ou le producteur, avez tout intérêt à établir un accord clair avec le propriétaire, dans lequel figurera un inventaire exhaustif. Vous serez ainsi couvert en cas de problème. De plus, une telle démarche jouera en votre faveur en vous donnant une image plus professionnelle.

En bref, une fois vos décors choisis, accordez-vous sur le planning avec le propriétaire ou l'administrateur, signez les éventuels contrats et inscrivez les lieux et les dates dans votre plan de tournage (voir pages 42-43).

PRUDENCE

Il est conseillé de contracter une assurance lorsque vous vous lancez dans un tournage avec une équipe, des acteurs et un décor. Dans le cas contraire, vous pourriez avoir à mettre un terme à votre carrière de cinéaste avant même qu'elle ait commencé. Par ailleurs, sans assurance, aucun permis n'est délivré.

Étudiez avec soin les contrats proposés et mettez en concurrence plusieurs compagnies d'assurances. Soyez clair sur les conditions de votre travail, le personnel engagé, les risques des lieux choisis, etc.

Choisissez un décor en extérieur bien à l'avance, procurez-vous les autorisations nécessaires et prévoyez des solutions de repli en cas d'imprévu. Car rappelez-vous que la raison d'être de la phase de pré-production est de rendre le déroulement du tournage le plus fluide possible.

Transports en commun ▶
Ce décor est peu commode. Si vous filmez en DV, vous pouvez prétendre être un touriste, mais sachez qu'un tournage sans autorisation peut vous coûter cher. Vous n'aurez de plus aucune maîtrise de l'environnement (notamment des gens qui regardent la caméra ou qui font des signes) et des raccords. Par ailleurs, le bruit et les secousses ne faciliteront ni le son ni l'image. Il vous faudra enfin éviter les heures de pointe, sauf si vous avez besoin d'un wagon surchargé. Quoi qu'il en soit, il est préférable de demander une autorisation. On ne vous permettra sans doute que de tourner aux heures creuses, mais vous pourrez peut-être obtenir un wagon vide, que vous remplirez de figurants, et un accès à la station.

Montagnes enneigées ▶
Selon le site naturel que vous voulez filmer, une autorisation officielle n'est pas toujours obligatoire. En revanche, un milieu naturel est souvent source de problèmes. Ainsi, en montagne pendant l'hiver, la neige doit être en quantité suffisante et de la qualité voulue; une fois piétinée, il est impossible de lui rendre son aspect originel; la réflexion peut causer des ravages à l'exposition; le froid affecte es équipes et les machines; certes, des couvertures spéciales conservent la caméra et les batteries à des températures correctes, mais des variations brusques entraînent la formation d'une condensation; une alimentation en énergie nécessite de posséder un groupe électrogène; enfin, les jours de travail sont courts, ce dernier point est toutefois en général apprécié par l'équipe.

Créer des décors

Lors de l'écriture ou de la lecture d'un scénario, vous devez avoir une vision claire du film une fois terminé. Pour les décors, vous avez peut-être en tête des lieux réels précis ou bien des endroits tirés de votre imagination. Dans le cas contraire, n'hésitez pas à faire appel à un chef décorateur, il pourra vous être d'une aide précieuse.

Trouver un décor ▼
Faites appel à un professionnel (tapez « location décors » dans un moteur de recherche Internet). Ou bien remaniez votre scénario en fonction du lieu dont vous disposez.

LE RÔLE DU CHEF DÉCORATEUR

Le chef décorateur a pour mission de créer un environnement en conformité avec l'esprit du film, depuis les décors et les accessoires jusqu'aux costumes et aux coiffures. Si le tournage a lieu en studio, il conçoit, en accord avec le réalisateur, les décors et supervise leur construction ainsi que l'achat ou la location des accessoires. Pour un film à petit budget, vous tournerez certainement dans des lieux prêtés, voire à la sauvette s'il s'agit d'espaces publics, et vous n'aurez pas toujours le luxe de bénéficier du concours d'un chef décorateur.

CRÉER UNE AMBIANCE

Si vous avez la chance de pouvoir utiliser librement un espace, vous pouvez décider de l'habiller. Cela implique de vider la pièce et de la redécorer entièrement pour correspondre à l'esprit du film. Le chef décorateur, aidé du régisseur d'extérieur, assume cette tâche. Le nouvel habillage dépasse parfois le simple échange de meubles et peut aller jusqu'à repeindre les murs. Assurez-vous cependant de l'accord du propriétaire pour de tels travaux et voyez avec lui s'il préfère, après le tournage, rétablir la couleur d'origine ou conserver la nouvelle déco.

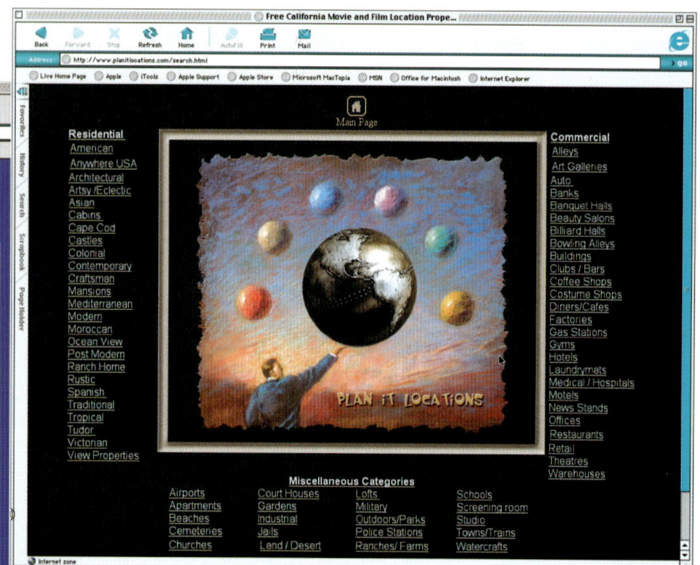

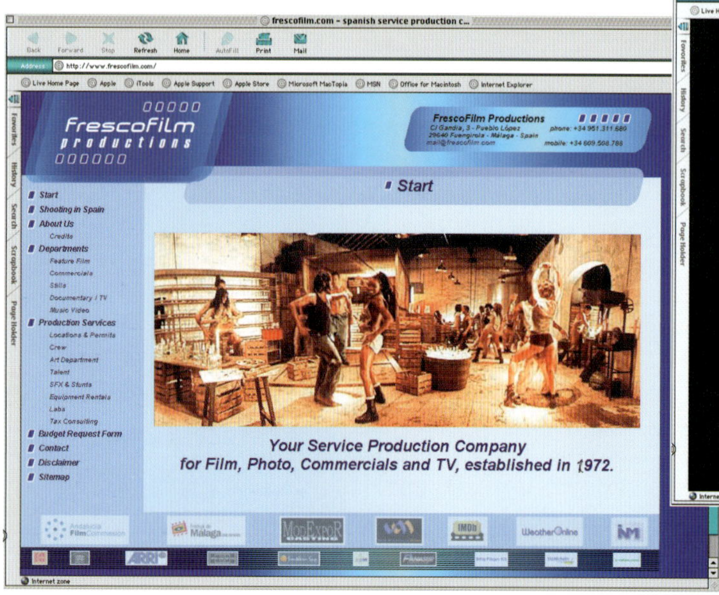

Toutefois, sur un tournage à petit budget, ce genre d'aménagements n'est guère envisageable, faute de temps et d'argent. La sagesse conseille donc de tirer le meilleur parti de ce que l'on a. Quelques remaniements de l'agencement peuvent ainsi harmoniser l'arrière-plan. Attention cependant de ne pas ajouter trop de détails superflus car le but d'un décor n'est pas de supplanter la scène ou de voler la vedette aux acteurs. Conservez-le donc aussi naturel que possible.
Le type de film que vous réalisez déterminera l'approche que vous aurez des décors.
De nombreuses scènes d'action ou de combats nécessitent des espaces propices à la chorégraphie des batailles. Pour les extérieurs, le chef décorateur fera des suggestions mais, sans budget, vous n'aurez peut-être pas toujours la possibilité de tourner où vous aimeriez. N'oubliez pas pour ce type de scènes de demander les autorisations nécessaires auprès des autorités compétentes.
Si le film comporte beaucoup de dialogues et si l'attention est centrée sur les acteurs, l'arrière-plan demeure secondaire. Cependant, comme vous disposez dans un court-métrage de peu de temps pour caractériser vos personnages, les détails du décor peuvent véhiculer un grand nombre d'informations. Quelques photos sur un mur, un style de meuble particulier, la propreté ou un désordre général en disent long sur une personnalité. Une des règles d'or de l'écriture est de « montrer, non pas raconter ». Cette maxime vaut d'autant plus pour les arts visuels. Profitez-en.
Un décor réussi – il en est de même de l'image et du son – ne doit pas prendre le pas sur les autres éléments du film. Si les spectateurs ne parlent d'une œuvre qu'à travers ses fabuleux décors, le réalisateur a manqué son but. Un équilibre doit régner afin que les commentaires portent sur l'ensemble du film. La beauté des effets ne doit pas se faire aux dépens de l'histoire.

Un décor en studio ▲
Des plateaux spacieux comme celui-ci sont l'apanage des grosses productions. Mais les tournages en décors naturels requièrent une attention aux détails tout aussi importante qu'en studio.

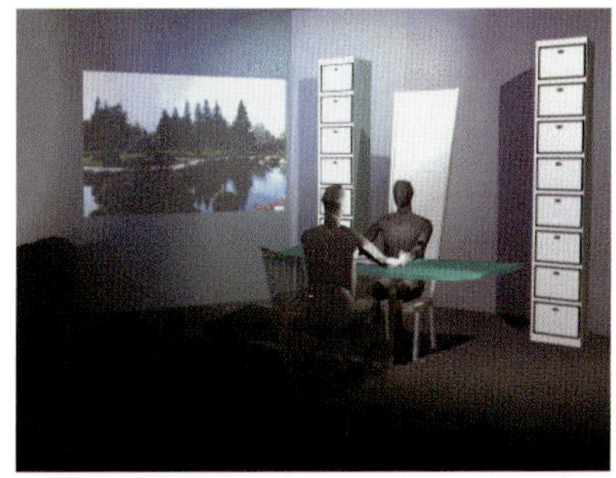

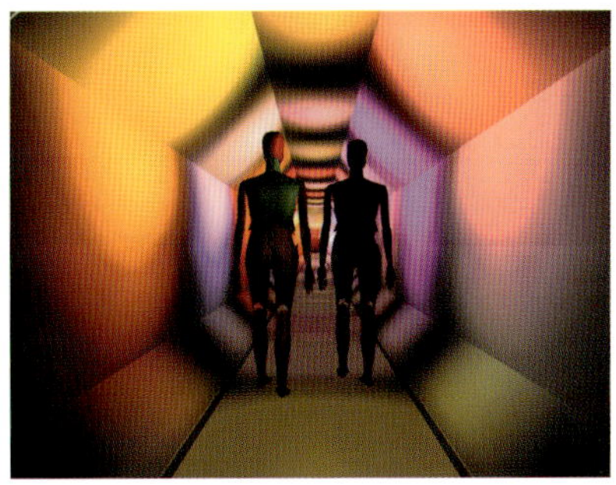

Des décors virtuels ▲
La création de décors par ordinateur aide à leur construction, à l'éclairage et aux mouvements de caméra. Certains décors de film sont d'ailleurs entièrement virtuels et les acteurs réels y sont insérés (comme dans *Sin City*, *Sky Captain* ou *Star Wars*).

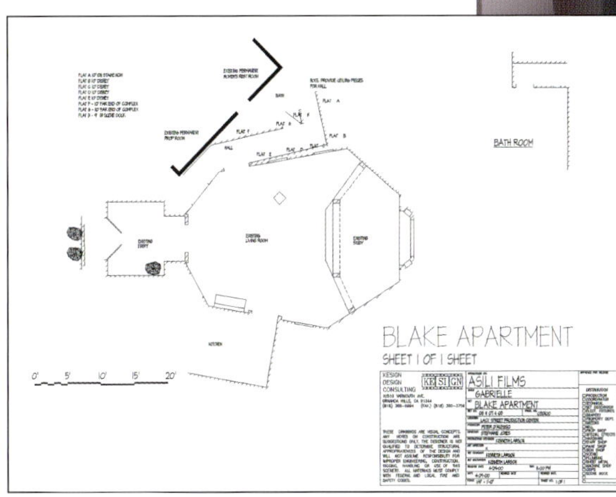

Plan d'un studio ►
Si vous tournez en studio, il est indispensable de dresser un plan pour vous assurer que le plateau convient à vos décors.
Des panneaux mobiles délimitent les pièces pour faciliter les mouvements de caméra.

Costumes et maquillage

LE CHOIX DES DÉCORS ÉTANT FINALISÉ, IL VOUS FAUT MAINTENANT HABILLER VOS ACTEURS. PLUS LE PROJET SERA AMBITIEUX, PLUS LES QUESTIONS DE COSTUMES ET DE MAQUILLAGE SERONT COMPLEXES.

- ›› Costumes et maquillage à prix d'amis
- ›› Gestion des costumes
- ›› Harmonie avec les décor

Une comédie dramatique citadine ne nécessite pas d'autres vêtements que ceux appartenant aux acteurs ou dénichés chez un fripier. Mais s'il s'agit d'un film de genre, l'aide d'une couturière, d'un magasin de location de costumes ou de la troupe de théâtre amateur locale le devient indispensable.

Cependant, votre premier film ne se fera sûrement pas en costumes d'époque. La comédie dramatique contemporaine est le genre le plus populaire, suivie de l'épouvante et de la science-fiction qui n'exigent d'ailleurs pas forcément des costumes ou des maquillages sophistiqués. Les histoires de science-fiction ont souvent une base scientifique qui n'implique pas nécessairement des voyages interstellaires. Quant à l'épouvante, nul besoin de monstres pour effrayer le spectateur. Ce que l'on ne voit pas est parfois bien plus terrifiant qu'un masque en latex.

MAQUILLAGE

Même si le film ne nécessite pas d'effets spéciaux, une personne de l'équipe devra se charger d'un maquillage de base. Il se limite souvent à une simple poudre pour dissimuler les brillances de la peau. Il faut aussi veiller aux coiffures qui doivent tenir tout au long des scènes. Demandez aux actrices de s'en occuper, car souvent elles ont l'habitude de se maquiller et elles sauront mettre à profit leur expérience sur les autres comédiens.

Si vous désirez une main plus professionnelle, sans en avoir les moyens, tentez de convaincre, une esthéticienne ou une démonstratrice d'un stand de maquillage d'un grand magasin (souvent, la magie du cinéma ouvre bien des portes).

Les écoles spécialisées sont une autre piste, même si travailler avec des étudiants a des inconvénients. Ils apprécient l'expérience qu'on leur propose,

Effets spéciaux ▼
Un maquillage d'effets spéciaux nécessite parfois plusieurs heures de préparation. Sur la photo ci-dessous, le maquilleur est en train de simuler des blessures sur le visage et l'épaule de l'actrice.

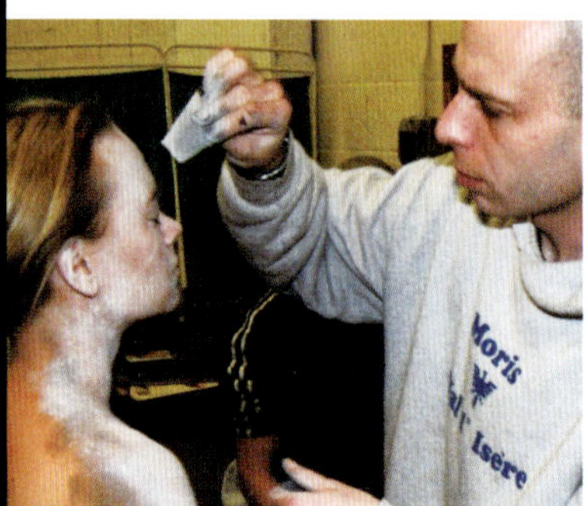

Costumes d'époque ►
Les troupes de théâtre amateur regorgent de trésors. Elles pourront vous prêter ou vous louer des costumes à petit prix, surtout si vous proposez d'engager certains membres du groupe.

Pratique et bon marché ◄
De nombreuses friperies, ou bien encore les boutiques Emmaüs proposent des habits aux styles très variés, du plus chic au plus inattendu…

mais ils sont souvent très sollicités et donc peu disponibles. Ils seront bien sûr moins compétents que des professionnels confirmés.

Vous pouvez aussi rencontrer une association de comédiens de théâtre amateur, dans laquelle vous avez toutes les chances de trouver la personne que vous recherchez. Certes, le maquillage au théâtre est plus exagéré qu'au cinéma, mais les principes sont identiques. De plus, ces associations possèdent parfois de riches garde-robes.

COSTUMES

Bien que chaque production soit différente, les règles et les modalités de la gestion des costumes restent les mêmes. Lorsque le tournage s'étale sur plusieurs jours, une personne doit être en charge des vêtements et coordonner la logistique. En dehors du temps de tournage, tous les habits doivent lui être confiés, même s'ils appartiennent aux acteurs, afin d'éviter les taches, les oublis, voire les pertes. Le polaroid est l'outil indispensable du département costumes car les clichés permettent d'associer sans erreur acteurs et vêtements. Vous pouvez également employer un appareil photo numérique, encore plus pratique, économique et efficace, surtout s'il est utilisé avec un ordinateur portable.

Outre la tâche d'organisation, l'équipe ou la personne préposée aux costumes travaille avec le chef décorateur. En effet, les vêtements doivent non seulement correspondre aux personnages, mais le choix des couleurs et des formes peut aussi influencer l'aspect et l'esprit même du film. Ainsi, dans *Dick Tracy* de Warren Beatty, les teintes vives et mates des costumes renforcent la similitude du film avec la B.D.

Certains détails, de prime abord insignifiants, sont en fait riches de sens. Habiller par exemple un personnage d'une couleur particulière peut lui conférer une dimension symbolique.

En conclusion, une bonne préparation de l'organisation des costumes et des maquillages est un atout supplémentaire pour aider au bon déroulement du tournage.

Maquillage professionnel ▲
Un maquilleur transporte d'énormes quantités de matériel pour répondre à toutes les situations, comme rendre la peau mate (opération indispensable, surtout sous un éclairage direct), vieillir quelqu'un ou lui donner mauvaise mine. Si le maquillage est complexe, prévenez-le bien à l'avance.

GENRES

Après avoir choisi vos acteurs, vous allez, grâce au maquillage, leur donner l'apparence des personnages que vous avez imaginés. Faites-vous aider d'un maquilleur professionnel, autant que possible.

MAQUILLAGE CLASSIQUE

Les traits du visage sont soulignés par les fards et les crayons. Un fond de teint fluide convient autant au cinéma qu'en vidéo. Structurez les pommettes, si nécessaire, en appliquant une ombre au creux des joues.

FANTASTIQUE

Les prothèses permettent de créer des personnages fantastiques. Le faux nez, les faux sourcils et le menton en galoche donnent l'illusion parfaite. Un fond de teint sombre et des touches brun-rougeâtre confèrent à la peau un aspect tanné.

ACCIDENT

Tout bon maquilleur sait transformer un acteur en accidenté de la route, notamment en créant un œil au beurre noir réaliste.

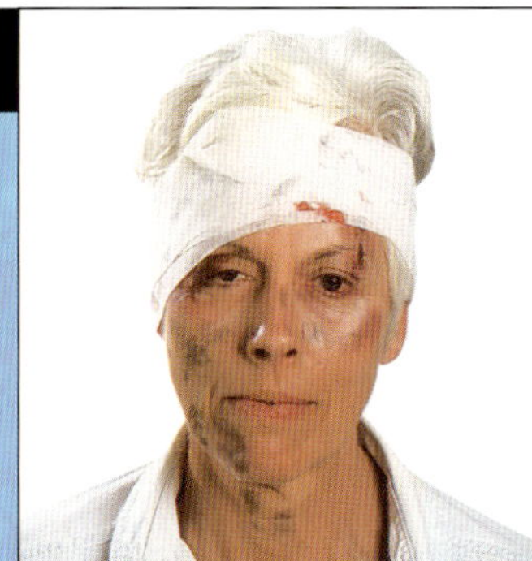

HISTORIQUE

Des favoris et des lunettes rondes donnent à cet acteur un air de bourgeois tout droit venu du Second Empire. Soulignez les rides naturelles à l'aide d'un crayon brun foncé.

LE TOURNAGE

Après la phase de préparation, le plan de travail en main, vous voilà prêt à passer à ce que l'on considère souvent comme la véritable activité du cinéma : le tournage. S'il est souvent le stade le plus intense, il est aussi le plus bref, si la préproduction a été soigneusement préparée.

De nouvelles personnes à de nouveaux postes vont entrer en jeu. Si certaines sont rémunérées, votre intérêt est de tourner le plus rapidement possible.

Si tous les membres de l'équipe, y compris les acteurs, travaillent bénévolement, il y a cependant une limite au-delà de laquelle vous ne pourrez plus disposer de leur temps, à moins qu'ils se sentent aussi investis que vous dans le projet.

Vous pouvez choisir de vous entourer de gens expérimentés dont l'avis et le réconfort accompagneront vos premiers pas de réalisateur. Mais leurs compétences peuvent se révéler intimidantes : il est difficile de se retrouver face à ses incertitudes quand on est bombardé de questions et de conseils sur quoi faire et comment.

Vous pouvez aussi décider de vous lancer seul, en acceptant d'apprendre de vos erreurs. Les deux méthodes ont leurs vertus : votre personnalité et les circonstances dicteront votre choix.

Cette partie du livre évoque certaines théories cinématographiques et donne quelques recommandations utiles pour tirer le meilleur parti des ressources dont vous disposez. Il faut toutefois savoir se libérer de la théorie si vous voulez un jour passer à l'action et réaliser votre film.

2

La lumière

Le directeur de la photographie (ou chef opérateur) remplit deux fonctions majeures.

La première, la plus évidente, est celle de diriger, voire de manipuler, la caméra.

La seconde est d'éclairer le plateau, car filmer sans lumière est impossible.

Une scène mal éclairée ruine un film aussi sûrement qu'un mauvais jeu d'acteur ou qu'un son médiocre. La lumière confère à la scène son atmosphère et aide le spectateur à comprendre vos intentions. Il est toutefois impossible d'avoir un camion entier d'équipement lumière sur un film à petit budget. Comment obtenir dans ce cas un éclairage digne de ce nom?

Gamme de réflecteurs ▶
Les réflecteurs portables sont essentiels tant en studio qu'en décor naturel. Ils existent en tailles et en teintes variées. Ils se plient et se rangent dans des pochettes.

LA LUMIÈRE NATURELLE

La méthode la plus simple est d'utiliser la lumière existante. Celle du soleil est la meilleure, quoiqu'une image en plein soleil de midi soit violemment contrastée. On peut adoucir ces contrastes en diffusant la lumière du soleil grâce à des cadres entoilés ou à l'éclairage de projecteurs additionnels.

Les réflecteurs, des panneaux qui réfléchissent une source lumineuse vers les acteurs, peuvent également atténuer les ombres. Vous pouvez les fabriquer en collant du papier aluminium sur de fines plaques de polystyrène blanc. Pour un tournage de plusieurs jours en extérieur, les modèles pliables en vente dans les magasins professionnels de photographie sont bien plus

Température des couleurs ▼
La couleur des objets varie en fonction de l'éclairage, par exemple elle tend vers le bleu avec un ciel bleu et tend vers le rouge avec la lumière d'une bougie. Si l'œil humain compense automatiquement ces variations, la pellicule (ou la vidéo) les enregistre. Pour obtenir des couleurs naturelles, vous devez donc rééquilibrer la température par des filtres, la balance des blancs ou des pellicules de qualité particulière. Ce schéma vous montre les correspondances approximatives entre une source lumineuse, la couleur qu'elle engendre et sa température en kelvins.

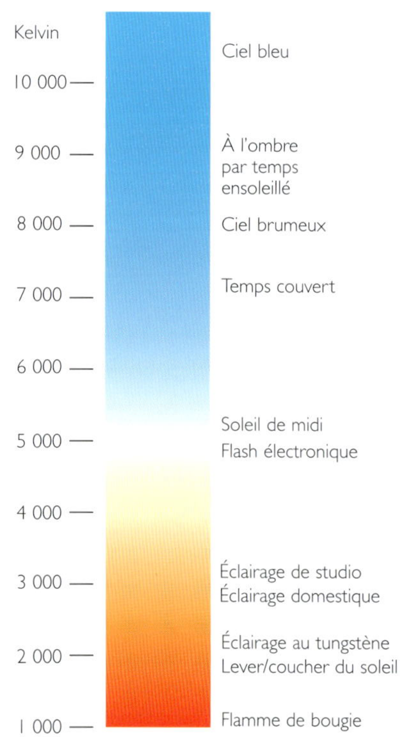

VOIR AUSSI
Pages 56-57
L'ABC du tournage

Contre-jour ◀
Un contre-jour puissant est très difficile à utiliser et impose des calculs d'exposition très précis, en fonction de l'effet que vous voulez produire. Dans cette scène de *Orange Mécanique* de Stanley Kubrick, le contre-jour, anormalement fort, crée une sensation de menace en ne laissant apparaître que la silhouette des personnages. Si l'exposition avait été calculée sur les visages, le décor aurait été « cramé » et le réalisateur aurait obtenu un effet « arrivée d'anges » plutôt qu'une atmosphère inquiétante.

Lumière du jour ▶
Une légère couverture nuageuse offre une lumière très égale, sans trop de contrastes, intéressante pour créer des ambiances mystérieuses. Malheureusement, la lumière naturelle est incontrôlable.

Scènes d'intérieur ◀
Dans ce plan de *Seven* de David Fincher, l'exposition est calculée pour la partie gauche de la scène. La puissante source de lumière surexpose l'autre partie, créant un fort contraste. La machine à fumée permet de révéler les faisceaux lumineux des lampes torches.

adaptés, surtout si votre film implique des travellings ou des transports de matériel d'un lieu à un autre.
La lumière du jour éclaire aussi très joliment les intérieurs. Mais elle varie au fur et à mesure des heures. Le tournage doit donc être minutieusement planifié afin d'en profiter pleinement. Des réflecteurs peuvent là encore vous aider.

L'ÉCLAIRAGE ARTIFICIEL

L'éclairage artificiel est plus coûteux. Le montant que vous lui allouerez dépendra du rendu que vous désirez obtenir et du degré de précision que vous souhaitez.
Veillez, quand vous concevez votre éclairage, à ce que la lumière soit réaliste et naturelle, à moins de vouloir créer une atmosphère ou des effets particuliers. Si vous tournez en DV, méfiez-vous particulièrement de la surexposition qui brûle les blancs ou de la sous-exposition qui donne une image grenue et sombre. Le soin apporté à l'éclairage rendra votre film résolument plus professionnel.
L'éclairage au tungstène possède une température de couleur inférieure à celle de la lumière du jour (voir diagramme page 52). Si vous tournez en film, vous devrez utiliser une pellicule tungstène pour obtenir un rendu naturel – une pellicule lumière du jour éclairée au tungstène vous donnera un rendu orangé. En vidéo, il suffit de régler la balance des blancs sur le mode tungstène. N'utilisez pas le mode automatique. Quel que soit le support, évitez de combiner éclairage au tungstène et lumière du jour, car vous obtiendriez des cou-

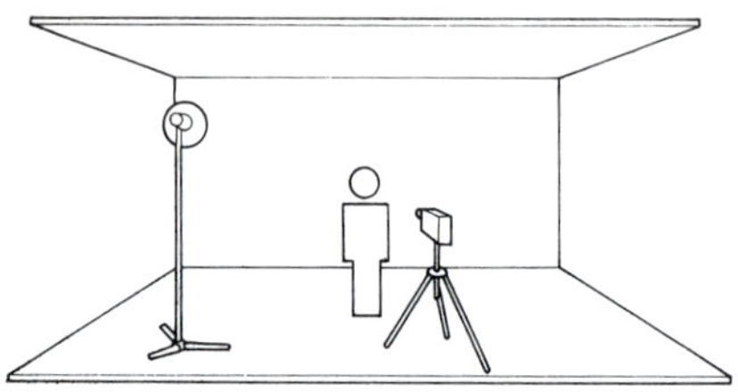

Un spot
Avec un seul spot placé sur le côté devant le sujet, vous obtiendrez une image très contrastée, mi-ombre mi-lumière. Utilisez ce type d'éclairage pour une ambiance intimiste.

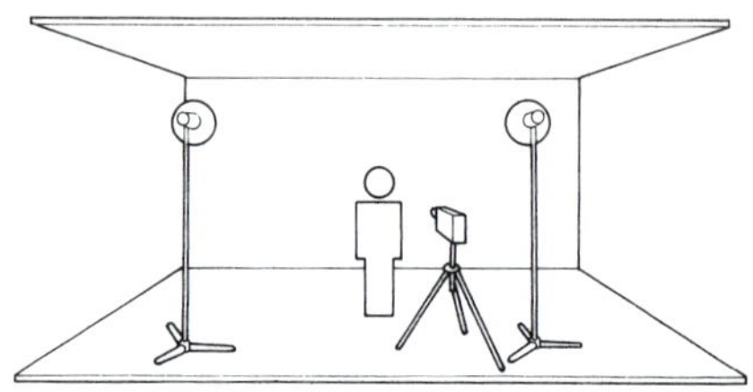

Deux spots
En ajoutant un autre spot de l'autre côté de la caméra, vous révélerez davantage de détails et vous supprimerez les ombres bouchées sur le visage tout en l'adoucissant.

leurs peu naturelles (par exemple, la lumière du jour deviendra bleue). Cet écueil peut être évité en plaçant des « gélatines » orange sur les vitres.

Les ampoules survoltées que l'on trouve dans les magasins d'équipement photo sont la solution la plus économique. Adaptables à n'importe quelle douille domestique, elles sont indécelables dans le décor.

Également bon marché, **les projecteurs tungstène ou halogène** sont une alternative en studio, mais la chaleur qu'ils produisent rend leur utilisation pénible.

Les « mandarines » (800 W tungstène) sont très prisées par les cinéastes en quête d'un éclairage artificiel décent à un prix raisonnable. Elles sont vendues par trois avec un pied et un volet réglable pour environ 1 200 euros. Elles dégagent beaucoup de chaleur.

LES TUBES FLUORESCENTS

Ce type d'éclairage, qui existe en version « lumière artificielle » ou « lumière du jour », produit une lumière douce et uniforme mais peu puissante. L'équipement professionnel peut se louer. Utilisez des tubes prévus pour le cinéma. (Les « néons » standards produisent une lumière verte et sont inutilisables.) Bien moins calorifiques que le tungstène et moins gourmands en électricité, les « fluos » sont très plats et peuvent convenir aux lieux exigus.

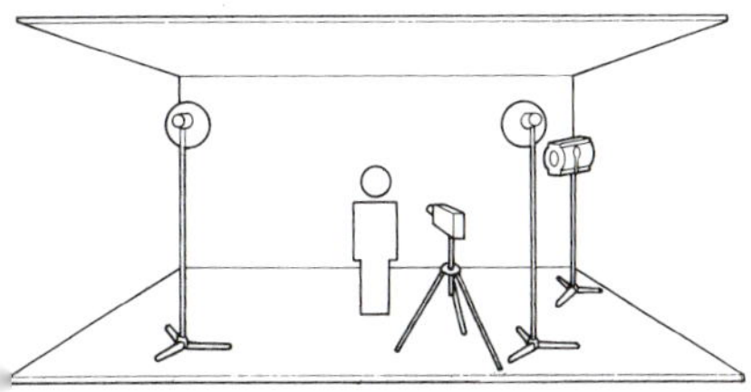

Trois spots
En plaçant un troisième spot à un angle de 90° par rapport à la caméra, vous obtiendrez davantage de profondeur et vous mettrez en valeur certains éléments tels que les cheveux.

Quatre spots
On place souvent une 4e lumière en contre, pour créer un halo autour du sujet, approfondir et élargir un décor. Toutefois, une lumière parasite (le « flare ») peut apparaître, même si le spot est placé haut.

L'ABC du tournage

LES PROBLÈMES DE LUMIÈRE ÉTANT MAINTENANT RÉSOLUS, VOUS ÊTES PRÊT POUR LE TOURNAGE. C'EST UNE ÉTAPE CRUCIALE DU PROCESSUS DE PRODUCTION QU'IL NE FAUT PAS MANQUER CAR L'ABOUTISSEMENT DE VOTRE FILM EN DÉPEND GRANDEMENT.

Bien des erreurs peuvent certes être corrigées en post-production, mais il est préférable de les éviter au moment du tournage. Une maîtrise parfaite de votre équipement, en particulier de la caméra, et quelques principes de base vous aideront à éviter un désastre.

CHOISIR SA PELLICULE

Vous avez certainement décidé depuis longtemps du support avec lequel vous allez tourner, film ou vidéo, et du format. Si vous tournez en film, plusieurs éléments, outre le format (Super 8, 16 mm, Super 16), sont à considérer. Vous devez choisir une pellicule adaptée non seulement à l'environnement du tournage, mais aussi à l'atmosphère du film : couleur ou noir et blanc, négative ou inversible, sensibilité élevée ou non. Le choix entre couleur et noir et blanc dépend du réalisateur, les autres relèvent du directeur photo.

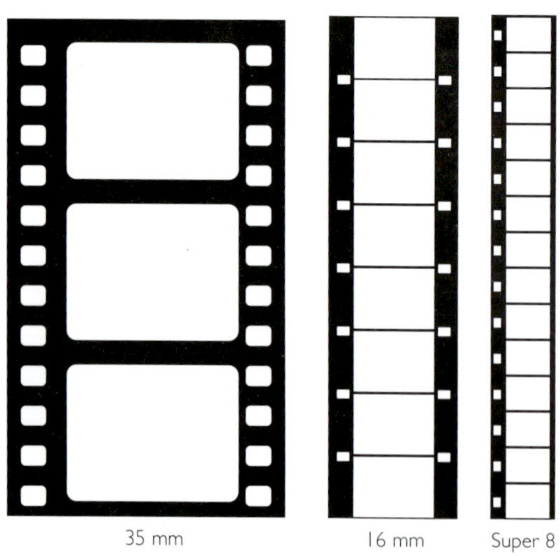

Formats standards ▶
Les trois formats principaux de pellicule sont ici reproduits en taille réelle : 35 mm, 16 mm et Super 8. Ces trois formats ont un ratio standard de 4/3 (contrairement au Super 16 qui a un ratio de 1,66, plus proche du 16/9).

La pellicule négative, la plus utilisée, offre une latitude d'exposition large et se duplique facilement. Le négatif d'origine est conservé pour le montage définitif et le montage image est élaboré sur des copies de travail, ou plus souvent virtuellement après « télécinéma » (copie des images film en vidéo).

En Super 8, il est préférable d'utiliser une pellicule inversible, car le montage se fait la plupart du temps de manière traditionnelle puisque ce format ne se prête ni à la duplication ni au gonflement. Si vous utilisez un film négatif, il doit être numérisé en vue d'un montage virtuel.

La sensibilité d'une pellicule détermine sa réaction à la lumière. Un chiffre élevé (par exemple 400 ISO) indique qu'elle ne nécessite pas une lumière forte pour être impressionnée. Elle aura cependant plus de « grain ». Enfin, une pellicule se choisit aussi en fonction du type d'éclairage. La lumière naturelle requiert un film lumière du jour alors qu'un éclairage artificiel demandera généralement une pellicule tungstène. Cependant, le même film peut être employé avec des sources lumineuses variées, grâce à l'utilisation de filtres sur l'objectif ou de gélatines sur les projecteurs. Dans ce cas, recalculez l'exposition puisque l'afflux de lumière aura été modifié.

RÉGLER SA CAMÉRA VIDÉO

En vidéo numérique, ces réglages s'effectuent au sein même de la caméra, en fonction de ses options, que vous tourniez en 16/9 ou non (voir pages 62-63).

Le Saint-Graal de la vidéo est le « rendu pellicule ». Certaines techniques permettent de s'en approcher (bien que le plus logique serait d'utiliser une caméra film).

La focale ►

La focale d'un objectif détermine la perspective de l'image. Un grand-angle (ou courte focale) dilate les distances en éloignant l'arrière-plan et en révélant une large part du premier plan. La longue focale resserre les distances, rendant les objets plus ramassés, en rapprochant l'arrière-plan.

Grand-angle

Focale standard

Longue focale

Le Follow focus ►

Les diverses mises au point sont marquées sur un anneau blanc de manière que le pointeur puisse faire les ajustements requis sans avoir à regarder dans l'objectif. Cette tâche délicate réclame beaucoup de pratique.

Centimètre par centimètre ►

Pour une mise au point précise, surtout avec une caméra film, on utilise un décamètre puis on consigne la distance sur le « follow focus ». Cette technique est plus sûre qu'une mise au point à l'œil et permet à l'assistant opérateur d'ajuster le point pendant que l'opérateur se concentre sur l'image.

Une première astuce: utilisez votre caméra vidéo comme si c'était une caméra traditionnelle. Apportez un soin tout particulier à la lumière et au réglage (manuel, bien sûr) de l'exposition. L'image n'en sera qu'améliorée, quel que soit le support que vous utiliserez.

Mais vous n'approcherez le rendu film qu'à l'aide du « balayage progressif » que possèdent certaines caméras DV haut de gamme. Sachez que la plupart des caméras vidéo saisissent des images entrelacées, c'est-à-dire que deux images sont alternativement capturées puis jointes pour en donner une seule. Le balayage progressif saisit une seule image à la fois, comme le fait une pellicule.

Pour encore plus de similitude avec la pellicule, certaines caméras vidéo capturent 24 images par seconde (i/s). On appelle cela le 24p. Le 24p donne une différence sensible si vous tournez surtout au format NTSC puisqu'il est à l'origine de 30 i/s et la durée variera donc sensiblement en cas de conversion.

Le système PAL, utilisé en Europe, tourne à 25 i/s, et les caméras PAL sont généralement en 25p. Alors, si vous comptez faire un transfert sur pellicule, tournez en 25 i/s et arrangez le transfert en post-production. Le télécinéma et le montage sont bien plus aisés en 25 i/s (si la caméra le permet) qu'avec le standard 24p (pour plus d'informations sur le sujet, reportez-vous aux pages 100-101).

Quoi qu'il en soit, le seul moyen réellement efficace d'obtenir en vidéo un aspect proche de la pellicule est le balayage progressif.

N'OUBLIEZ PAS

- Les batteries (chargées)
- La caméra
- Le manchon (changing bag) pour charger la pellicule
- La pellicule ou les cassettes
- Une source d'alimentation et/ou un chargeur de batteries
- Les objectifs (si la caméra a des objectifs interchangeables)
- Un double décamètre
- Un parasoleil et des drapeaux
- Le trépied et autres supports
- Du « gaffer »
- Les réflecteurs
- Une ardoise ou un clap
- Des calepins et des stylos

Un point de vue original ▶
Le réalisateur place ici la caméra à l'arrière du véhicule. Ce point de vue inhabituel renforce le suspense en donnant l'impression au spectateur d'être à l'intérieur de la scène tout en étant invisible.

Si le cinéma est un art de création, il est étroitement dépendant des contraintes techniques : rendu des scènes, nombre de plans disponibles au montage, exposition, netteté du point ou balance des couleurs. La responsabilité du réalisateur est lourde, sauf s'il peut s'appuyer sur un directeur photo, ce qui est rare dans les films à petit budget.

Vous devrez tourner la scène sous plusieurs axes pour obtenir un nombre suffisant de plans au montage. Par exemple : une prise en grand-angle de la scène complète, des plans moyens montrant les protagonistes principaux, et des gros plans de chaque personnage, souvent filmés par-dessus l'épaule de son vis-à-vis. (Voir page 61 la question des sautes d'axe). Sont enfin nécessaires des plans de coupe : gros plan des mains, panoramas, points de vue depuis une fenêtre… Ils peuvent être liés à l'action et augmenter la tension dramatique en apportant des informations, ou seulement briser la monotonie d'un dialogue filmé en alternance.

Pour les longs-métrages, une équipe B, indépendante de celle du film, réalise ces plans après le tournage principal. Un tel luxe sur un petit budget ou un film en vidéo est inimaginable, mais, pour le prix d'une caméra d'appoint, vous pouvez augmenter le nombre de plans sans hémorragie de temps. Un tournage à deux caméras peut sauver bien des situations, ajouter de la matière au montage et offrir la sécurité de deux bandes.

La position de ces deux caméras est importante, non seulement pour éviter qu'elles entrent dans le champ

Liste des plans modifiés ▼
Au tournage, certains plans sont modifiés, supprimés ou ajoutés. La scripte note ces changements, afin de remplir correctement le rapport image utile au monteur.

Les plans tournés sont cochés pour éviter les confusions.

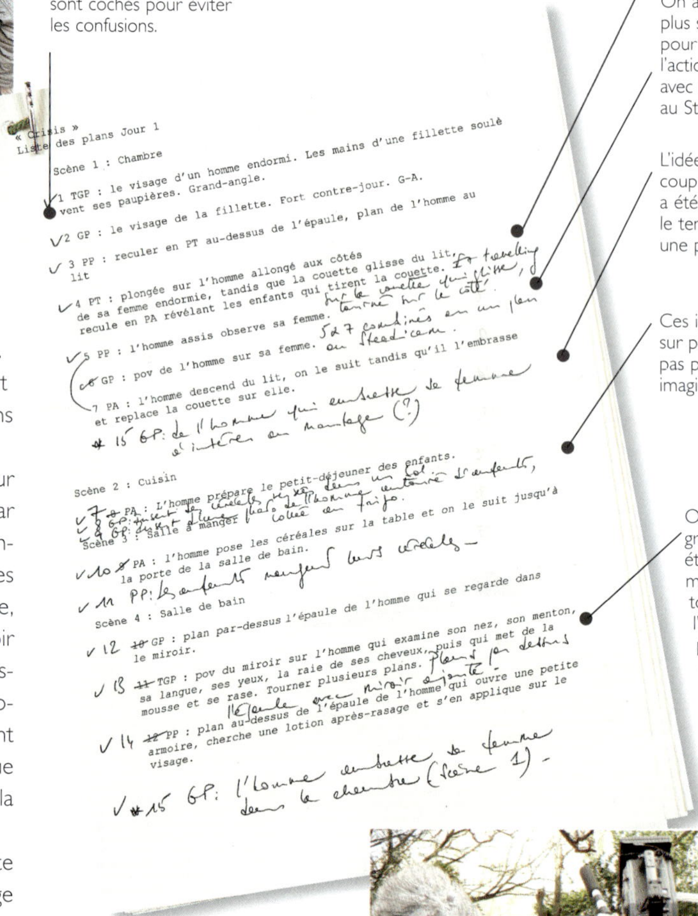

« Crisis »
Liste des plans Jour 1

Scène 1 : Chambre

✓1 TGP : le visage d'un homme endormi. Les mains d'une fillette soulèvent ses paupières. Grand-angle.

✓2 GP : le visage de la fillette. Fort contre-jour. G-A.

✓ 3 PP : reculer en PT au-dessus de l'épaule, plan de l'homme au lit

✓4 PT : plongée sur l'homme allongé aux côtés de sa femme endormie, tandis que la couette glisse du lit, recule en PA révélant les enfants qui tirent la couette.

✓5 PP : l'homme assis observe sa femme.

~~6~~ GP : pov de l'homme sur sa femme.

7 PA : l'homme descend du lit, on le suit tandis qu'il l'embrasse et replace la couette sur elle.

Scène 2 : Cuisin

✓7 ~~8~~ PA : L'homme prépare le petit-déjeuner des enfants.

Scène 3 : Salle à manger

✓10 ~~8~~ PA : l'homme pose les céréales sur la table et on le suit jusqu'à la porte de la salle de bain.

Scène 4 : Salle de bain

✓12 ~~10~~ GP : plan par-dessus l'épaule de l'homme qui se regarde dans le miroir.

✓13 ~~11~~ TGP : pov du miroir sur l'homme qui examine son nez, son menton, sa langue, ses yeux, la raie de ses cheveux, puis qui met de la mousse et se rase. Tourner plusieurs plans.

✓14 ~~12~~ PP : plan au-dessus de l'épaule de l'homme qui ouvre une petite armoire, cherche une lotion après-rasage et s'en applique sur le visage.

Un angle différent a été ajouté à l'idée originale du storyboard.

On a décidé qu'il serait plus simple et naturel pour les acteurs de jouer l'action en plan séquence, avec un mouvement au Steadicam.

L'idée est venue après coup et le plan a été tourné pendant le temps prévu pour une pause.

Ces inserts ont été décidés sur place. Le plan 9 n'était pas prévu, mais a été imaginé sur le plateau.

On a décidé qu'une grande variété de plans était nécessaire au montage. Ils ont dû être tournés avant que l'acteur se rase pour une question de raccord évidente.

L'insert ▶
Les inserts, comme ce gros plan d'une main découvrant une montre, contribuent au récit et servent de transition entre les plans au montage.

Le rapport image ▼
La scripte inscrit les détails de chaque plan tel qu'il a été tourné afin que le monteur connaisse précisément la matière dont il dispose.

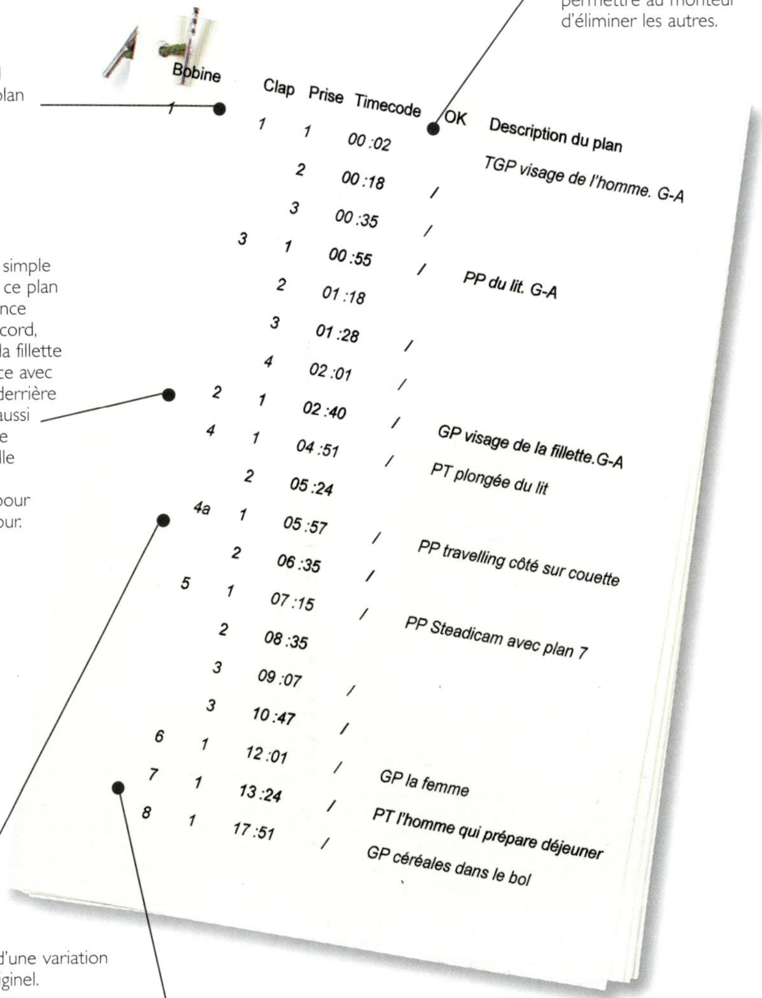

Bobine	Clap	Prise	Timecode	OK	Description du plan
1	1	1	00 :02		TGP visage de l'homme. G-A
		2	00 :18	/	
		3	00 :35	/	
	3	1	00 :55	/	PP du lit. G-A
		2	01 :18		
		3	01 :28	/	
		4	02 :01	/	
	2	1	02 :40	/	GP visage de la fillette.G-A
	4	1	04 :51	/	PT plongée du lit
		2	05 :24		
	4a	1	05 :57	/	PP travelling côté sur couette
		2	06 :35	/	
	5	1	07 :15	/	PP Steadicam avec plan 7
		2	08 :35		
		3	09 :07	/	
		3	10 :47	/	
	6	1	12 :01	/	GP la femme
	7	1	13 :24	/	PT l'homme qui prépare déjeuner
	8	1	17 :51	/	GP céréales dans le bol

Le numéro correspond à celui du plan de travail.

Les bonnes prises sont cochées pour permettre au monteur d'éliminer les autres.

Il était plus simple de tourner ce plan hors séquence pour le raccord, en laissant la fillette dans la pièce avec la caméra derrière elle. On a aussi attendu que le soleil brille à travers la fenêtre pour le contre-jour.

Il s'agit ici d'une variation du plan originel.

Ce sont en fait trois prises, mais sans couper la caméra, il n'y a donc eu qu'un seul clap.

l'une de l'autre, mais aussi pour obtenir les meilleurs angles. L'une d'elles peut rester fixe, sur un trépied, et l'autre être mobile, à l'épaule ou sur un appareillage, comme une dolly. Le son de référence sera celui de l'une des deux, ou bien il sera enregistré indépendamment, pour éviter les confusions. Il est fondamental d'utiliser des caméras et des objectifs de qualité identique. La balance des blancs et les réglages doivent être aussi proches que possible pour éviter les incohérences visuelles et faciliter un éventuel étalonnage.

LISTE DES PLANS

L'opérateur a besoin de deux listes. La première est celle des plans du jour à tourner, généralement élaborée en phase de pré-production et/ou la veille, par le réalisateur, l'assistant et le directeur photo. La seconde, plus importante encore, est la liste des plans tournés.
Pour la vidéo, une simple feuille suffit, avec ces mentions : titre du film, date du tournage, numéro de la bobine (ou de la bande), numéro de clap, prise, time code, description du plan et une case à cocher. Les autres données, comme les sources lumineuses ou l'exposition, indispensables au laboratoire pour développer la pellicule, sont superflues en vidéo, surtout si on ne peut pas les régler sur la caméra.
Un exemplaire de cette feuille type est ensuite rempli avant chaque plan. Il ne faut pas oublier aussi de numéroter les bobines ou les bandes elles-mêmes ainsi que leurs boîtiers. À vous de choisir la manière de le faire (logiquement 1, 2… ou 001, 002…). Inscrivez-y également le titre du film.
Le numéro du plan est le même que celui inscrit dans le plan de travail. Le numéro de prise correspond au nombre de fois qu'est tourné un même plan. Le time code indique, comme suit, le décompte de temps : HH:MM:SS:II (heure:minutes:secondes:images) ; il est enregistré sur une piste séparée invisible à l'image, à moins de l'afficher, et n'a aucun rapport avec la date et l'heure incrustées dans l'image des caméscopes grand public. La plupart des caméras miniDV possèdent un time code, mais les modèles pro ont en plus un réglage manuel qui permet de consigner les bandes consécutivement. En notant ces indications sur une feuille, vous les retrouverez plus facilement lors du transfert sur ordinateur en vue du montage.
La description du plan doit être basique. Commencez par « Int » (pour intérieur) ou « Ext » (pour extérieur) et le type de plan : gros plan (GP), plan moyen (PM), plan élargi (PE)… Cochez la case si la prise est utilisable. Enfin, toutes les informations inscrites sur la feuille doivent correspondre à celles du clap (voir page 17).
Ces tâches, en apparence laborieuses, peuvent éviter de nombreuses complications et faire gagner un temps précieux. Elles constituent la base du cinéma. D'autres aspects seront abordés en détail dans les pages suivantes.

La composition

La composition est au cinéma, comme en peinture, un aspect artistique difficile à maîtriser et qui désigne la manière dont les éléments sont disposés dans le cadre, leur place et leur relation entre eux. Cette alchimie très subjective laisse souvent une grande part à l'intuition et au hasard.

L'étude d'images fixes, comme des tableaux ou des photos, est une approche excellente pour s'initier à la composition. Bien entendu, au cinéma s'ajoute le mouvement, une dimension qui implique une perpétuelle mobilité des éléments, contrairement à la photo, qui capture un instant unique.

La composition obéit à certaines règles qu'il vous faut connaître, mais rien ne remplace l'intuition, ni la chance et le hasard (ce que le photographe Henri Cartier-Bresson appelait « l'instant décisif »). Même si le contexte très contrôlé d'un plateau de cinéma limite leur part, ces facteurs ne sont pas à négliger.

LA RÈGLE DES TIERS

Un des principes élémentaires de la composition est la règle des tiers. Le cadre est divisé en trois, horizontalement et verticalement, puis les différents éléments (acteurs, objets, décor ou paysage) sont répartis à l'intérieur de ces cases. Au cinéma, vous constaterez qu'en général les comédiens sont placés sur les bords de l'image, ce qui s'avère problématique pour les nombreux films tournés en 16/9 une fois qu'ils sont recadrés en 4/3 avec le système « pan and scan ». Pour conserver le cadrage originel, un système de cadrage plus adapté (dit « letterbox ») a été développé, mais il affiche ces fameuses bandes noires que l'on voit autour de certains films diffusés à la télévision.

La règle des tiers s'applique aussi si vous tournez directement en 4/3, mais il faudra modifier légèrement la composition et vos acteurs devront jouer beaucoup plus près les uns des autres. Une erreur fréquente chez les cinéastes débutants consiste à placer un visage au milieu du cadre, entraînant ainsi beaucoup d'espace vide tout autour. Essayez d'éviter cet écueil, à moins de vouloir créer un effet particulier. Tout dépend de l'exécution et de l'intention.

MISE EN SITUATION

Le choix de l'objectif, la position de la caméra et l'ambiance ou l'effet recherchés déterminent aussi la composition. Par exemple, filmer un acteur depuis une position basse (contre-plongée) lui confère une autorité, alors que le filmer d'en haut (plongée) diminue son pouvoir. En faisant évoluer la place de la caméra par rapport à un personnage au fur et à mesure du déroulement de l'histoire, vous lui imprimerez de subtiles modifications. Vous pouvez arriver à un résultat similaire en changeant d'objectif en fonction du personnage. Par exemple, une longue focale isole l'acteur de l'arrière-plan (qui devient flou) et peut convenir à des individus imbus d'eux-mêmes ou, au contraire, laissés à la dérive ; un grand angle, où le personnage est plongé dans un environnement dont il ne se démarque pas, contribuera à accentuer un sentiment de solitude.

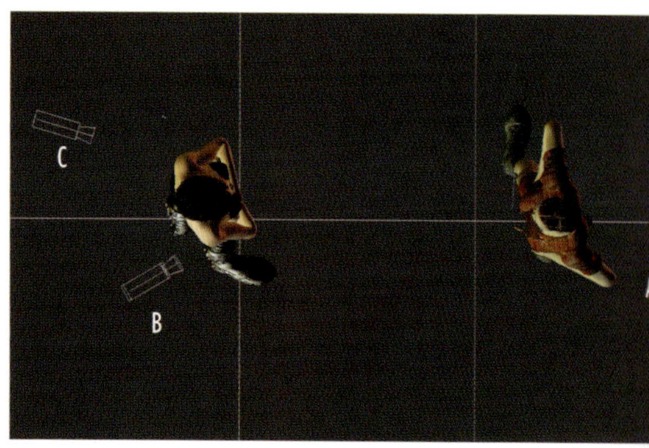

Par-dessus l'épaule ▶
Faites attention aux sautes d'axe en filmant la ligne en contre-champ.

Caméra A
La caméra A filme le plan de référence de la séquence. Ce peut être par-dessus l'épaule, comme ici, ou un simple face à face des acteurs.

Caméra B
La caméra B filme le contre-champ. Le montage donne l'impression que les acteurs se font face, puisqu'ils apparaissent de part et d'autre de l'image.

Caméra C
La tentation est grande de filmer avec la caméra C par-dessus la même épaule des deux personnages. Mais on traverse alors la ligne et la saute d'axe ainsi créée désoriente le spectateur, car les acteurs semblent s'être déplacés (voir illustration).

La preuve par trois ◀
Divisez votre cadre horizontalement et verticalement en tiers pour faciliter la composition. Inutile de tracer les lignes dans le viseur, l'approximation suffit.

Les lignes horizontales grises indiquent la division en version 16/9.

Notez que les visages demeurent à l'intérieur des divisions centrales dans les deux versions.

Les lignes horizontales rouges indiquent la division pour la version 4/3 traditionnelle.

Les bandes grises en haut et en bas montrent la manière dont l'image serait tronquée si elle avait été tournée en 4/3 et projetée en 16/9. Comme cette composition convient aux deux versions, il est préférable de couper le haut des têtes plutôt que de modifier globalement les proportions de l'image.

À CONSULTER

Le Fabuleux destin d'Amélie Poulain (de J.-P. Jeunet) : chaque plan est composé comme un bijou, sans rien de superflu.

Les tableaux d'Edward Hopper : la composition fascinante et faussement simple raconte d'énigmatiques histoires.

Les clichés d'Henri Cartier-Bresson : le maître du photojournalisme en noir et blanc parvenait à saisir le moment décisif, l'harmonie parfaite entre action et composition.

LA RÈGLE DES 180°

Aussi simple que la règle du hors-jeu au foot, la règle des 180° est une des lois qu'il faut respecter pour ne pas désorienter le spectateur. Lorsqu'on filme deux personnes face à face, la caméra doit rester du même côté d'une ligne imaginaire qui passe par elles. Dans un champ/contre-champ, on pourrait être tenté de filmer les personnages en adoptant le même point de vue, par exemple en les filmant par-dessus leur épaule droite, mais cela ne fonctionne pas (voir les illustrations ci-dessous). On parle alors de **saute d'axe**. Comme toutes les règles, elle peut être transgressée, mais à vos risques et périls.

L'AXE DU REGARD

Lorsqu'un acteur est seul dans un plan, vous devez veiller à ce qu'il dirige son regard dans la bonne direction. Ainsi, il ne doit pas fixer la caméra, même si vous le filmez en très gros plan, à moins d'un effet intentionnel. Il doit en revanche faire semblant de suivre l'action imaginaire qui se déroule sous ses yeux. S'il est sensé regarder un autre comédien, la présence de quelqu'un à côté de la caméra peut l'aider car, dans la vie de tous les jours, les gens se fixent rarement droit dans les yeux ; ils ont tendance à s'arrêter sur une autre partie du visage, la bouche ou les sourcils.

RA A

CAMÉRA B

CAMÉRA C

Le cadre

VOUS VOILÀ FAMILIARISÉ AVEC VOTRE CAMÉRA ET PRÊT À TOURNER. IL NE VOUS RESTE PLUS QU'À CHOISIR LE FORMAT. C'EST-À-DIRE ICI LA FORME OU LE RATIO DE L'IMAGE, QUI EST LIÉ AU TYPE DE CAMÉRA QUE VOUS UTILISEZ.

En vidéo numérique, les tailles de cadre et les résolutions varient en fonction du format de la caméra et du capteur. Voici un exemple de chaque format, de la HDV à la miniDV, sans différencier balayage entrelacé et progressif.

HDV1080i ▲
Les nouvelles caméras HDV offrent une haute résolution d'image en format natif 16/9 (1920 × 1080 pixels). Ce format est fortement conseillé, même si vos ambitions professionnelles sont limitées.

FORMATS STANDARDS

Le format le plus ancien est le 4/3, qui correspond au ratio d'une image de pellicule 35 mm. Cependant le 16/9 s'impose aujourd'hui comme le nouveau standard de la télévision ainsi que des moniteurs d'ordinateur; de ce fait, il est proposé comme réglage par défaut sur les caméras vidéo haute définition (HD) et sur la plupart des caméras professionnelles.

Si vous envisagez une commercialisation de votre travail, adoptez donc ce format sans hésiter. Méfiez-vous cependant de certaines caméras vidéos qui opèrent une transposition numérique qui peut dégrader la qualité de l'image. Cette technique, appelée compression anamorphique, consiste à compresser l'image dans le sens horizontal dans le viseur de la caméra et à la décompresser lorsqu'elle est lue sur un écran 16/9.

UN FORMAT 16/9 AVEC UNE CAMÉRA 4/3

Certaines techniques permettent de modifier artificiellement le format de l'image. Par exemple, vous pouvez placer une lentille anamorphique sur l'objectif de la caméra pour compresser l'image, puis une autre sur le projecteur, pour la dilater à la projection. C'est le principe du cinémascope, qui projette une image avec un ratio de 2,35 à partir d'un film 35 mm (4/3).

En vidéo, la décompression peut se faire en post-production. L'investissement est cependant lourd et il reste somme toute plus rentable d'acheter directement une caméra 16/9.

Si vous voulez obtenir un résultat semblable au 16/9 mais sans écraser l'image, vous pouvez en masquer une partie. Les formats larges utilisés au cinéma, par exemple le panoramique (avec un rapport de 1,66), sont obtenus de la sorte et rien ne vous empêche d'en faire autant. Il suffit de coller deux bandes de gaffer sur le moniteur ou sur l'écran LCD de votre caméra pour définir le cadre. Certaines caméras proposent une option letterbox, qui affiche un cache prédessiné. Si vous trouvez le gaffer trop collant, remplacez-le par des bandes de gélatine utilisées pour l'éclairage, ce qui vous permettra en plus de voir par transparence les parties masquées. Cela peut s'avérer utile si vous n'êtes pas sûr du format final (4/3 ou 16/9) : en veillant à que la perche n'entre dans aucun des deux cadres, vous pourrez prendre votre décision au moment du montage.

Avec la démocratisation des télévisions 16/9, il semble logique aujourd'hui de tourner dans ce format. Les caméras 16/9 restent encore plus chères à l'achat, mais l'investissement en vaut la peine, vous gagnerez en temps et en qualité. Une caméra Sony PDX10 coûte deux à trois fois le prix d'une miniDV grand public, mais elle est truffée d'options qui donneront à votre film un rendu bien plus professionnel. Les nouvelles caméras HDV grand public sont encore plus performantes. Les grands formats vous permettront de travailler directe-

720P ◄
Ce format HD a une plus faible résolution (1280 × 720 pixels) mais il reste un vrai 16/9.

DV NTSC 4/3 ◄
Le même ratio qu'en PAL (720 × 540 pixels), mais à la norme NTSC. Les deux différences majeures entre PAL et NTSC sont la fréquence d'images et la fidélité des couleurs. Certains surnomment d'ailleurs ce format « Twice the Same Colour » (Jamais deux fois la même couleur) !

DV NTSC anamorphosé 16/9 ◄
Image NTSC décompressée après anamorphose (853 × 480 pixels).

ment dans un format professionnel et d'apprendre à utiliser au mieux la surface de l'image.

Quel que soit le format dans lequel vous tournez, vous devez tenir compte de la « zone sécurisée », c'est-à-dire de l'image visible à l'écran. Les caméras professionnelles et les moniteurs de contrôle l'affichent souvent. Si vous n'en disposez pas, assurez-vous que vous ne filmez rien d'essentiel trop près des contours du cadre. Presque tous les logiciels de montage proposent en option cette zone sécurisée.

N'oubliez pas votre but : réaliser votre film. Ne gaspillez pas votre temps en tergiversations sur le format et le meilleur moyen de l'obtenir. Si le 4/3 est la solution la plus simple pour vous, prenez-la, vous utiliserez le 16/9 la fois suivante.

DV PAL anamorphosé ◄
Pour obtenir un format 16/9 en DV, on utilise la compression anamorphique, soit en adaptant une lentille à l'objectif, soit par un calcul électronique de la caméra. L'image, compressée horizontalement (voir ci-dessous) pour entrer dans un cadre en 4/3 (768 × 576 pixels), est décompressée à la projection sur un écran 16/9.

DV PAL ◄
Le PAL est le format le plus répandu en Europe ; il offre une meilleure résolution que le NTSC (format américain) et une fréquence de 25 i/s. Un tournage en format 4/3 (768 × 576 pixels) implique de prendre en compte le cadrage de l'image selon l'objectif. Assurez-vous de filmer suffisamment large pour pouvoir recadrer en 16/9.

DV PAL 16/9 ◄
Cette image DV PAL est ici décompressée pour obtenir une image 16/9 (1024 × 576 pixels).

DV PAL Pan and Scan ◄
Si vous tournez en 16/9, mais que vous avez besoin de revenir au 4/3 (768 × 576 pixels), une partie de l'image sera coupée. Le résultat est ici acceptable, mais serait désastreux si deux acteurs se faisaient face.

Zone sécurisée ►
Les logiciels de montage proposent un cadre de « zone sécurisée ». L'utilisation d'un moniteur de contrôle lors du tournage vous aide à ne pas filmer en dehors de ces limites.

Mouvements de caméra

APRÈS AVOIR CONSIDÉRÉ LA COMPOSITION DES IMAGES, IL FAUT GARDER À L'ESPRIT QUE VOUS TRAVAILLEZ AVEC DES IMAGES EN MOUVEMENT ET QUE LEUR COMPOSITION, JUSTEMENT, CHANGE, SOUVENT RAPIDEMENT.

Croquis des mouvements de caméra ▼
Si vous ne disposez pas d'un logiciel dédié, dessinez quelques ébauches pour planifier vos mouvements de caméra.

Les longs plans fixes, comme l'arrivée d'Omar Sharif à travers le désert dans *Lawrence d'Arabie*, sont l'apanage des films à grand spectacle ou de certains films d'art et d'essai.

De nos jours, les spectateurs sont habitués aux mouvements de caméra incessants et se lassent très vite des plans statiques. Le rythme doit être soutenu, à plus forte raison dans un court-métrage où le temps est limité. En revanche, cela ne veut pas dire que la caméra doit bouger sans raison, car le montage joue un rôle important dans le rythme. Le choix d'un mouvement est une décision artistique du réalisateur. En cas de doute, appuyez-vous sur votre directeur photo s'il est chevronné; sinon, suivez votre instinct en gardant à l'esprit qu'une prise peut toujours être refaite, si besoin est.

Efforcez-vous de décider dès le story-board de tous les mouvements de caméra. Au besoin, aidez-vous de logiciels comme FrameForge qui simulent divers mouvements et génèrent une prévisualisation de leur rendu, appelée « animatic ». À défaut, optez pour un logiciel plus basique: DazStudio ou Poser permettent d'introduire des personnages 3D dans un décor et d'animer une caméra. L'essentiel est d'aborder le tournage avec une idée claire et précise de la réalisation. Une fois sur le plateau, vous pourrez toujours modifier un plan ou essayer d'autres mouvements si votre matériel le permet.

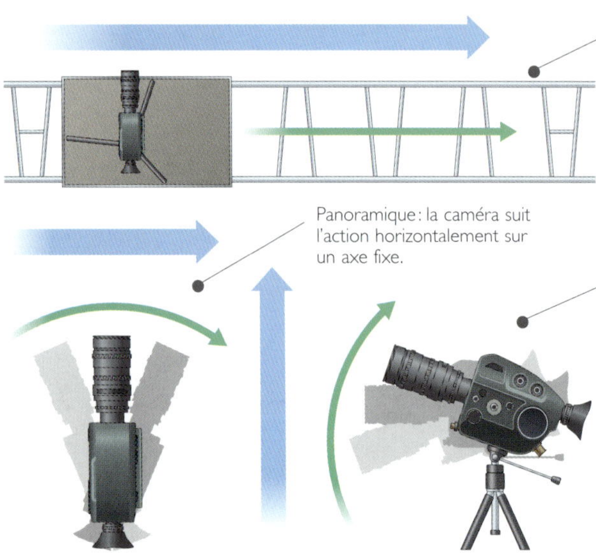

Travelling: la caméra suit l'action depuis une plate-forme à roulettes.

Panoramique: la caméra suit l'action horizontalement sur un axe fixe.

Tilt: la caméra suit l'action verticalement sur un axe fixe.

SOYEZ DANS LE MOUVEMENT!

Les principaux mouvements de caméra sont le panoramique, le tilt (panoramique vertical), le travelling et la prise de vues sur grue. Les autres, comme les plans aériens, sont plutôt réservés aux gros budgets, à moins d'avoir des amis bien placés prêts à rendre service ou d'être suffisamment inventif pour trouver une astuce qui permettra de réaliser un plan particulier.

Les mouvements les plus fréquents sont sans conteste les travellings. Bien exécutés, ils confèrent au film un aspect professionnel. Un chariot sur rails, surtout s'il est manipulé par un machiniste expérimenté, assure une fluidité maximale au travelling et une précision constante entre les prises. Si le sol du plateau est lisse et plat, un appareil sur roue fera l'affaire, par exemple un fauteuil roulant bien huilé. Il suffit que le cadreur se place bien au fond ou que vous caliez un système de pied de caméra en le lestant pour que le poids soit suffisant pour garantir un mouvement lisse, régulier et un contrôle aisé.

De nombreux jeunes cinéastes tournent caméra à l'épaule ou au poing, car c'est un moyen simple et efficace d'ajouter du mouvement au film, même s'il est un peu chaotique. Le poids joue ici encore un rôle déterminant. Les caméras mini-DV, souvent trop légères, enregistrent les moindres secousses du corps et rendent particulièrement difficile le tournage au poing. Une caméra plus lourde, surtout si elle est fixée sur l'épaule, offre bien plus de stabilité à l'image. Dans l'idéal, équipez-vous d'un harnais ou d'un stabilisateur, comme le Steadicam, afin d'absorber les secousses et fluidifier les mouvements. Il est possible de fabriquer un stabilisateur à peu de frais (voir l'encadré), mais le cadreur devra apprendre à marcher sans à-coups pour en profiter pleinement. Les caméras DV grand public sont souvent pourvues d'une sorte de stabilisateur d'image, numérique ou optique, censé réduire le tremblement. S'il est numérique, désactivez-le ! Il risquerait d'altérer la qualité d'image des mouvements que vous effectuez délibérément.

Les grues permettent d'obtenir des plans qui s'élèvent au-dessus des têtes ou descendent en piqué sur une foule. Cet équipement est très complexe, surtout quand il assure le contrôle de la caméra, de la mise au point et la vérification du cadre. Avec un très grand angle et/ou un dispositif autofocus, une installation plus simple peut suffire, mais il faudra sacrifier tout panoramique ou mouvement d'appareil vertical, selon la hauteur du matériel. Une prise de vue sur grue peut être spectaculaire, mais interrogez-vous sur la véritable amélioration qu'apportera ce plan, ou tout autre mouvement, à l'histoire.

Camera portée ◀
Les plans tournés caméra à l'épaule ou au poing vous plongent au cœur de l'action. Le poids et la taille de la caméra sont un facteur important pour une bonne image.

À CONSULTER

www.homebuiltstabilizers.com
Le site présente de nombreux stabilisateurs fabriqués par des amateurs qui font preuve d'une grande inventivité. De nombreux conseils vous aideront à fabriquer votre machinerie vous-même.

À vos outils ▼
L'achat et la location de machinerie coûtent cher. Par conséquent, il faut faire preuve d'ingéniosité sur un tournage à petit budget. Une planche de contreplaqué, des équerres de châssis en acier, des roulettes et des tuyaux en PVC : voilà un chariot sur les rails !

Montage des roulettes ◀
Le montage doit être très précis. Travaillez dans un atelier, avec des outils adaptés.

Chariot de substitution ▶
Un fauteuil roulant peut faire office de chariot si vous tournez sur une surface lisse.

Équipement allégé ▶
Pour un tournage en décors naturels, préférez un chariot et des rails légers facilement transportables.

Avant toute chose, essayez de déterminer les mouvements de caméra ou les plans particuliers qui sont indispensables à une bonne narration de l'histoire. Demandez-vous quel rôle narratif joue la caméra. Quel point de vue suit-elle ? Le récit est-il à la première personne ou à la troisième personne ?

Ces questions ont une réelle influence sur le choix des angles et des mouvements de caméra. Admettons par exemple que vous tourniez un thriller urbain. Les plans panoramiques, tilts et en plongée renforceront la crédibilité en rappelant les caméras de surveillance des villes modernes. Il suffit d'une bonne position surélevée, sans équipement particulier, si ce n'est peut-être une échelle très stable. Vous pouvez même utiliser le zoom, pourtant si décrié, pour augmenter le réalisme.

ZOOM

Les caméras DV proposent presque toutes un zoom optique et numérique. Aussi tentant que soit le zoom numérique 300x, ne l'utilisez pas. L'image qu'il produit est d'une qualité très médiocre. N'utilisez, et encore avec parcimonie, que le zoom optique dont le rapport est généralement de 10x.

L'inconvénient du zoom est qu'il altère le rapport entre l'arrière-plan et le sujet. En effet, comme vous passez généralement d'un grand-angle à une longue focale, la perspective est écrasée et la profondeur de champ change (la profondeur de champ est la part d'image nette devant et derrière le foyer de mise au point ; elle dépend de la longueur de la focale et de l'ouverture de l'objectif). La longue focale fait paraître l'arrière-plan plus proche alors que le grand-angle l'éloigne. Par ailleurs, si le grand-angle offre une large profondeur de champ, idéale pour les plans à l'épaule ou au Steadicam (car il garde le point et masque les tremblements de caméra), la longue focale nécessite une mise au point très précise. Même pour un simple panoramique sur pied, le point doit être minutieusement contrôlé au cours du plan (on appelle cela le « suivi de point »).

Pour un zoom avant, faites d'abord le point sur le sujet en zoomant dessus au maximum. Dézoomez ensuite avant de commencer à tourner. Grâce à la profondeur de champ, tout le reste sera net pendant le zoom. N'oubliez pas de désactiver l'autofocus.

L'ouverture contrôle la quantité de lumière qui traverse l'objectif jusqu'au capteur ou la pellicule. Sans entrer dans des détails de physique pure, sachez que plus l'ouverture est petite (indiquée par le nombre le plus élevé, par ex. f16), plus la profondeur de champ est grande. Notez que seules les caméras vidéo professionnelles ont un réglage manuel alors que cette option existe sur presque toutes les caméras traditionnelles (depuis le Super8).

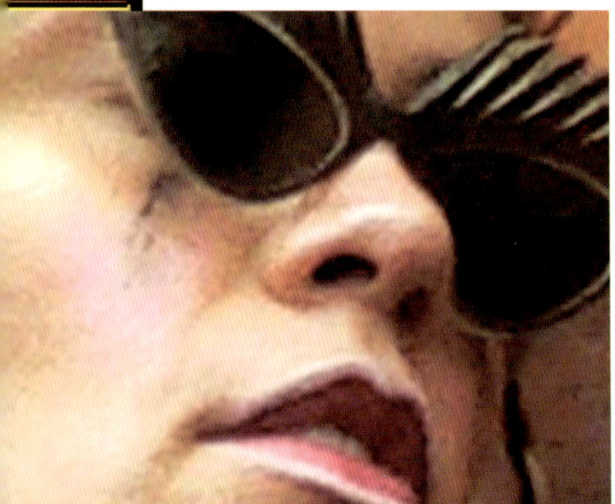

Zoom numérique ◄◄
Évitez le zoom numérique pour vous rapprocher du sujet, car la sanction sera sans appel : une détérioration de l'image optique par un phénomène de pixelisation. Pour un gros plan extrême, rapprochez simplement la caméra ou utilisez un autre objectif à focale plus longue.

Zoom optique ◄
Le zoom optique donne une image nette avec la plus longue focale, mais il ne convient pas à tous les plans.

À cause de l'effet optique du zoom, on utilise plus volontiers les travellings pour s'approcher du sujet. Une focale fixe associée à un mouvement de caméra produit un effet plus naturel, car le rapport avec l'arrière-plan reste constant. Ce type de plan requiert, cependant, un suivi de point préparé avec grand soin.

POINT TROP N'EN FAUT

Un travelling combiné avec un zoom, de manière à ce que la tête garde la même taille tandis que l'arrière-plan semble se précipiter vers la caméra (comme dans *Les Affranchis*) est un plan à éviter parce que trop connu, aussi beau que vous le trouviez.

Ne vous laissez pas tenter par les mouvements à tout va, en pensant que cela donnera un air professionnel à votre film. Vous réaliseriez au montage que tous ces mouvements sont incompatibles entre eux et que les raccords n'auront rien de professionnel. Il est toujours plus simple de raccorder deux plans fixes que deux plans en mouvements ou un plan en mouvement et un insert.

Évitez aussi d'accorder trop d'importance à cet aspect technique du tournage au détriment du jeu des acteurs. Tournez un bon nombre de plans fixes, depuis des angles variés, avec deux caméras s'il le faut, et misez sur un montage subtil pour suggérer les mouvements. Vous économiserez beaucoup de temps et d'argent en éliminant les travellings superflus.

Pour obtenir des mouvements réalistes, fixez votre caméra à un dispositif de type Steadicam. Tout semblera plus naturel, aucun rail ne risquera d'entrer dans le champ et vous serez libre de vos mouvements sur le plateau. Sans compter que l'éventuel refus d'utilisation d'un trépied dans les lieux publics sera résolu avant de s'être posé.

Les mouvements de caméra améliorent le rendu général du film. Ne les laissez cependant pas distraire l'attention du spectateur.

Types de plans ▼

Pour indiquer le cadrage à l'opérateur, on utilise des abréviations. Par exemple, « PT à GP » signifie que l'on débute en plan taille sur l'acteur pour évoluer vers un gros plan. Voici les huit principales abréviations.

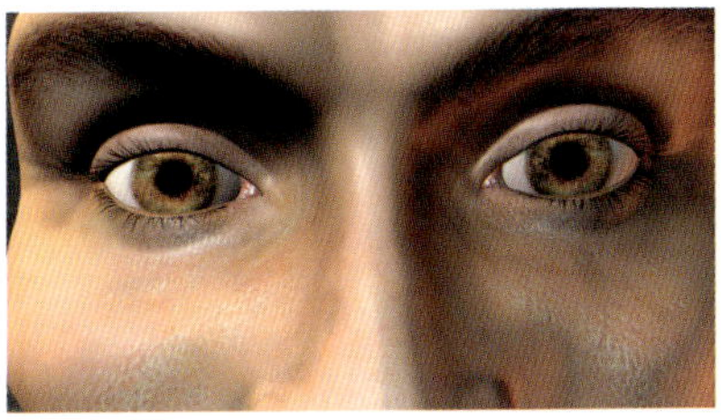

GPE : Gros Plan Extrême – Le détail remplit totalement l'écran.

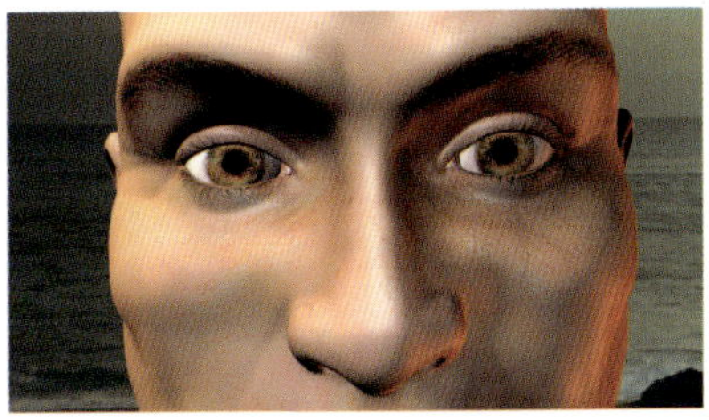

TGP : Très Gros Plan – Le centre du visage remplit l'écran, sans la bouche, ni le crâne.

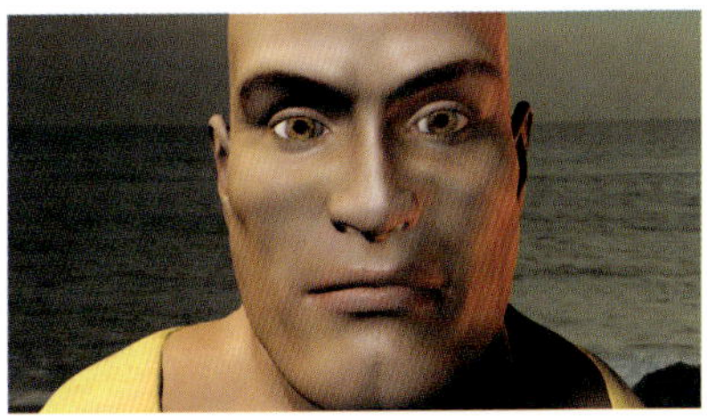

GP : Gros Plan – Seul le visage apparaît, le haut du crâne peut être coupé.

PP : Plan Poitrine – La tête et les épaules.

PT : Plan Taille – De la tête à la taille.

PA : Plan Américain – De la tête aux genoux (pour laisser voir le colt).

PL : Plan Large – De la tête aux pieds.

PE : Plan d'Ensemble – Décor large dans lequel le personnage apparaît au loin.

Les cascades

CASCADES ET EFFETS SPÉCIAUX SONT LE FONDS DE COMMERCE DES FILMS HOLLYWOODIENS, NOTAMMENT DES SUPER-PRODUCTIONS DE L'ÉTÉ, QUI BÉNÉFICIENT DES INVENTIONS LES PLUS PERFORMANTES MISES AU POINT AU FIL DU TEMPS.

- Effets au tournage
- Effets par suggestion
- Faux sang et tripes

Ce chapitre est consacré aux petits effets spéciaux pouvant être réalisés au cours du tournage. Reportez-vous aux pages 92-93 pour les effets spéciaux à créer en post-production, notamment les images de synthèse.

Les images 3D ou une armée de cascadeurs demandent des moyens que vous n'aurez sûrement pas pour votre premier film. Mais un peu d'ingéniosité et de créativité devraient vous permettre de réaliser quelques trucages tout à fait honorables.

Sang et boyaux ▼
Quentin Tarantino est réputé pour ses films violents avec des flots de sang ininterrompus. Prévoyez un stock important de chemises blanches pour les prises, car c'est le meilleur moyen de faire ressortir la couleur du sang, à condition qu'il soit réaliste.

FAUT-IL MONTRER OU SUGGÉRER ?

Il va de soi que le type d'effet dépend du genre de film que vous tournez. Une comédie romantique exige en général peu d'investissements dans le domaine, à moins de faire dans le burlesque (ce que les Américains appellent le Slapstick). Dans ce cas, faites appel à un comédien-acrobate, cela vous évitera d'embaucher deux personnes. Une autre solution pour ne pas employer de cascadeurs consiste à suggérer les effets en utilisant des raccords ou des plans dont le point de vue montre les réactions des personnages plutôt que l'action elle-même. Pour cela, il faut apporter un soin tout particulier à la préparation des effets, au tournage et au montage. Il en est de même pour le film d'épouvante, un des genres fétiches du cinéaste sans budget. Ce genre s'appuie souvent sur la suggestion, comme dans *Seven* où les crimes sont presque tous sous-entendus, décrits ou montrés après coup.

DU SANG SUR LES MAINS

Si vous tournez un film d'action, polar, thriller ou autre, viendra un moment où vous aurez besoin de sang. N'en utilisez pas de vrai, même provenant d'un animal, car d'une part, il ne fait pas « véridique » à l'écran et, d'autre part, il n'est pas pratique à utiliser. Achetez plutôt du faux sang, ou mieux préparez-en vous-même (voir la recette dans l'encadré).

Outre le sang, vous devrez aussi simuler des blessures, des membres arrachés, voire montrer quelques viscères. Pour les membres arrachés, il faut généralement se procurer des prothèses. Quant aux viscères, une petite visite chez le boucher vous fournira tous les ingrédients nécessaires pour une belle éventration et, une fois le tournage terminé, vous pourrez nourrir votre chat pendant une bonne semaine !

Après avoir concocté vos litres de sang, il va vous falloir le filmer en train de couler. Cela va souvent de pair avec le tournage d'une scène d'extrême violence, surtout si

Machine à fumée ▲
Indispensable dans un film d'action, la machine à fumée accompagne toutes sortes d'explosions. Très chère à l'achat, on préfère généralement la louer.

À VOS MARMITES

FAUX SANG

Ingrédients

- Mélasse raffinée
- Cochenille ou colorant alimentaire rouge

Ce sont là les deux ingrédients de base pour créer à bon marché un sang plus vrai que nature, même si d'aucuns y ajoutent leur ingrédient « secret ». Pour la mélasse, comme vous en utiliserez beaucoup, achetez-la en bidon chez un grossiste ou dans un supermarché.

Préparation

Chauffez doucement la mélasse dans une casserole (de préférence usée ou achetée pour l'occasion) afin de la liquéfier. Versez le colorant jusqu'à obtenir la nuance voulue. Pour l'obscurcir, ajoutez quelques gouttes de colorant alimentaire bleu ou du café noir. N'utilisez que des produits comestibles en additifs, surtout si le sang doit entrer en contact avec la bouche.

Si vous prévoyez de le faire gicler, il faudra préalablement le diluer avec de l'eau.

Attention, ce faux sang est pratiquement impossible à ôter sur du tissu.

VOMI

Ingrédients

- Soupe de carottes
- Confiture de mûres

Préparation

Comme chacun sait, le vomi contient des petits morceaux de carottes. Une soupe de carottes bon marché, ou n'importe quelle autre soupe premier prix, convient parfaitement. Ajoutez un peu de confiture de mûres pour l'assombrir. Remplissez la bouche de l'acteur avec et vous n'avez plus qu'à le filmer en train de cracher cette mixture.

▲ Un pistolet en plastique fera l'affaire dans la plupart des cas si vous évitez les gros plans. Les véritables armes (même désactivées) ne peuvent être maniées que par une personne ayant un permis de port d'armes. Dans certains pays, même l'utilisation de faux pistolets peut être soumise à autorisation.

la méthode subtile du plan raccord citée plus haut ne produit pas l'impact que vous souhaitez. Il vous faudra alors inventer un moyen de filmer l'action sans blesser les acteurs ni détruire ou salir le décor.

Les scènes violentes peuvent être très diverses : combats à mains nues (arts martiaux), bagarres avec des bouteilles en verre (utilisez du faux verre), des armes blanches ou à feu, explosions, poursuites de voitures, etc. Toutes ces cascades requièrent beaucoup de préparation, de répétitions, et, si possible, l'assistance d'un professionnel. Mais sachez que dans ce cas, la véritable explosion sera celle de votre budget, afin de rémunérer le cascadeur et surtout de payer les assurances indispensables.

Il est donc conseillé de vous simplifier la vie en éliminant les grosses cascades, comme les poursuites de voitures ou les fortes explosions, et en réduisant le reste au minimum exigé par l'histoire. Certes, la règle au cinéma est de « montrer, non pas raconter », mais il est parfois plus simple et efficace de suggérer.

KUNG-FU MANIA

Cet art martial venu de Hong Kong apparaît de nos jours dans toutes sortes de films, parfois de façon tout à fait incongrue. Les bonnes vieilles bagarres n'existent plus ! Si vous souhaitez tourner des scènes de combat, contactez des clubs d'arts martiaux près de chez vous. Vous y apprendrez à envoyer de faux coups de poing

MAQUILLAGE D'EFFETS SPÉCIAUX

1 Coincez un bout d'éponge dans la bouche, derrière les dents du bas ; attention, un trop gros morceau sera visible et gênera l'élocution.

2 Avec du liner rouge, créez des plaies et des petites coupures sur le visage.

3 Appliquez du collodion rigide sous la lèvre inférieure, du même côté que l'éponge, puis appuyez sur la lèvre pour la coller à la peau.

4 Colorez la lèvre tordue avec du khôl noir. Peignez la racine des dents avec un vernis rouge.

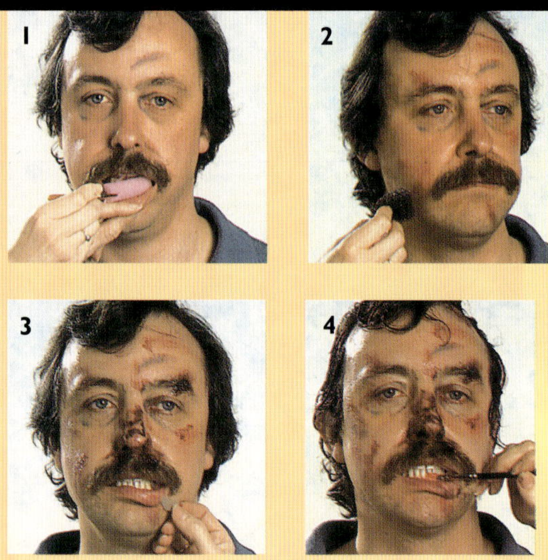

La victime battue
Les cheveux mêlés de sang et de sueur, le visage tuméfié de plaies et de coupures, voilà en tous points l'image de la pauvre victime.

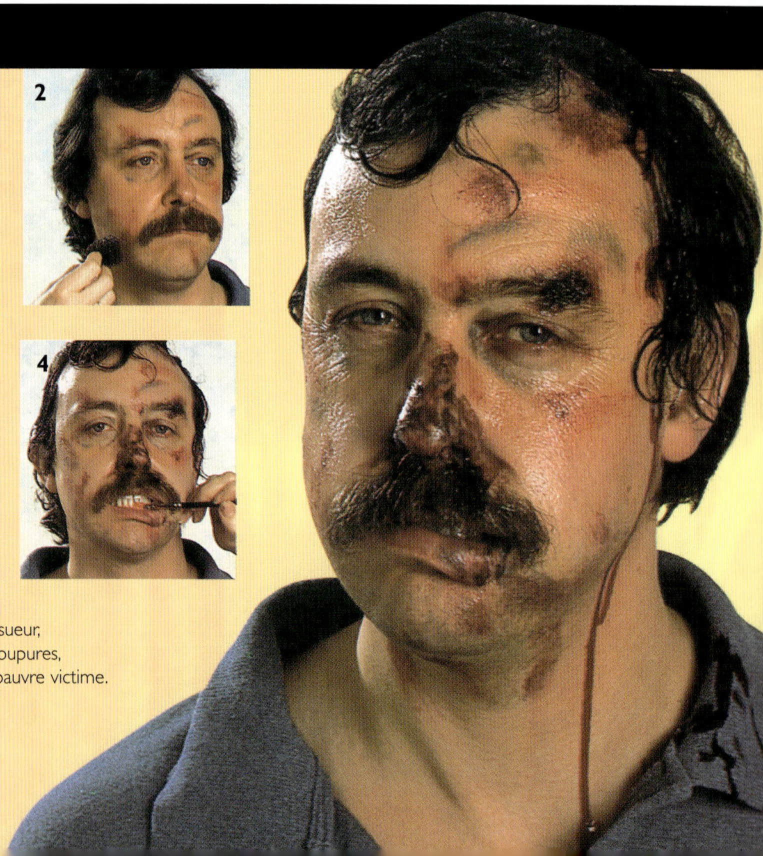

Haut les mains ◄ ▲
Le gilet est fixé au corps de l'acteur volontaire, puis dissimulé sous les vêtements. On fait des coupures dans la chemise puis on les ressoude légèrement avec du ruban adhésif.

Zone d'impact ▲
Les détonateurs sont actionnés par télécommande ou par des fils (les fils sont moins sujets aux interférences ou aux accidents). L'équipe est placée à distance, et le matériel protégé des projections de « sang ». Nul besoin de préciser à l'acteur quand il doit s'effondrer, la détonation, si ce n'est l'impact lui-même, y suffira.

convaincants, et vous n'aurez aucune difficulté à recruter l'un des membres pour jouer dans votre film.

LES ARMES À FEU

Si votre scénario y fait appel, plusieurs facteurs sont à considérer. La plupart du temps, de simples faux pistolets suffiront avec un son rajouté en post-production. Cependant, renseignez-vous, car certaines législations exigent une déclaration, même pour les armes factices. Pour plus d'authenticité, adressez-vous à un artificier agréé ; il vous fournira les armes nécessaires, des balles à blanc (si besoin), ainsi que les pétards et les petits explosifs pour reproduire l'effet de l'impact des projectiles qui entrent dans le corps. Enfin, donnez aux acteurs l'entraînement requis.
Mais si vous êtes ingénieux, vous trouverez un moyen moins cher pour créer des blessures par balles crédibles sans risques pour les comédiens. À moins de travailler avec un spécialiste, évitez les systèmes à base d'explosifs, car ils sont dangereux. Utilisez plutôt un système à air comprimé, avec des tubes en plastique et du faux sang. L'air comprimé peut être en bonbonne (assez cher) ou dans un petit pulvérisateur manuel (bon marché et réutilisable). Un compresseur motorisé pose de nombreux problèmes, de bruit notamment.
Pour un effet moins spectaculaire, vous pouvez remplir de faux sang un petit ballon que l'acteur (ou un technicien) fera éclater en tirant sur un fil placé au travers. Dans ce cas, pensez à faire une petite entaille dans le vêtement pour laisser le sang s'échapper. Prévoyez plusieurs chemises pour les différentes prises et, si vous le pouvez, placez plusieurs caméras, à des angles différents, pour limiter le nombre de prises et augmenter la matière destinée au montage.

Conseils de prudence

En règle générale, faites appel à un spécialiste pour toutes les cascades qui impliquent des armes, des explosifs, du feu ou des voitures. Travaillez dans la légalité et en toute sécurité, même sans budget. Lisez avec soin votre contrat d'assurance et suivez cette règle simple : ne demandez pas aux autres ce que vous ne feriez pas vous-même.

La prise de son

Le cinéma est certes un art visuel, mais oublier sa dimension sonore serait une grossière erreur. Grâce à la technologie actuelle, le son surround est le seul moyen abordable de créer les conditions d'une immersion totale dans un film. Un mauvais son peut anéantir une œuvre plus certainement qu'une mauvaise image. En revanche, un bon son peut sauver un film à l'image moyenne.

L'enregistrement du son pour votre film est un autre métier (aux confins de la technique et de l'art) que vous devez apprendre. À ce stade de votre jeune carrière, le doublage en langue étrangère ne compte pas parmi vos priorités. Pourtant songez que la voix des acteurs doit être votre préoccupation majeure, avec le moins de parasites possible. Il vous faudra donc choisir le bon type de micro (tel un canon Sennheiser 416) et surtout l'utiliser correctement. De même que la qualité de l'objectif influe sur l'image, celle du micro joue sur le son.

SON ET VIDÉO

Le micro doit être relié à un matériel adéquat. En DV, il s'agit généralement de la caméra elle-même. Le son, numérique, est enregistré sur la même bande que l'image, et tant que le micro est orienté dans la bonne direction avec un niveau bien réglé, la qualité sera la même que celle de n'importe quel système portatif, synchronisation garantie en sus!

Les caméras pros et semi-pros avec prises XLR intégrées autorisent non seulement l'utilisation de meilleurs micros, mais sont aussi moins sujettes aux distorsions. L'utilisation du micro de la caméra est déconseillée, à moins d'être de type canon, car il enregistre beaucoup de bruits parasites, notamment les plus proches, comme le moteur de la caméra, les mouvements de l'opérateur, voire sa respiration. Dans certaines situations documentaires, il est inévitable, mais pour un travail avec des acteurs, utilisez de préférence un micro externe.

Le clap ◀
Outre les informations visuelles d'une prise, le clap donne le repère sonore pour la synchronisation du son et de l'image.

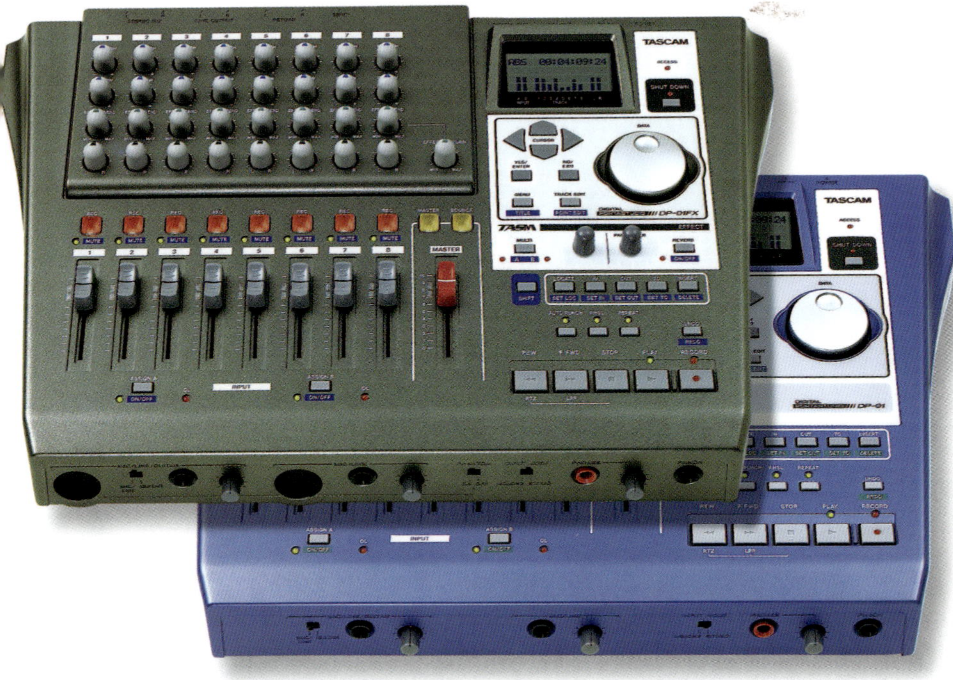

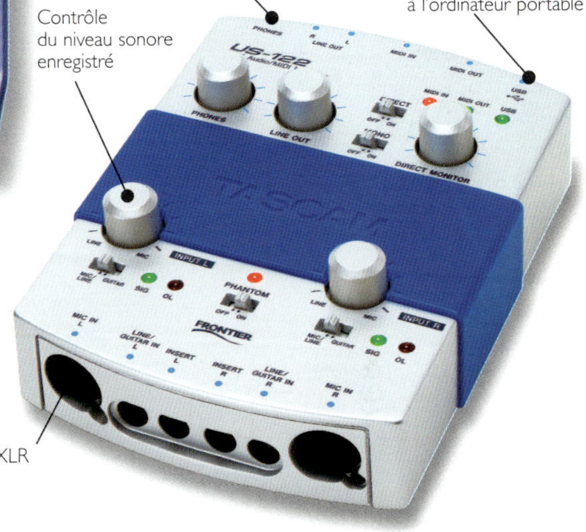

Adaptateur ▼
Une petite interface tel le Tascam US-122 avec alimentation fantôme pour micros XLR transforme votre ordinateur portable en un dispositif d'enregistrement sonore très pratique.

Disque dur ▲
Les magnétophones à disque dur sont une excellente option pour les cinéastes. Ces petits modèles intégrant des fonctions de mixage et une connectique informatique sont aujourd'hui très abordables.

SON ET PELLICULE

Pour un tournage sur pellicule, vous devrez utiliser un matériel d'enregistrement spécifique couplé à un système de synchronisation. Un simple clap peut servir de marqueur sonore grâce au son qu'il produit. Le fameux magnétophone à bande Nagra (les modèles récents sont numériques et enregistrent sur disque dur) a longtemps régné sans partage, mais à présent le DAT (Digital Audio Tape), plus abordable, s'impose comme le standard. Les nouveaux systèmes d'enregistrement portables comme le Tascam DP-01FX avec disque dur de grande capacité ou de plus petits dispositifs à cartes SD tel le Zoom MRS-8 sont une alternative envisageable. Tous sont équipés de prises XLR.
Un adaptateur relativement bon marché comme le Tascam US-122 (avec prise XLR et logiciel d'enregistrement Cubase inclus) transformera votre ordinateur portable en un véritable studio numérique d'enregistrement. Pour un tournage en DV, il vous servira également pour un montage sur le terrain.

SYSTÈMES D'ENREGISTREMENT

D'une extrême sensibilité, les micros canons professionnels saisissent un nombre incroyable de sons envi-

DAT ▶
Le dispositif Digital Audio Tape (DAT) portable a remplacé le Nagra comme moyen préféré pour enregistrer le son des films, surtout parmi les cinéastes indépendants.

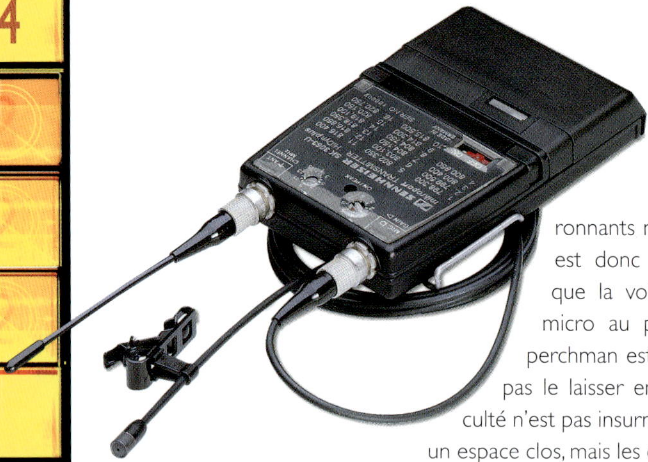

Micro-H.F. ▲
Un petit micro est placé aussi près que possible de la gorge, ou parfois caché sous une perruque. Il est relié à un petit transmetteur radio qui ne doit pas apparaître à l'image.

Magnétophone miniature ▼
Zoom Palm Studio est un petit dispositif qu'on peut cacher sur l'acteur et utiliser avec un petit micro à fil au lieu d'un système H.F.

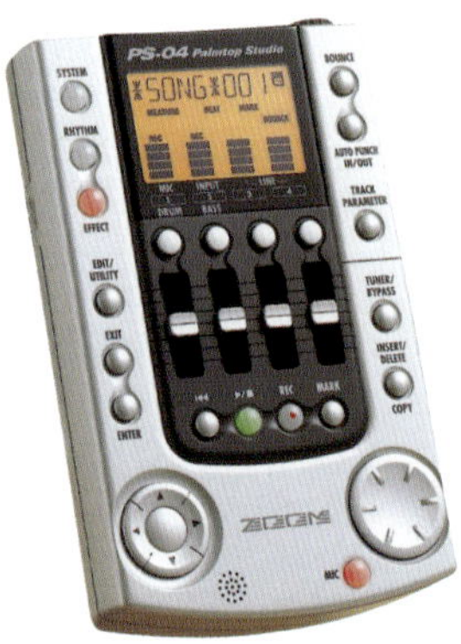

Top qualité ►
Un micro haut de gamme, tel ce Sennheiser MKH 416, représente un investissement important, mais la qualité du son obtenu en vaut la peine.

ronnants malgré leur champ restreint. Il est donc impératif, pour ne capturer que la voix des acteurs, de placer le micro au plus près d'eux. Le rôle du perchman est alors essentiel, car il ne doit pas le laisser entrer dans le champ. La difficulté n'est pas insurmontable si vous tournez dans un espace clos, mais les choses se compliquent si vous filmez une conversation entre deux personnages au loin, noyés dans une foule. Vous devrez alors envisager un autre système de prise de son.

Les micros cravate H.F., s'ils offrent l'avantage d'être discrets, sont sujets aux interférences et représentent une dépense supplémentaire. Un enregistreur miniDisc portatif peut être une solution, mais vous devrez alors gérer la question du transfert du son numérique sur ordinateur, qui n'est pas aussi simple qu'il y paraît. De nouveaux dispositifs miniatures d'enregistrement ont fait leur apparition. Par exemple, le Zoom Palm Studio enregistre le son sur une carte SmartMédia qui peut facilement être connectée à un ordinateur via un simple lecteur, comme ceux utilisés pour les appareils photo numériques.

ACCESSOIRES

Vous devrez faire face à une autre difficulté si vous tournez en extérieur : vous n'aurez aucune maîtrise sur les éléments naturels, à commencer par le vent. Heureusement, une simple bonnette antivent évitera au micro d'enregistrer le bruit des rafales.

Prévoyez également un casque audio de bonne qualité, au même titre que le micro et le magnétophone. Il doit être capitonné et bien isolé, comme ceux des musiciens. Les écouteurs d'un baladeur n'isolent pas des sons extérieurs. Même si vous réglez le niveau à l'aide des VU-mètres, vous ne décèlerez les sons indésirables qu'avec une bonne écoute.

Quels que soient vos choix en matière de son, ils doivent viser à obtenir le meilleur enregistrement possible des dialogues. Un désastre est toujours récupérable en post-production, mais les acteurs ne parviennent pas toujours à retrouver l'intensité du moment.

BRUITS PARASITES

Les premiers bruits à éliminer sur un plateau sont ceux produits par l'équipe. En général, cela ne pose aucune difficulté, car tout le monde comprend la nécessité d'un tel silence. Les portables doivent être éteints, et non en mode vibreur car ils peuvent créer des interférences en cas d'utilisation de micros H.F. (cela se produit aussi avec les radios des taxis et des véhicules d'urgence, mais là, vous ne pouvez rien y faire !)

Port du casque obligatoire ▼
Un casque de qualité isole des bruits extérieurs et permet d'entendre distinctement une large gamme de sons. Coordonnez autant que possible la qualité des écouteurs avec celle du micro.

Bobine	Plan	Timecode	Description
	SS	00:11	Fillette qui crie « papa »
	SS	01:25	Profonde respiration pour générique
1	1	03:12	AMB
	2	03:32	
	3	03:53	
3	1	04:18	AMB
	2	04:49	
	3	05:04	
	4	05:45	
2	1	06:33	Dialogue fillette petit déjeuner
	SS	08:50	
4	1	10:07	Couverture et rires
	2	10:47	
4a	1	11:29	
	2	12:14	
	SS	12:57	
5	1	14:09	Atmos + dialogue
	2	15:35	
	3	17:17	
	4	19:03	
	SS	20:38	
6	1	23:52	AMB
7	1	25:25	AMB + céréales dans bol
8	1	30:07	Céréales dans bol
	2	30:45	
	3	31:12	
	SS	31:37	

▲ Le rapport son doit comporter les mêmes informations que le rapport image, avec en plus les « sons seuls » (SS), les « ambiances » (AMB) et le time code correspondant.

Outre un placement judicieux du micro, certaines mesures, qui relèvent souvent du bon sens, permettent d'éliminer un maximum de sons parasites. Inutile, par exemple, de dire qu'un plateau situé sous un couloir aérien, près d'une autoroute, d'un service d'urgences, d'une école ou d'une gare n'est pas un choix très avisé. À moins d'avoir besoin d'un environnement particulier, préférez des endroits calmes et des périodes tranquilles, comme les dimanches ou les vacances scolaires. Ce seront peut-être de toute façon, pour vous et votre équipe, les seuls moments libres.

BRUITAGE

Paradoxalement, vous allez vous évertuer à éliminer certains sons dont vous aurez besoin par la suite : bruits de pas, portes qui claquent, ronronnements de moteur ou sons d'ambiance. Si l'on ne prête pas forcément attention à tous ces bruits dans la vie courante, leur absence dans une scène créerait un vide et la rendrait plate et artificielle. Vous devrez donc les enregistrer séparément, de préférence directement sur le plateau. Le matériel d'enregistrement est le même, annoncez simplement (et notez) de quel son il s'agit et pour quelle scène ou quelle prise il est enregistré.

Avec une caméra DV, le plus simple est de placer un clap devant l'objectif contenant les informations liées à cette prise de son. Vous importerez ensuite la séquence dans votre logiciel de montage avec le reste des rushes.

Enregistrez tout ce qui vous semble utile, le plus nettement possible, en sachant tout de même qu'un oubli peut être réparé en post-production (voir pages 96-97).

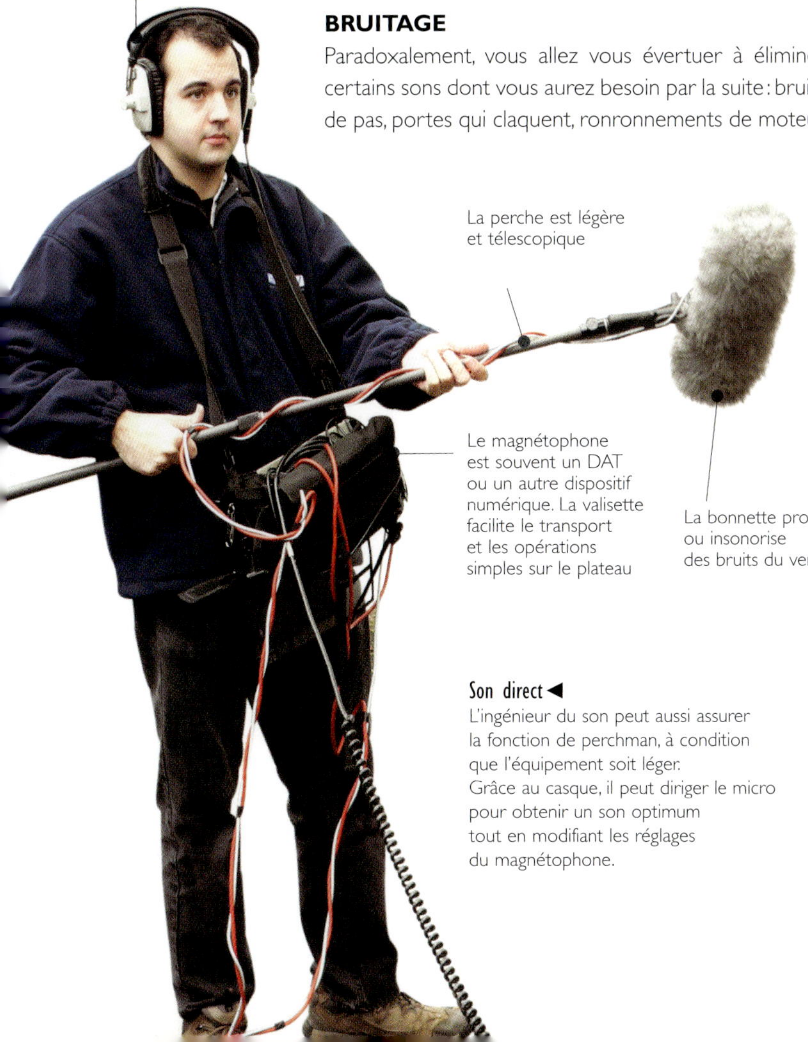

Le casque permet de contrôler l'enregistrement

La perche est légère et télescopique

Le magnétophone est souvent un DAT ou un autre dispositif numérique. La valisette facilite le transport et les opérations simples sur le plateau

La bonnette protège ou insonorise des bruits du vent

Son direct ◄
L'ingénieur du son peut aussi assurer la fonction de perchman, à condition que l'équipement soit léger. Grâce au casque, il peut diriger le micro pour obtenir un son optimum tout en modifiant les réglages du magnétophone.

La réalisation

LE RÉALISATEUR EST PERÇU COMME UN GÉNIE CRÉATEUR, CACHÉ DERRIÈRE UNE CAMÉRA, ET DONT LA VISION EST SUBLIMÉE PAR L'ÉCRAN. C'EST NOTAMMENT POUR CETTE RAISON QUE SON RÔLE EST CONSIDÉRÉ COMME L'UN DES PLUS PRESTIGIEUX DE L'INDUSTRIE DU CINÉMA.

S'il y a du vrai dans cette vision romantique, une grande partie du temps du réalisateur est toutefois consacrée à des activités bassement administratives, et plus la production est importante, plus il a de décisions à prendre. En termes militaires, le réalisateur est un général chargé de la stratégie, qui dirige et supervise les troupes.

UNE DOUBLE CASQUETTE

Il existe deux principaux types de réalisateurs : les auteurs-réalisateurs et les réalisateurs. Les premiers, souvent considérés à tort comme l'élite, portent le film depuis son origine jusqu'à son achèvement. Ils détiennent une histoire et voient comment la mettre en image. Les seconds investissent un univers créé par un tiers et se l'approprient pour lui donner sa matérialité. Scénariste et réalisateur sont alors complémentaires et associent leurs talents respectifs.
Les cinéastes débutants cumulent fréquemment les deux casquettes, parce que l'envie de réaliser un film part souvent de l'idée d'une histoire, qu'elle soit originale ou tirée d'un roman ou d'une pièce. Quoi qu'il en soit, qu'il soit auteur ou non, le réalisateur devra s'appuyer sur les compétences d'autres personnes pour porter son film à l'écran. Son rôle consistera à les diriger pour qu'ils donnent le meilleur d'eux-mêmes.

DIRIGER LES ACTEURS

Le travail du réalisateur avec les acteurs commence dès le casting (voir pages 38-41) et se poursuit lors des répétitions, qui sont essentielles pour créer des liens au sein de l'équipe. Ces relations, notamment entre comédiens et réalisateur, sont déterminantes dans l'investissement qu'offriront les acteurs dans leur

LES 5 QUALITÉS DU RÉALISATEUR

1 **Inventivité** Savoir traduire à l'écran une histoire sur le papier et poser un regard créatif tant au niveau des images que sur le jeu des acteurs.

2 **Organisation** Faire en sorte que tout et tout le monde se trouve au bon endroit au bon moment, ou savoir déléguer à quelqu'un le soin de cette question.

3 **Diplomatie et sens de la communication** Trouver la meilleure façon de s'adresser aux autres (aux acteurs et à l'équipe surtout) de manière à obtenir ce que l'on désire sans les blesser.

4 **Compétence** Maîtriser tous les aspects du cycle de production d'un film ou en savoir suffisamment pour anticiper les problèmes.

5 **Humilité** Une qualité rare qui permet sans aucun doute aux quatre autres de s'exprimer pleinement.

Le réalisateur (Quentin Tarantino) : il explique aux acteurs et à l'équipe sa vision de la scène.

Le directeur photo : chargé d'interpréter visuellement les idées du réalisateur, il les capture sur pellicule ou sur bande. Sa relation avec le réalisateur doit être symbiotique.

Le coordinateur des combats/cascades : il chorégraphie les scènes d'action, recrute les cascadeurs et entraîne les acteurs. La sécurité est sa priorité, même en dehors des prises.

L'acteur : il est conduit par le réalisateur à exprimer le meilleur de lui-même, tant sur le plan physique qu'émotionnel. Il est important de laisser aux acteurs le temps de se chauffer, sans pour autant mettre le planning en danger.

jeu. Il serait sage que vous trouviez un juste milieu entre les deux stéréotypes habituels du réalisateur : le despote qui veut absolument tout contrôler et le doux laxiste. Le premier traitera ses comédiens comme de simples marionnettes dont lui seul tirera les ficelles. Le second les laissera livrés à eux-mêmes dans une improvisation totale qui les éloignera dangereusement du scénario. Un bon réalisateur doit laisser ses acteurs explorer leur rôle et il doit écouter leurs suggestions tout en gardant à l'esprit ses propres attentes. L'essentiel est de trouver le bon moyen de communiquer aux comédiens votre vision des personnages de manière à leur en donner les clés pour qu'ils interprètent avec justesse les situations rencontrées.

Certains acteurs arrivent avec des formations et des expériences théâtrales, où les gestes et les voix doivent être « soutenus ». Au cinéma, la proximité avec la caméra exige davantage de retenue. Les échanges entre personnages réclament souvent plus d'intimité, voire d'intensité. Les différences ne s'arrêtent pas là : l'acteur de cinéma n'a pas de longs textes à apprendre par cœur, parce que les séquences sont divisées en prises, et, de ce fait, il peut investir toute son énergie et sa concentration pour maintenir la cohérence du personnage. Mais, avec de l'empathie et de la diplomatie, tout réalisateur saura obtenir d'un comédien de théâtre ce qu'il attend précisément.

Pour aborder un point sensible, une astuce efficace consiste à s'adresser à l'acteur en tant que personnage. Interrogez-le sur ses actes, de manière à expliciter les émotions qui l'animent. L'autre méthode est celle du : « C'était super, mais on pourrait aussi essayer… ». Au fond, il s'agit essentiellement de développer, avec chaque comédien, un mode de communication individuel. Ce qui fonctionne avec un acteur peut ne pas convenir à un autre. Il n'y a malheureusement pas d'école pour cela et vous n'apprendrez qu'à travers les épreuves et les erreurs, en d'autres termes par l'expérience. Bien des comédiens et réalisateurs travaillent ensemble régulièrement parce qu'ils se comprennent

Suivez la flèche ▼

Un ordinogramme comme celui-ci, agrémenté d'une liste de « tâches » et de vos contacts, simplifiera encore l'organisation du tournage, surtout si vous demandez à votre producteur de l'établir.

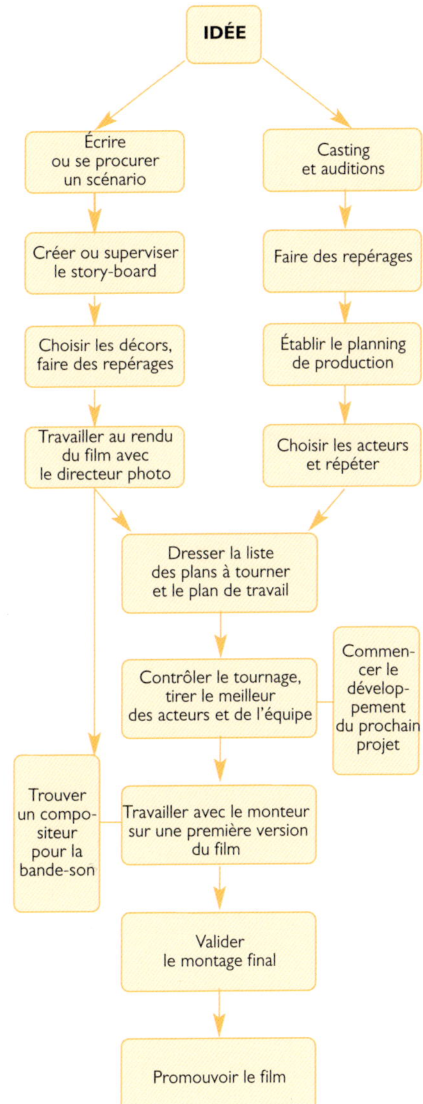

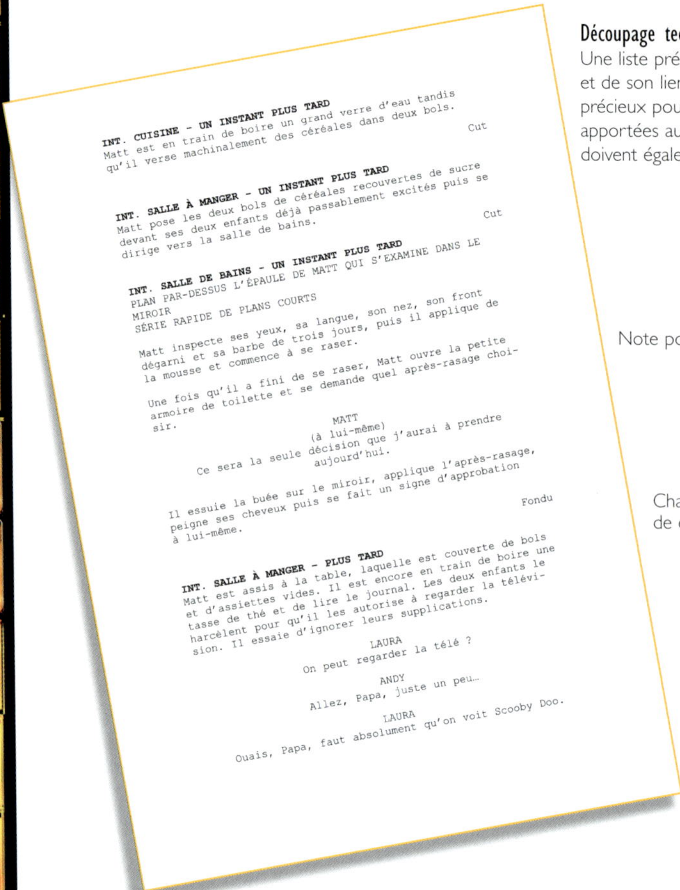

INT. CUISINE - UN INSTANT PLUS TARD
Matt est en train de boire un grand verre d'eau tandis qu'il verse machinalement des céréales dans deux bols.
Cut

INT. SALLE À MANGER - UN INSTANT PLUS TARD
Matt pose les deux bols de céréales recouvertes de sucre devant ses deux enfants déjà passablement excités puis se dirige vers la salle de bains.
Cut

INT. SALLE DE BAINS - UN INSTANT PLUS TARD
PLAN PAR-DESSUS L'ÉPAULE DE MATT QUI S'EXAMINE DANS LE MIROIR
SÉRIE RAPIDE DE PLANS COURTS

Matt inspecte ses yeux, sa langue, son nez, son front dégarni et sa barbe de trois jours, puis il applique de la mousse et commence à se raser.

Une fois qu'il a fini de se raser, Matt ouvre la petite armoire de toilette et se demande quel après-rasage choisir.

MATT
(à lui-même)
Ce sera la seule décision que j'aurai à prendre aujourd'hui.

Il essuie la buée sur le miroir, applique l'après-rasage, peigne ses cheveux puis se fait un signe d'approbation à lui-même.
Fondu

INT. SALLE À MANGER - PLUS TARD
Matt est assis à la table, laquelle est couverte de bols et d'assiettes vides. Il est encore en train de boire une tasse de thé et de lire le journal. Les deux enfants le harcèlent pour qu'il les autorise à regarder la télévision. Il essaie d'ignorer leurs supplications.

LAURA
On peut regarder la télé ?

ANDY
Allez, Papa, juste un peu...

LAURA
Ouais, Papa, faut absolument qu'on voit Scooby Doo.

Découpage technique ▼
Une liste précise de chaque plan tourné et de son lien avec le scénario est un élément précieux pour le monteur. Toutes les modifications apportées au scénario originel lors du tournage doivent également être notées.

INT. CUISINE - UN INSTANT PLUS TARD
Matt est en train de boire un grand verre d'eau tandis qu'il verse machinalement des céréales dans deux bols.
Cut

INT. SALLE À MANGER - UN INSTANT PLUS TARD
Matt pose les deux bols de céréales recouvertes de sucre devant ses deux enfants déjà passablement excités puis se dirige vers la salle de bains.
Cut

INT. SALLE DE BAINS - UN INSTANT PLUS TARD
PLAN PAR-DESSUS L'ÉPAULE DE MATT QUI S'EXAMINE DANS LE MIROIR
SÉRIE RAPIDE DE PLANS COURTS

Matt inspecte ses yeux, sa langue, son nez, son front dégarni et sa barbe de trois jours, puis il applique de la mousse et commence à se raser.

Une fois qu'il a fini de se raser, Matt ouvre la petite armoire de toilette et se demande quel après-rasage choisir.

MATT
(à lui-même)
Ce sera la seule décision que j'aurai à prendre aujourd'hui.

Il essuie la buée sur le miroir, applique l'après-rasage, peigne ses cheveux puis se fait un signe d'approbation à lui-même.
Fondu

INT. SALLE À MANGER - PLUS TARD
Matt est assis à la table, laquelle est couverte de bols et d'assiettes vides. Il est encore en train de boire une tasse de thé et de lire le journal. Les deux enfants le harcèlent pour qu'il les autorise à regarder la télévision. Il essaie d'ignorer leurs supplications.

LAURA
On peut regarder la télé ?

ANDY
Allez, Papa, juste un peu...

LAURA
Ouais, Papa, faut absolument qu'on voit Scooby Doo.

et se respectent. Si vous parvenez à une telle alchimie, votre film prendra des dimensions que vous n'auriez jamais soupçonnées.

MANIPULER OU NON LA CAMÉRA

La réalisation ne se limite pas à faire exprimer aux acteurs les émotions, il faut que cela soit fait en relation avec la caméra. Vous devrez donc orchestrer le déplacement des comédiens devant l'objectif tout en contrôlant le cadre et le mouvement de la caméra elle-même. Certains réalisateurs choisissent de la manipuler eux-mêmes tout en dirigeant les acteurs. Ils peuvent ainsi décider de la composition sur le vif. Pour les films à petit budget, en l'absence d'assistance vidéo, cette solution facilite le tournage puisqu'elle élimine les longues explications au directeur photo ou au cadreur et évite ainsi parfois des prises supplémentaires.

Changement de scénario ▲
Même si le scénario a été finalisé bien avant le tournage, le réalisateur peut le modifier avant une prise, surtout s'il en est l'auteur. Les changements seront notés sur la liste des plans tournés, mais vous faciliterez le montage en les notant aussi sur le scénario. Inscrivez le maximum d'informations, car vous risquez d'oublier ce qui a motivé ces modifications de dernière minute. À gauche, le scénario original ; à droite le scénario annoté.

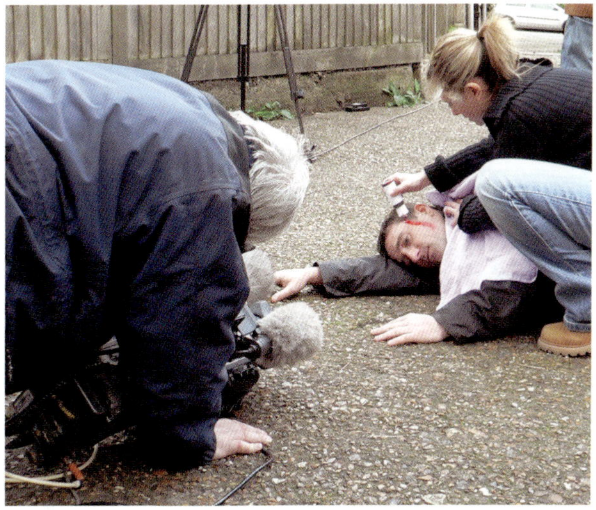

Bon plan ◄
Après avoir parlé avec le réalisateur, le directeur photo installe la caméra et le réalisateur vérifie sur un moniteur de contrôle (si possible). La maquilleuse fait quelques retouches d'effets spéciaux juste avant la prise.

Discussion au sommet ▲
Le réalisateur explique au directeur photo le plan qu'il souhaite tourner.

Dans un tel cas cependant, le risque est que la direction des comédiens ne reçoive pas l'attention qu'elle requiert. Cela dépend de votre aisance derrière l'objectif. La confiance que vous placez en vos acteurs influe également. Si les répétitions vous ont apporté entière satisfaction, contentez-vous de filmer. Si vous tournez en vidéo, vous aurez l'avantage de pouvoir faire autant de prises que nécessaire. Mais tourner en film accroît la motivation pour réussir dès les premières prises afin de ne pas gâcher la pellicule.

En tant que réalisateur, vous décidez des plans que vous tournez : plans larges, moyens, gros plans, raccords. La vidéo, encore une fois, offre l'intérêt de pouvoir filmer à volonté, sans entraîner des coûts exorbitants, mais n'épuisez pas l'équipe pour autant. En pellicule, soyez très clair quant à vos besoins car chaque mètre de bobine est facturé à l'achat, mais aussi au développement et au télécinéma.

PASSER À L'ACTION

Les réunions de pré-production, les répétitions et les heures passées au choix du décor trouvent leur accomplissement dans l'instant où le réalisateur s'exclame : « Action! ». Tout un protocole précède en fait cet appel, qui dépend de l'équipement.

Une fois l'action lancée, le réalisateur est seul maître à bord, jusqu'à ce qu'il intime « Coupez! ». Seul le directeur photo peut également le demander, mais uniquement en cas de défaillance technique de la caméra ou d'un problème de lumière. Un acteur qui bafouille ne s'arrête pas s'il n'y a pas été enjoint. Un bon réalisateur juge après chaque prise s'il en est satisfait ou non et il consulte le directeur photo pour s'assurer de sa qualité technique. Si elle est bonne, il félicite ses comédiens et leur demande, par courtoisie, s'ils sont contents. Mais il n'est pas censé solliciter à tout instant leur opinion ou celle de l'équipe technique, notamment s'il veut conserver son autorité. En cas de doute, il peut refaire une prise en donnant de nouvelles indications aux acteurs pour l'améliorer. Si les comédiens sont particulièrement satisfaits d'une scène alors qu'elle ne vous convient que moyennement, vous pouvez demander de la tourner sous un nouvel angle ou avec un nouvel objectif, afin de ne pas heurter leur susceptibilité.

Petit à petit, prise après prise, filmez jusqu'à ce qu'il y ait suffisamment de rushes dans la boîte pour passer à l'étape suivante, qui consistera à trier toute cette matière pour l'assembler de manière cohérente.

La cantine

DANS LES DÉBUTS D'HOLLYWOOD, LES TOURNAGES AVAIENT SOUVENT LIEU LOIN DES VILLES ET DES WAGONS-CANTINES ÉTAIENT ENVOYÉS SUR PLACE POUR NOURRIR L'ÉQUIPE ET LES ACTEURS. LA TRADITION S'EST PERPÉTRÉE, ET UN PLATEAU SANS CANTINE EST COMME UNE JOURNÉE SANS SOLEIL...

Minimum stomacal ▶
Si votre équipe travaille bénévolement, la moindre des choses est de lui offrir de bons repas. Traitez vos collaborateurs avec respect et faites l'effort de leur proposer des aliments et des boissons de qualité, ils n'en seront que plus efficaces.

COMMENT FAIRE DES ÉCONOMIES DE CANTINE

Petit déjeuner :
• Café froid, thé froid, soda tiède, cornflakes et lait tourné.

Déjeuner :
• Sandwiches au fromage, eau et restes de café et de thé du petit déjeuner.

Dîner :
• Nous avons le regret de vous annoncer qu'un préavis de grève de l'équipe régie/cantine a été déposé à partir de 19h...

UN MENU PARFAIT POUR UN TOURNAGE EN DÉCORS NATURELS, SANS RÉCHAUFFAGE

Petit déjeuner :
• Céréales, pain, croissants ou pains au chocolat, jus de fruits frais (pommes, poires et bananes). Lait froid et chaud, chocolat, thé et cafés chauds.

Pour les pauses :
• Fruits secs et fruits frais, barres chocolatées, bonbons, eau, jus de fruits et sodas. Thé et café.

Déjeuner :
• Entrées : jambon blanc et jambon cru, saucisson, olives, tomates séchées, poivrons et aubergines marinés, grissinis (biscuits italiens au sésame).
• Pasta tricolore (voir recette page ci-contre).
• Poulet rôti froid.
• Fromages ou laitages divers.
• Fruits frais.

Dîner :
• Si la journée de tournage finit après 20h, le dîner sera pris au restaurant du coin.

Même quand l'équipe est réduite, l'avantage de nourrir tout le monde sur le plateau est d'éviter que les gens ne s'éparpillent à l'heure du déjeuner et ne retardent le planning. En tant que réalisateur, vous devrez aussi décider du lieu et de l'horaire des repas. Cette décision est d'autant plus importante pour les tournages en décor naturel, où vous êtes tributaire des éléments et où il vous faudra compter avec la baisse de la lumière du jour ou avec les propriétaires des lieux qui souhaitent regagner leur domicile.

Si vous avez convaincu la plupart des membres de l'équipe de travailler bénévolement, vous devez absolument leur offrir les repas. Inutile, non plus, d'exploser votre maigre budget en vous fournissant chez un traiteur. Les pâtes, par exemple, sont économiques, faciles à préparer et nourrissantes. Les sucres lents qu'elles contiennent sont une excellente source d'énergie. N'en servez pas cependant à chaque fois et pensez à diversifier les menus (taboulé, salades de riz et autres salades composées).

Si l'environnement ne permet pas l'installation d'une cuisine de campagne, demandez à l'un de vos proches de préparer les repas et de les apporter sur le plateau. Même froids, les plats seront toujours plus originaux que des sandwiches au fromage. Ou alors, pendant les repérages, faites le tour des restaurants voisins. Usez de votre charme pour négocier un prix avantageux en échange de remerciements au générique ou d'une pub dans le film. Si vous abandonnez le plateau pendant les repas, laissez une personne pour surveiller le matériel.

Renseignez-vous au besoin sur les régimes et les goûts des uns et des autres. Vous ne parviendrez jamais à satisfaire tout le monde, mais cet effort de votre part sera très apprécié de vos collaborateurs.

Prévoyez de grandes quantités de boissons fraîches et chaudes. L'eau et la caféine (du café, du thé ou des sodas) sont des articles de première nécessité sur un plateau. Thermos et glacières les garderont à bonne température. Assurez-vous que ces liquides ne risquent pas se renverser sur le matériel. Il n'y a pas de moyen plus rapide et plus radical de détruire l'équipement qu'en l'inondant de boissons sucrées.

L'alcool est bien entendu totalement déconseillé, notamment parce qu'il ruine la créativité et l'endurance.

Les en-cas agrémentent les temps de pause des uns et des autres. Les fruits sont parfaits et très pratiques (surtout les pommes et les bananes, mais comptez sur les fruits de saison : cerises, abricots, prunes, mandarines…). Évitez les aliments trop collants susceptibles de laisser des marques sur le matériel, et prévoyez une bonne quantité de serviettes en papier.

Même si ces conseils vous semblent plus tenir d'un manuel de savoir-vivre que d'un livre sur le cinéma, n'oubliez pas ce dicton : ventre affamé n'a pas d'oreille. L'énergie et l'attention que déploie toute l'équipe réclament impérativement d'être ressourcées par des repas de qualité, lesquels constituent, de plus, un moment privilégié de détente et d'échanges informels.

La coutume, en fin de tournage, est d'organiser un grand repas, chez vous ou au restaurant. Un tel geste donnera envie à vos collaborateurs de retravailler avec vous. Pour l'anecdote, sachez que le producteur Ishmail Merchant (de Merchant Ivory Productions) était renommé pour ses talents de cuisinier, devenus de véritables arguments de négociation : bien des acteurs étaient prêts à accepter des cachets moins élevés juste pour goûter ses plats. Voilà établie la preuve du lien entre bons repas et film à petit budget !

Pasta tricolore

(POUR 10 PERSONNES)

Ce plat très simple, qui se mange chaud ou froid, est prêt en 20 à 30 minutes. Si possible, concoctez-le le matin du tournage. Il est préférable de le conserver dans une grande cocotte ou une marmite plutôt que dans un récipient en plastique.

Ingrédients :

- **1k g de fusilli ou de penne**
- **500 g tomates fraîches et mûres**
- **5 boules de mozzarella fraîche**
- **300 g de haricots verts**
- **Ail**
- **Basilic frais**
- **huile d'olive**
- **Gros sel**

Préparation :

- Portez à ébullition une grande casserole d'eau.
- Égouttez la mozzarella, débitez-la en dés et mettez-la dans un grand récipient.
- Hachez les tomates et versez-les dans le récipient.
- Coupez 2 ou 3 gousses d'ail, assez grossièrement pour que les morceaux soient visibles.
- Écrasez six grandes feuilles de basilic dans le récipient.
- Ajoutez du sel et une quantité généreuse d'huile d'olive.
- Réservez la préparation.
- Quand l'eau bout, ajoutez une poignée de gros sel et un filet d'huile. Versez les pâtes et cuisez-les en respectant les instructions sur le paquet. Mélangez doucement de temps en temps pendant la cuisson pour les empêcher de coller. Ne couvrez pas !
- Effilez les haricots et cuisez-les à l'eau (vous pouvez les cuire séparément ou dans la même casserole que les pâtes).
- Quand les pâtes et les haricots sont cuits, égouttez-les et versez-les dans le récipient contenant la sauce. Mélangez bien et servez.

N'explosez pas le budget ▲
Essayez cette recette facile, bon marché et source d'énergie. Bonne humeur à l'italienne garantie.

LA POST-PRODUCTION

Tout est dans la boîte, le tournage est terminé. Il est temps à présent de trier et d'organiser les morceaux. L'étape qui s'annonce est bien plus longue que la précédente mais elle est essentielle pour capter l'attention du public. Et la conserver.
La post-production est la phase où vous assemblerez les rushes pour créer un tout cohérent. C'est également à cette étape que vous ajouterez le son, que vous mixerez la musique et que vous insérerez les effets spéciaux. Puis vous finaliserez le tout en composant le générique et les remerciements. Avant le transfert sur le support final, vous procéderez aux derniers ajustements tels que l'étalonnage.
Vous pouvez accomplir ces tâches vous-même, mais l'aide d'une personne expérimentée, ne serait-ce qu'à titre consultatif, vous fera gagner du temps et évitera des dépenses d'énergie inutiles.
Exactement comme pour le tournage, une organisation sérieuse et des méthodes de travail rigoureuses faciliteront le processus, sans entraver la spontanéité de votre créativité. Prévoyez quelques jours de repos entre le tournage et la post-production, car même si vous ne vous sentez pas fatigué, une petite pause vous permettra de vous plonger sur vos rushes avec fraîcheur, énergie et surtout avec un œil neuf.
Partant du principe que de nos jours pratiquement tout le travail de post-production s'effectue sur des supports numériques, cette section décrit le processus sur les outils informatiques les plus abordables du marché. Mais comme pour tout, c'est le talent de l'utilisateur qui détermine la qualité du résultat.

3

Le développement

SI VOUS AVEZ CHOISI DE TOURNER SUR PELLICULE, VOUS DEVREZ PASSER PAR UN LABORATOIRE QUI SE CHARGERA DE DÉVELOPPER VOS PRÉCIEUSES BOBINES ET ASSURERA ÉGALEMENT LES SERVICES AUXILIAIRES, COMME LE TÉLÉCINÉMA, L'ÉTALONNAGE ET LE TIRAGE DES COPIES.

Quel que soit le soin que vous ayez apporté au chargement et au déchargement de la pellicule, à la lumière et à l'exposition, vous n'aurez pas d'autre solution que de filmer à nouveau si le laboratoire rate le développement. Avec un peu de chance et une bonne assurance, vous pourrez peut-être vous faire rembourser les bobines gâchées, mais les frais d'un nouveau tournage resteront à votre charge.

LES TRAVAUX EN LABORATOIRE

Il existe assez peu de laboratoires, même dans les grands centres de production. Alors, n'hésitez pas à les contacter un à un pour négocier des tarifs avantageux. Si vous êtes étudiant, si l'un des membres de l'équipe l'est, ou bien si vous êtes jeune cinéaste, vous obtiendrez sûrement des prix intéressants afin de vous fidéliser et d'éviter que vous ne passiez à la vidéo. Choisissez-en un et confiez-lui la totalité des étapes: développement, télécinéma, premiers positifs (si vous montez en traditionnel) ou tout autre procédé nécessaire comme le gonflage. De bonnes relations avec le laboratoire, même si elles sont longues à établir, facilitent le travail et sauvent parfois de situations fâcheuses. Mais n'attendez pas ou, pire, ne réclamez pas qu'il vous accorde un traitement de faveur sous prétexte qu'il s'agit de votre premier film.

La pellicule livrée au laboratoire doit être accompagnée d'un rapport image, ainsi que des notes et des instructions de développement. Plus vous fournissez de renseignements, mieux c'est. N'hésitez pas à demander les informations à fournir pour obtenir le meilleur résultat possible. Indiquez aussi le métrage tourné, car la facturation se fait au mètre.

Les rushes ▲
Les rushes sont encore envoyés sous forme de bobines de film pour les grandes productions, même si le numérique se répand de plus en plus à présent.

Travail de laboratoire ▲
Vous obtiendrez les meilleurs résultats de télécinéma dans un laboratoire reconnu avec des techniciens spécialisés.

Après avoir déposé vos précieuses bobines avec les bandes sonores, vous recevrez en retour les « rushes ». Il n'y a pas de règles, mais ces premiers positifs sont rarement étalonnés et comportent en général une bande optique pour le son. Ils permettent un premier bout à bout et vous serviront à contrôler que tous les plans sont bien présents et correctement exposés. Cependant, la solution à envisager si vous montez en virtuel consiste à demander un télécinéma du négatif. En bref, il s'agit de copier vos images sur bande vidéo pour qu'elles puissent être transférées sur ordinateur pour le montage (voir pages 86-91).

LE CAS DU SUPER 8

Vous trouverez sans peine un laboratoire pour le 35 mm et le 16 mm. Avec le Super 8, la question se complique. Ce format existe encore, cependant il a été supplanté par la vidéo. Kodak propose toujours un service de développement (par la poste), pour son positif Kodachrome, dont le coût est inclus dans le prix d'achat de la pellicule. De grands laboratoires dévelop-

Rapport image ▶
Cette feuille doit être remplie par l'assistant opérateur pendant le tournage. Voici le formulaire complet d'un laboratoire britannique. Habituellement, chaque laboratoire fournit son propre modèle, que vous attachez sur la boîte. On en fait généralement trois exemplaires : un pour le laboratoire, un pour le producteur et un pour le monteur.

1. Fournissez le maximum de renseignements sur la caméra et la pellicule. Le développement en sera facilité.

2. Les numéros de scènes, de plans et de prises doivent correspondre à ceux du clap.

3. Le métrage est indiqué sur le compteur de la caméra. Il vous renseigne aussi sur la quantité de pellicule utilisée pour chaque prise.

4. La focale et l'ouverture du diaphragme indiquent l'exposition et la profondeur de champ.

5. « Print » indique les prises qui doivent être tirées en vue du montage. Pour un télécinéma, il est souvent préférable de transférer l'ensemble de la bobine.

6. Les informations sur la lumière et les filtres utilisés serviront à l'étalonnage. Toute autre information utile peut être notée ici ; par exemple, indiquez si vous avez « poussé » la pellicule.

7. Indication du métrage exposé et perdu (en bout de bobine) et de la longueur des chutes réutilisables. Utile pour calculer les coûts de production.

8. Informations pour le télécinéma. Souvent placées sur un document séparé comportant également des informations sur le time code et le son.

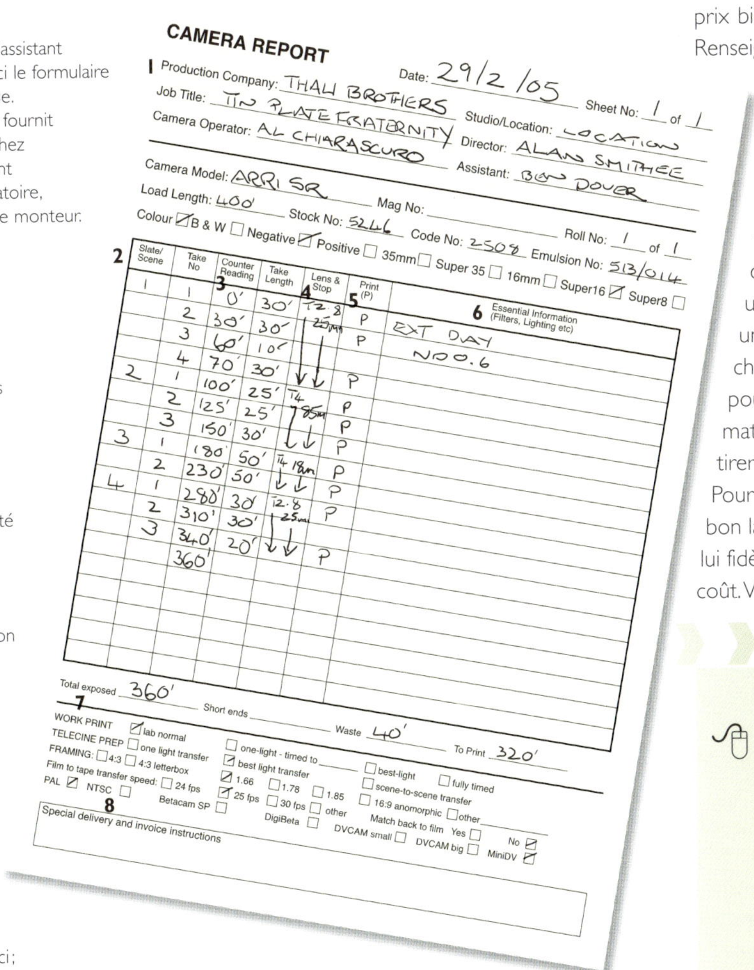

CAMERA REPORT

1 Production Company: THALL BROTHERS — Date: 29/2/05
Job Title: TIN PLATE FRATERNITY — Sheet No: 1 of 1
Camera Operator: AL CHIARASCURO — Studio/Location: LOCATION — Director: ALAN SMITHEE — Assistant: BEN DOVER

Camera Model: ARRI SR
Load Length: 400' — Mag No:
Stock No: 5246 — Code No: 2508 — Roll No: 1 of 1
Colour ☑ B & W ☐ Negative ☑ Positive ☐ 35mm ☐ Super 35 ☐ 16mm ☐ Super16 ☑ Super8 ☐ Emulsion No: 513/014

2 Slate/Scene	Take No	3 Counter Reading	Take Length	4 Lens & Stop	5 Print (P)	6 Essential Information (Filters, Lighting etc)
1	1	0'	30'	T2.8 25mm	P	
	2	30'	30'		P	EXT DAY
	3	60'	10'		P	ND0.6
	4	70'	30'			
2	1	100'	25'	T4	P	
	2	125'	25'	85mm	P	
	3	150'	30'		P	
3	1	180'	50'		P	
	2	230'	50'	T4 18mm	P	
4	1	280'	30'	T2.8	P	
	2	310'	30'	25mm	P	
	3	340'	20'			
		360'			P	

7 Total exposed 360' — Short ends — Waste 40' — To Print 320'

WORK PRINT ☑ lab normal ☐ one-light - timed to ☐ best-light ☐ fully timed
TELECINE PREP ☐ one light transfer ☑ best light transfer ☐ scene-to-scene transfer
FRAMING: ☐ 4:3 ☐ 4:3 letterbox ☑ 1.66 ☐ 1.78 ☐ 1.85 ☐ 16:9 anomorphic ☐ other
Film to tape transfer speed: ☐ 24 fps ☑ 25 fps ☐ 30 fps ☐ other — Match back to film Yes ☐ No ☑
PAL ☑ NTSC ☐ Betacam SP ☐ DigiBeta ☐ DVCAM small ☐ DVCAM big ☐ MiniDV ☑
8 Special delivery and invoice instructions

pent à la demande le Super 8 négatif, comme le Kodak Vision, mais vous risquez de ne pas pouvoir récupérer vos films rapidement. Le télécinéma reste encore la meilleure solution. Surtout que la plupart des laboratoires qui proposent ce service vous fourniront un transfert numérique de qualité professionnelle. Étant donné que de moins en moins de gens possèdent un projecteur Super 8, il est préférable d'en rester à un transfert numérique haut de gamme.

Notez aussi que pour le télécinéma, certains spécialistes de l'archivage de vieux films familiaux affichent des prix bien moindres que ceux des grands laboratoires. Renseignez-vous toutefois sur la qualité de leurs prestations avant de leur confier votre pellicule, mais c'est peut-être une solution à envisager, surtout si vous travaillez en Kodachrome. Vous pourrez effectuer un montage « offline » sur ordinateur et ne couper la pellicule que lorsque vous serez entièrement satisfait, car n'oubliez pas qu'en Kodachrome, l'original projetable est unique. Vous pouvez éventuellement investir dans un dispositif pour transférer la pellicule en vidéo chez vous, mais il vous faudra tourner beaucoup pour amortir un tel achat. En outre, ce type de matériel demande un bon apprentissage avant d'en tirer le meilleur.

Pour un travail en 16 mm et plus, trouvez-vous un bon laboratoire avec de bonnes prestations et restez-lui fidèle. Enfin, soyez bien conscient que tout cela a un coût. Vous aller devoir payer, encore et encore.

À CONSULTER

www.eclair.fr Principal laboratoire cinématographique français.

www.gtc.fr L'autre grand laboratoire.

www.repaire.net Toute l'information sur la réalisation vidéo numérique.

www.pro8mm.com Prestataire de services en Super 8 basé en Californie (fournisseur de pellicule, développement, télécinéma).

www.kftv.com Moteur de recherche international pour prestataires film et vidéo.

Le montage

VOUS DEVEZ À PRÉSENT ORGANISER VOS IMAGES ET LES ASSEMBLER AVEC COHÉRENCE TOUT EN DONNANT RYTHME ET DYNAMISME À L'HISTOIRE. C'EST UNE ÉTAPE CRUCIALE QUI PEUT SACCAGER UN FILM OU RATTRAPER DES MALADRESSES DU TOURNAGE. ORGANISATION, RIGUEUR ET IMAGINATION SONT LES QUALITÉS ESSENTIELLES POUR UN MONTAGE RÉUSSI.

- ▸▸ Importance du rapport montage
- ▸▸ Premier assemblage et montage grossier
- ▸▸ Le « final cut »

La préparation du montage commence dès la phase de pré-production. Si vous travaillez avec un monteur (souvent, d'ailleurs, une monteuse) expérimenté, sollicitez sa contribution dès la préparation des plans à tourner pour qu'il vous aide à déterminer lesquels seront utiles au montage. Si vous comptez le faire vous-même, prévoyez de filmer un nombre suffisant de plans sous des angles variés: plans d'ensemble, gros plans, inserts, etc.

Pendant le tournage, tenez une liste précise des plans, en indiquant à chaque fois le numéro de bobine, le time code, et en ajoutant une description des prises et des indications sur leur qualité (entourez les numéros des plans utilisables). Rien qu'avec cela, il serait presque possible de faire un montage sur papier, simplement en triant les prises utilisables dans le bon ordre, sans même en visionner une seule. Au moment de transférer la bande sur l'ordinateur, aidez-vous de cette liste pour retrouver facilement chaque plan et le placer au bon endroit, cela vous épargnera bien du temps perdu à chercher telle ou telle image. Ne jetez pas les mauvaises prises pour autant, certaines parties peuvent présenter un intérêt particulier, comme une belle intonation d'acteur, et être alors insérées.

Si le montage s'effectue sur ordinateur, essayez de convaincre le monteur d'être présent sur le plateau pour effectuer un premier assemblage grossier en temps réel. Il pourra alors vous signaler s'il est nécessaire de filmer un insert ou un plan supplémentaire et vous éviter ainsi de rappeler les acteurs une fois le tournage officiellement terminé. Si vous effectuez le montage vous-même, cette méthode est inenvisa-

Importé! ▶
Les images de la caméra vidéo sont transférées sur ordinateur grâce à une connexion FireWire (IEEE-1394). Vous accédez aux commandes de la caméra par le biais du logiciel. Dans Final Cut (Express ou Pro), vous pouvez aussi consigner toutes les informations de votre rapport montage à mesure que vous capturez les plans.

Rapport montage ▼
Une liste précise de tous les plans tournés facilite grandement le montage, surtout pendant les premières phases du travail.

Bobine	Clap	Prise	Timecode	OK	Description du plan
1	1	1	00 :02		TGP visage de l'homme. G-A
		2	00 :18	/	
		3	00 :35	/	
	3	1	00 :55	/	PP du lit. G-A
		2	01 :18		
		3	01 :28	/	
		4	02 :01	/	
	2	1	02 :40	/	GP visage de la fillette.G-A
	4	1	04 :51	/	PT plongée du lit
		2	05 :24		
	4a	1	05 :57	/	PP travelling côté sur couette
		2	06 :35	/	
	5	1	07 :15	/	PP Steadicam avec plan 7
		2	08 :35		
		3	09 :07	/	
		3	10 :47	/	
	6	1	12 :01	/	GP la femme
	7	1	13 :24	/	PT l'homme qui prépare déjeuner
	8	1	17 :51	/	GP céréales dans le bol

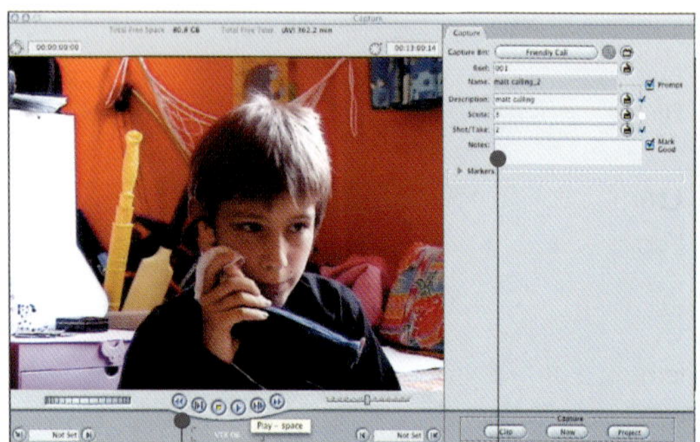

Boutons permettant d'actionner la caméra.

Zones de saisie des informations sur la prise.

Ours ▶
Une fois les plans placés dans les chutiers, vous pouvez procéder à un premier montage grossier, appelé « ours », en assemblant les prises dans la Chronologie dans l'ordre de l'histoire.

La fenêtre du Navigateur offre un accès aux plans, aux divers filtres et aux effets.

Le Visualiseur permet de visionner les plans stockés dans le Navigateur.

Le Canevas permet de visionner les plans montés de la Chronologie.

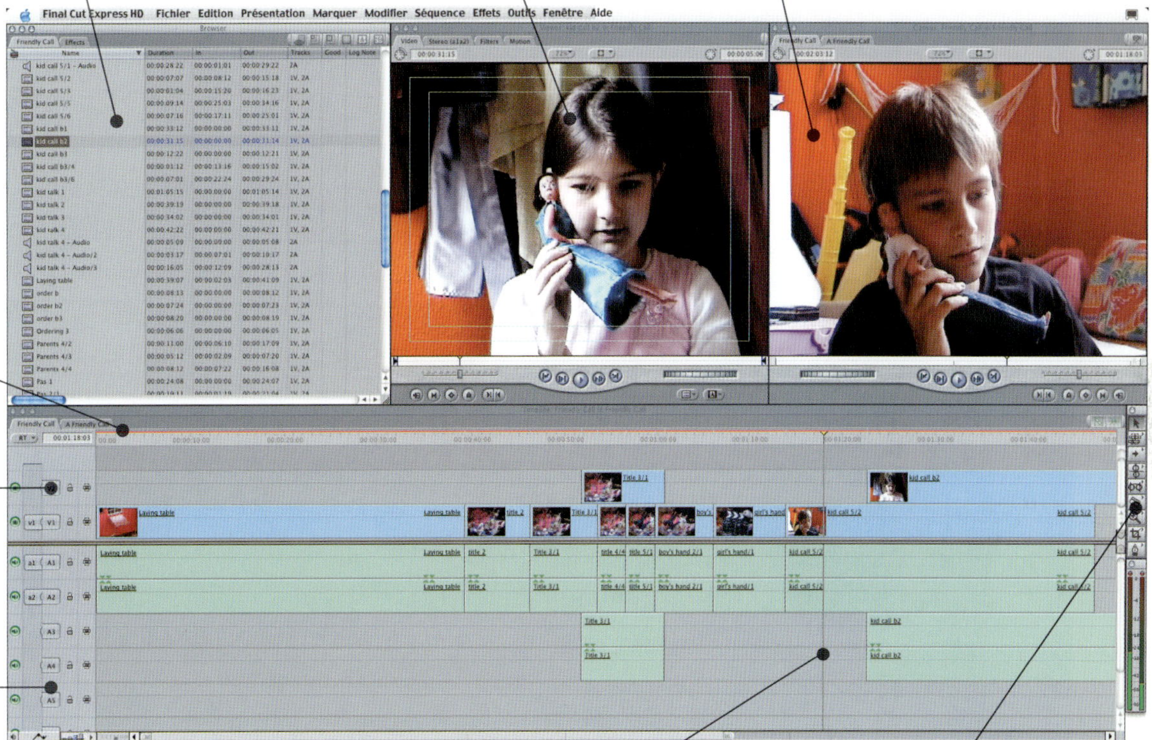

La Chronologie héberge le cœur du montage où les plans sont coupés ou rallongés.

Pistes vidéo : les images et le son des prises en DV sont consignées séparément. Jusqu'à 99 pistes vidéo vous permettent de tester diverses combinaisons.

Pistes son : Final Cut Express offre 99 pistes pour le son, ce qui devrait largement suffire.

La tête de lecture indique où l'image affichée dans le Canevas se situe dans la Chronologie.

Une palette d'outils et des VU-mètres sont à votre disposition pour des montages sophistiqués.

geable, si vous voulez être à la fois réalisateur et monteur, vous devriez être à même de savoir quels plans filmer.

UN OURS MAL LÉCHÉ

L'étape initiale du montage est un premier travail, parfois appelé « ours », où tout le matériel du tournage, visuel et sonore, est assemblé grossièrement, éventuellement à partir du montage papier.

Nous partirons du principe que vous tournez avec une caméra numérique ; vous utiliserez donc un logiciel de montage virtuel tel que Final Cut Pro, Premiere ou encore Avid. Vous devrez en premier lieu importer tout le matériel filmé dans votre ordinateur et l'organiser dans des « chutiers », en étiquetant tous les éléments de façon à les trier selon la chronologie du scénario.

Vous pourrez alors réaliser un montage sommaire qui vous donnera un aperçu du film. À ce stade, un film supposé durer 10 minutes peut en faire 15 ou 20, mais il ne s'agit que d'un pré-montage qu'il faudra dégraisse c'est à dire alléger.

Le travail du monteur consiste alors à élaguer cette première mouture jusqu'à ce qu'elle parvienne au plus proche de la longueur initialement prévue, avec l'aval du réalisateur.

Ça roule ▶
Final Cut, comme les autres logiciels de montage virtuel, est non destructif. Si bien que les séquences peuvent être allongées, écourtées ou modifiées en faisant simplement glisser les extrémités des plans. Les changements s'affichent instantanément dans le Canevas.

Faites glisser l'extrémité d'un plan pour modifier sa durée. La nouvelle durée s'inscrit dans l'étiquette jaune.

DE LA COUPE AU MONTAGE

Une fois que le réalisateur et le producteur ont approuvé cette première version, le monteur est chargé de l'affiner. Cette opération consiste à supprimer les secondes et les minutes excessives, à resserrer les transitions et à créer un rythme. Plus le film est court, plus ce travail est difficile. Chaque nouvelle mouture doit être encore plus tendue et mieux raconter l'histoire. Notre génération a été nourrie aux montages rapides des clips et des publicités dont les techniques s'appliquent aujourd'hui dans une certaine mesure aux films narratifs. Tout est question de rythme. Les montages vifs conviennent aux thrillers et aux polars alors que les romances et les drames s'accommodent mieux d'un tempo plus posé. Quel que soit le genre, il vaut mieux éviter les longueurs et réduire autant que possible la durée totale du film pour maintenir l'intérêt du spectateur.

Une fois le montage des images approuvé par tous (monteur, réalisateur et producteur), il s'agit d'ajouter le générique, les effets sonores et la musique. Si vous avez tourné sur pellicule et monté en virtuel (grâce au télécinéma), vous devrez créer une « EDL » (Edit Decision List), sorte de liste contenant toutes les informations sur vos coupes; elle est indispensable au montage du négatif afin qu'il corresponde à l'image près à votre assemblage virtuel. Les logiciels haut de gamme, comme Final Cut Pro, Adobe Premiere Pro et Avid, génèrent cette liste automatiquement.

Cette étape n'est pas nécessaire pour les films en DV, qui peuvent être directement transférés sur cassette ou gravés sur DVD.

UN MONTAGE CRÉATIF

La qualité du montage dépend d'une part du matériel tourné et d'autre part de la manière dont vous utilisez ce dernier. Heureusement, les logiciels de montage

Faites glisser les curseurs pour modifier le contraste, la saturation et la balance des couleurs.

L'étalonnage ▲
Même avec le meilleur directeur photo du monde, vous n'obtiendrez jamais des couleurs cohérentes. Surtout pas en DV à petit budget. Dans l'idéal, un étalonnage précis nécessite un moniteur de qualité professionnelle, mais un écran standard donne quand même d'assez bons résultats. Comme vous avez la possibilité d'ajuster à votre guise chaque séquence, vous pouvez créer des rendus différents en fonction des personnages.

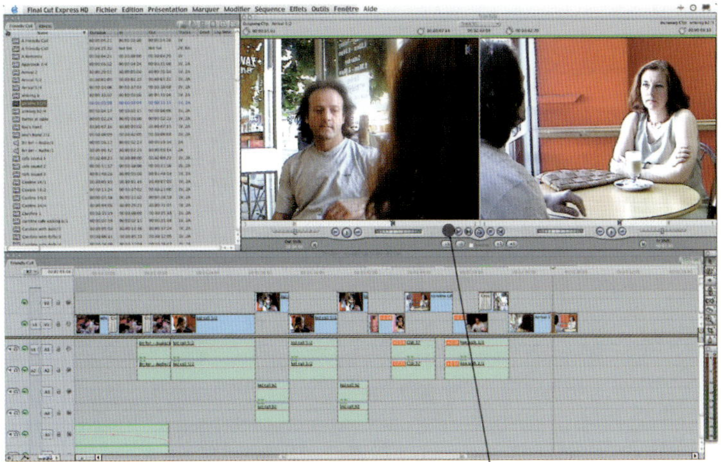

Clair et net ▲
Les coupes doivent être souvent faites à l'image près. Cette scène, tournée avec deux caméras, implique un montage ultra-précis. Les boutons permettent d'affiner le montage des deux cadres du champ/contre-champ affichés dans la fenêtre.

Les boutons permettent un contrôle précis du point de montage.

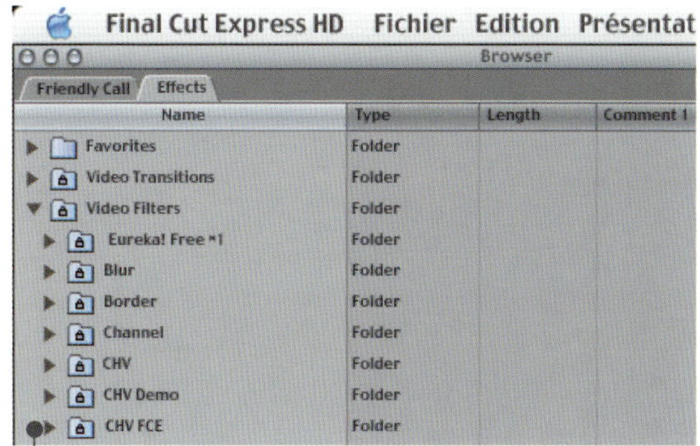

Les marqueurs triangulaires permettent d'afficher ou de masquer le contenu des chutiers.

Ligne d'exercices ▲
Grâce au grand nombre de pistes vidéo, vous pouvez tester diverses alternatives sans les effacer. Les pistes peuvent être masquées en cliquant sur l'icône verte située sur la gauche de la piste dans la Chronologie.

L'intensité sonore se règle en faisant glisser les lignes de niveau.

La durée des transitions s'affine dans cette fenêtre.

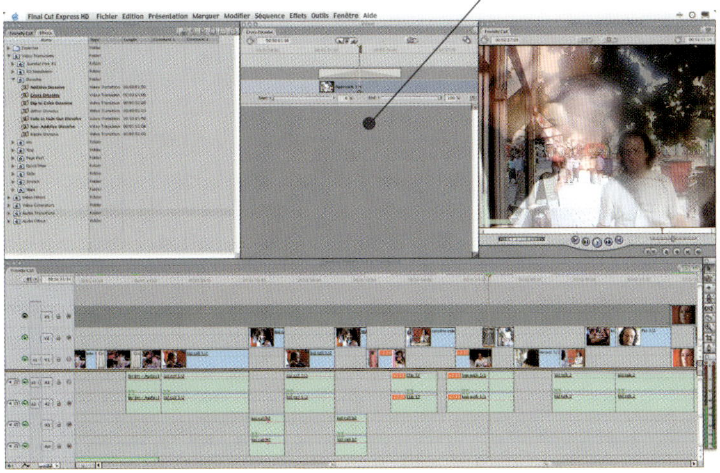

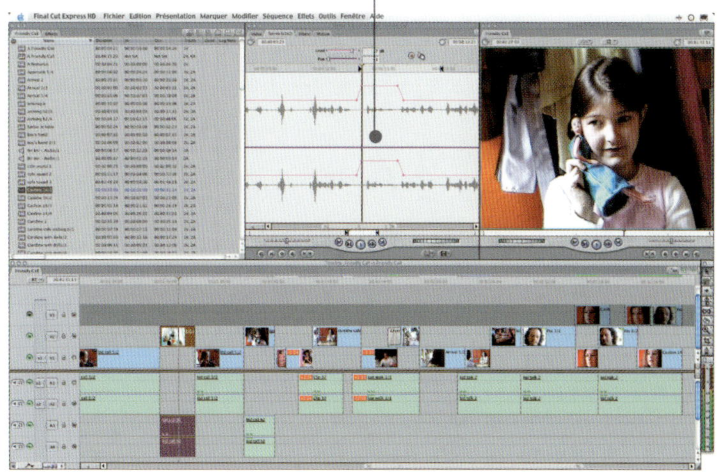

Transitions ▲
Évitez les transitions trop sophistiquées. Les fondus enchaînés ou au noir sont efficaces, mais à employer avec modération. Faites simplement glisser le type de transition désiré sur le point de montage entre deux plans et ajustez sa durée.

proposent plusieurs pistes son et image que vous pouvez combiner à l'infini, ce qui permet de modifier le film à volonté sans le détériorer, tout en le visionnant en temps réel.
Quand Robert Rodriguez tourna *El Mariachi* (en 1992), il utilisa une caméra 16 mm sans son synchrone. Il enregistra les dialogues juste après, sur un magnétophone à cassette. Au moment du montage, dès que le son se désynchronisait de l'image, il insérait un plan, un contre-champ, un gros plan ou un insert, de manière à rattraper le décalage et à resynchroniser image et son. Le montage réussit à imprimer un rythme et une tension au film, grâce à une inventivité stimulée pour déjouer un problème technique.
Malgré les nouvelles technologies, le montage reste une longue et fastidieuse étape et, comme toute démarche créative, il laisse l'impression de pouvoir être amélioré même une fois qu'il est achevé.

Son ▲
Bien qu'un logiciel dédié soit plus précis, il est toujours possible de travailler le son avec Final Cut. Même si la version Pro est plus performante, la version Express permet d'améliorer sensiblement un dialogue qui n'a pas été correctement enregistré.

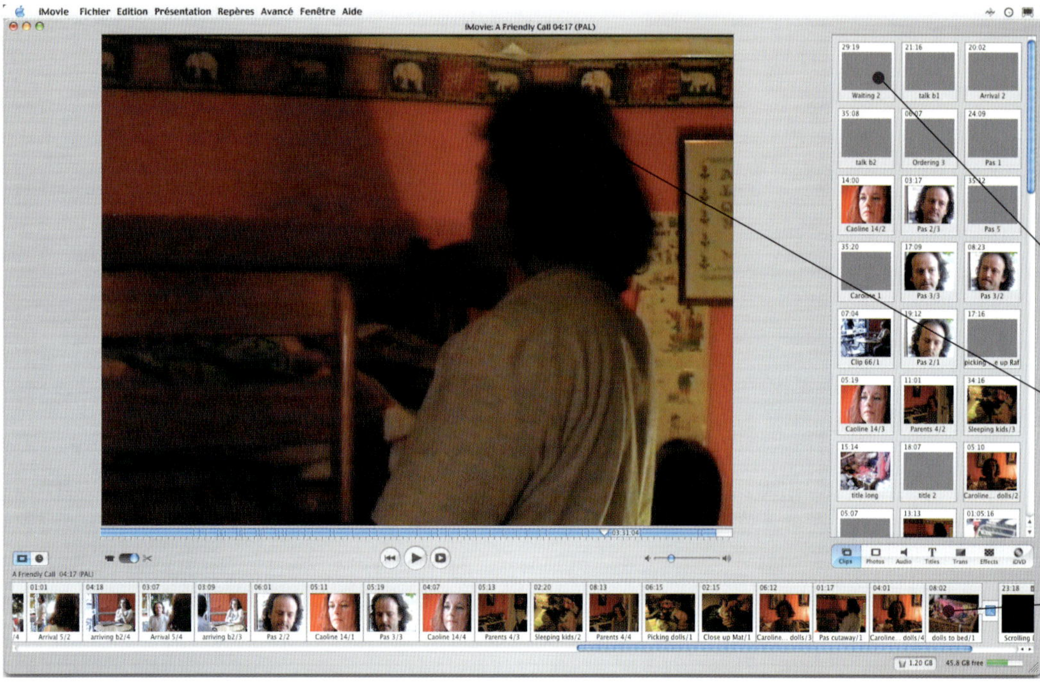

Les plans sont stockés ici et glissés dans la Chronologie.

Fenêtre de prévisualisation

Chronologie

Le logiciel de montage iMovie ◀
iMovie d'Apple, le logiciel d'entrée de gamme livré avec tout Macintosh, est performant et simple à utiliser. Il sera parfait si vous n'avez pas de gros besoins en pistes son et vidéo. Il a permis le montage de plus d'un film indépendant projetéen festival.

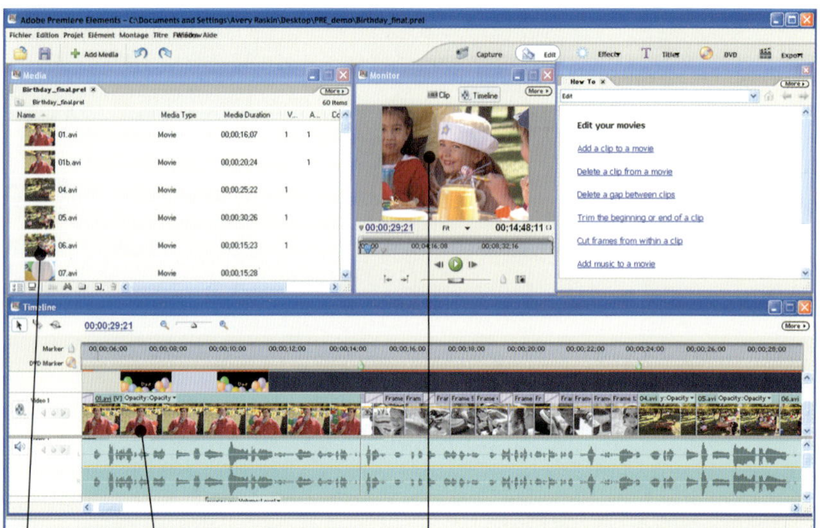

Les plans sont stockés ici.

Chronologie

Fenêtre de prévisualisation

Montage vidéo à domicile avec Premiere Elements ▲
Premiere Elements est la version grand public du logiciel de montage professionnel d'Adobe. Disponible uniquement sous Windows, elle contient de nombreux effets et transitions assez kitsch.

À CONSULTER

www.apple.fr Final Cut Express, Final Cut Pro et iMovie
www.adobe.fr Premiere et Adobe Video Collection

www.avid.fr Toute la gamme des logiciels Avid

In the Blink of an Eye, Walter Murch, Silman-James Press, 2e ed., 2001. Un classique écrit par un monteur légendaire. Malheureusement disponible seulement en anglais.

Le montage. La pratique, les outils virtuels, les écoles, Anita Fernandez, Ed. Dixit, 2002.

Montage Pro avec Final Cut Pro 3, Tom Wolsky, Ed. Eyrolles, 2003.

Pratique du montage, A. Jurgenson et S. Brunet, Ed. Femis.

Les plans sont stockés ici.

Fenêtres de prévisualisation

Effets et transitions

Chronologie multipiste audio et vidéo.

Montage virtuel avec Avid ◄

Avid est la référence en matière de montage virtuel. Il existe en plusieurs versions, du simple DV free (gratuit mais très édulcoré) au système complexe destiné aux grosses productions.

Les plans sont stockés ici.

Fenêtres de prévisualisation

Chronologie multipiste audio et vidéo.

Un classique ◄

Les logiciels Adobe représentent un excellent rapport qualité/prix. D'autant plus si vous achetez leur « Vidéo Collection ». Malheureusement, cette solution n'existe que sur PC. Elle a néanmoins ses adeptes depuis de longues années.

ARRÊTEZ DE FONDRE

vec de nombreux effets et transitions. La tentation est forte de les utiliser. Mais ils ne sont pas forcément ce qu'il y a de mieux pour votre film. Les transitions sophistiquées sont à éviter, et les plus subtiles, comme le fondu enchaîné, doivent être employées avec parcimonie.

Certains filtres permettent l'étalonnage, bien qu'un moniteur professionnel soit préférable pour un travail précis. Il existe aussi des filtres en « plug-in » qui facilitent grandement l'obtention d'effets particuliers, comme par exemple des « rayures » qui donnent un aspect « film ancien ».

Les effets peuvent apporter un plus à votre film, mais ils risquent d'accentuer son côté amateur s'ils ne sont pas correctement utilisés. Ne vous attendez pas à des miracles, ils ne transformeront jamais un mauvais scénario, un mauvais tournage ou un mauvais montage en un bon film.

Les effets spéciaux

TANT DE FILMS DÉBORDANT D'EFFETS SPÉCIAUX NUMÉRIQUES SONT PROJETÉS DANS LES SALLES, QU'IL N'Y A RIEN D'ÉTONNANT À CE QUE MÊME LES RÉALISATEURS SANS GRANDS MOYENS SOIENT TENTÉS D'EN UTILISER AUSSI. MAIS IL EST LOIN LE TEMPS OÙ RAY HARRYHAUSEN FABRIQUAIT DES MARIONNETTES QU'IL FILMAIT DANS SON GARAGE IMAGE PAR IMAGE.

Stop motion ▼
L'animation de figurines en image par image est l'ancêtre des effets spéciaux, avant l'arrivée des images de synthèse. Les monstres de Ray Harryhausen restent impressionnants par la qualité des détails.

Avec l'incroyable puissance des tout derniers ordinateurs grand public et le prix très abordable des logiciels, il ne reste plus que le sens du ridicule pour arrêter les élans des cinéastes qui veulent imiter les prouesses d'ILM (Industrial Light and Magic, la société de George Lucas). Et encore, même à Hollywood, malgré les sommes phénoménales engagées, le résultat est parfois décevant. On en viendrait presque à regretter les trucages d'Harryhausen, qui avaient au moins l'avantage de faire preuve d'une inventivité incomparable pour l'époque. Il est d'ailleurs étonnant de constater que le principe de base des effets spéciaux modernes reste le même : il s'agit de mêler des images d'animation à des images réelles. Seuls les outils ont changé.

IMAGES DE SYNTHÈSE ET PRISES DE VUES RÉELLES

Pour obtenir de belles images de synthèse, commencez avec un bon modeleur et animateur 3D. Avec du talent, vous arriverez à créer d'excellentes animations, même avec un logiciel d'entrée de gamme. Préférez celles qui sont simples, en vous limitant à des objets, comme un vaisseau spatial, un robot ou un immeuble. Utilisez-les avec parcimonie et, par souci de réalisme, évitez de les intégrer à des prises de vues réelles. Si toutefois vous vous sentez armé pour le faire, employez plutôt des logiciels de compositing comme Adobe After Effects, Discreet Combustion ou Apple Shark. Ils offrent des outils 2D et 3D bien plus performants que ceux proposés par les logiciels de montage, comme Final Cut ou Premiere.

Si vous désirez intégrer des acteurs dans une scène en animation 3D, vous devrez les filmer devant un fond vert ou bleu. Pour un meilleur résultat, tournez au moins en 16 mm ou avec du numérique haute définition avec un faible taux de compression. Outre une bonne caméra, vous devez trouver un grand fond de la couleur appropriée (un mur lisse peint ou un drap tendu). Dans l'idéal, filmez dans un studio spacieux où vous pourrez installer les décors et les éclairer puissamment de manière à ne laisser aucune ombre. Le premier plan devra être éclairé en pensant aux éléments en images de synthèse. Dans un grand studio, vous pourrez laisser suffisamment de distance entre le premier plan et l'arrière-plan pour tourner avec une longue focale qui rapprochera le fond en même temps qu'elle le laissera flou.

À l'inverse, si vous intégrez des personnages virtuels dans des prises de vues réelles, vous pouvez créer des masques qui seront exportés avec le personnage pour l'isoler du fond.

AUTRES EFFETS SPÉCIAUX

Les logiciels de montage proposent de nombreuses fonctions et des filtres permettant de créer des effets spéciaux. Souvent l'apanage des clips vidéos ou des séquences oniriques, ils peuvent très vite virer au kitsch s'ils sont surexploités. Inutile donc de triturer l'image pour masquer un tournage approximatif, le résultat serait décevant. En revanche, si vous souhaitez donner à vos personnages un aspect bande dessinée, les plonger dans un tableau à la Van Gogh, ou donner à votre œuvre un air de vieux film muet, vous n'aurez aucune difficulté avec un logiciel adapté.

Sachez qu'un effet spécial n'est pas forcément spectaculaire ou fantastique. Il peut se limiter à rajouter de petits éléments pour renforcer le réalisme de l'histoire : une pancarte sur une vitrine, un éclair au bout du canon d'un pistolet au moment où le coup part…

Même si plupart des longs-métrages font appel à ce type d'effets, vous n'êtes pas obligé d'en faire autant. Ne les utilisez que s'ils apportent un plus à l'histoire. Un bon scénario avec des personnages crédibles aura tout autant d'impact.

Écran vert mode d'emploi ▲
Pour obtenir de bons résultats avec un fond vert, le secret réside dans l'éclairage et le placement de la caméra, des acteurs et de la toile de fond.

Géant vert ▼
L'écran vert n'est pas réservé aux superproductions. Il permet à des cinéastes plus modestes de créer d'immenses décors virtuels, sans manutention ni équipement lourd pour le son. Pour cet hommage aux séries B de science-fiction, Simon Davis a filmé ses acteurs devant un écran vert, puis a ajouté les décors, soit en images de synthèse, soit en panneaux peints. Tout a été ensuite assemblé sur ordinateur avec After Effects. (voir www. captaineager.com)

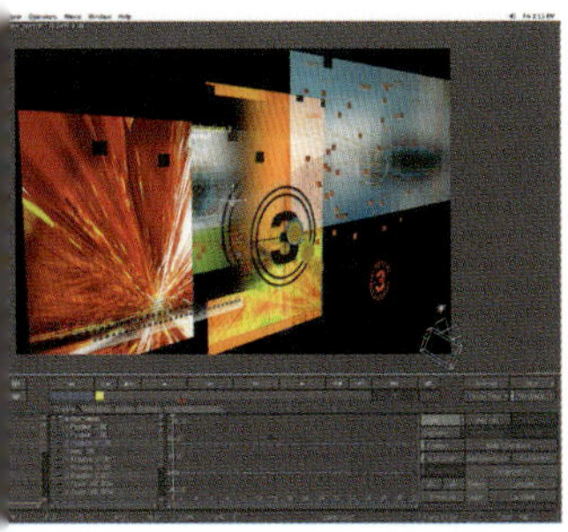

N'hésitez pas à expérimenter ◀
Créez des images composites dans un espace 3D.

Logiciel de compositing ▼
Créez une horde de bikers à partir d'un seul motard.

Créer des effets « artistiques » ▼
Studio Artist (uniquement sur Mac) servait à l'origine à la création d'effets artistiques sur photo, mais il fonctionne avec les films QuickTime. Tous les effets sont personnalisables et peuvent être appliqués par lots. Le temps de calcul peut être long, mais l'originalité du programme mérite le détour.

Contrôles de lecture du clip au format QuickTime

Image ou clip source

Menu des effets prédéfinis

Menu des styles prédéfinis. Ces styles peuvent être personnalisés grâce à ces menus.

Aperçu de l'image truquée

Le titrage

LE TITRAGE DOIT ÊTRE PARTICULIÈREMENT SOIGNÉ, CAR LES GÉNÉRIQUES ONT UNE DOUBLE FONCTION. D'UNE PART ILS AFFICHENT DES INFORMATIONS UTILES ET, D'AUTRE PART ILS INSTALLENT UNE ATMOSPHÈRE QUI PRÉPARE LE SPECTATEUR À L'HISTOIRE QUI VA SE DÉROULER SOUS SES YEUX.

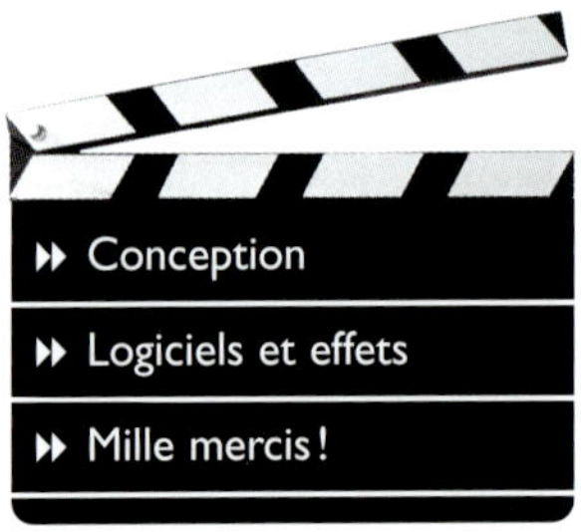

Vous pouvez vous contenter de plaquer du texte sur des images, mais faire preuve d'un peu d'imagination dans le générique témoigne d'une démarche professionnelle sur l'ensemble du processus de création d'un film. Le générique s'intègrera d'autant mieux au film que vous aurez réfléchi à sa conception en amont ; vous pourrez même en faire un élément de promotion si vous l'intégrez partiellement dans la bande-annonce (voir pages 126–127).

UN CARACTÈRE BIEN TREMPÉ...

Même si certaines polices classiques telles que Times New Roman peuvent donner un rendu intéressant, il est préférable de choisir des caractères qui reflètent le thème et la personnalité du film. N'hésitez pas à demander conseil à un graphiste professionnel si vous n'êtes pas sûr de vos choix. En général, il vaut mieux se limiter à deux polices, que vous reprendrez éventuellement pour les affiches du film. Pour un court-métrage, le générique doit être bref et, si possible, amorcer l'histoire. Rien ne vous oblige à créditer les acteurs au générique de début, surtout s'ils ne sont pas connus. Vous pouvez les afficher dans le générique de fin, tout en veillant à ce qu'il soit lui aussi très concis.

Générique dynamique ▼
LiveType d'Apple permet de créer facilement des génériques animés et vivants.

...ET MOUVANT

La plupart des logiciels de montage proposent des options de titrage. Vous y trouverez en général divers effets prédéfinis qui peuvent être personnalisés et qui conviennent à la majorité des courts-métrages, même s'ils ne brillent pas toujours par leur originalité. Pour créer un générique digne d'un long-métrage, vous devrez faire appel à des logiciels dédiés, comme Adobe After Effects ou Discreet Combustion. S'ils offrent des

Typographie ▼
Des caractères bien choisis contribueront à véhiculer l'atmosphère d'un film.

BEMBO ▲

WILHELM KLINGSPOR GOTISCH ▲

HELVETICA NEUE ▲

MISTER FRISKY ▲

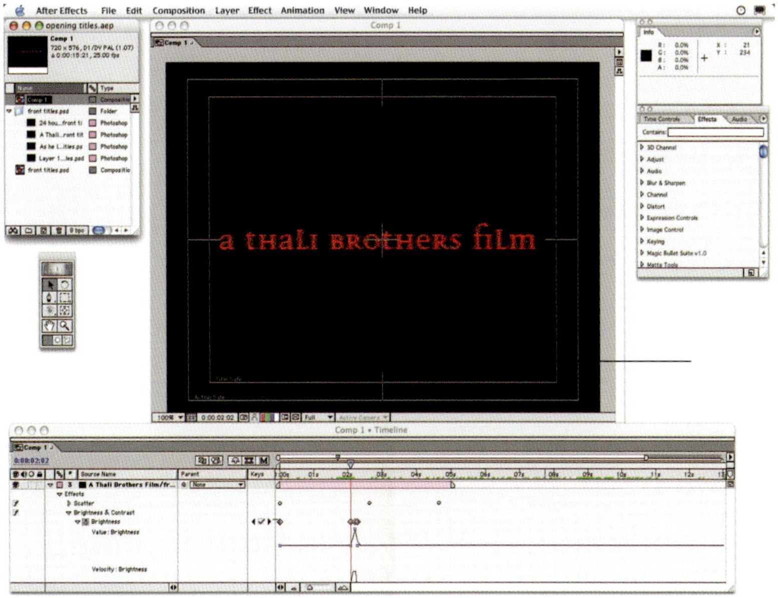

Logiciels de titrage ▲
Adobe After Effects est un logiciel de compositing et d'effets qui permet aussi de créer des génériques originaux. Il peut même intégrer les caractères 3D dans les images du film. Puissant et complexe, ce logiciel devrait figurer dans toute société de post-production sérieuse, mais ne l'achetez pas seulement pour créer votre générique.

possibilités plus nombreuses et plus sophistiquées, ils sont plutôt destinés aux professionnels et leur prix d'achat s'en ressent. Final Cut d'Apple est livré avec LiveType, qui permet de concevoir des génériques animés que vous pouvez intégrer dans le montage.
Flash de Macromedia, qui est très polyvalent, est utilisé dans de nombreux domaines, depuis l'animation jusqu'à la création du contenu interactif de sites web. En dépit de son prix, c'est un outil à envisager car il génère des fichiers .swf de petite taille qui peuvent être importés dans un logiciel de montage.
Enfin, pour de rapides effets de texte, WildFX Pro de Wildform est la solution idéale, malgré quelques effets un peu kitsch.
Cependant, en faisant preuve de créativité, vous pouvez vous passer de l'informatique. Filmez votre générique image par image, écrivez-le à la main, associez des collages ou peignez-le sur un mur ou sur des cartons.
Avec de l'imagination, vous trouverez une multitude de possibilités. Que vous le réalisiez sur ordinateur ou non, souvenez-vous de cette règle d'or: évitez d'en faire trop!

CHACUN SA PLACE

Le générique de fin doit avant tout s'adresser aux participants du film, car de nombreux spectateurs partent à ce moment. Il est donc essentiel que chaque collaborateur y figure, et que sa fonction soit correctement mentionnée. Pour les personnes non rémunérées, qui travaillent notamment pour acquérir de l'expérience et se faire connaître, le générique est un passeport vers d'autres projets. Pensez aussi à créditer tous ceux qui vous ont aidé d'une manière ou d'une autre, et précisez l'année du dépôt légal et le numéro d'exploitation si vous envisagez une diffusion en salles. Enfin, n'oubliez pas, le cas échéant, de citer les organismes qui vous ont alloué une aide. Qu'il soit déroulant ou en panneaux statiques, le générique doit afficher les noms suffisamment longtemps pour permettre de les lire, sans non plus doubler la durée du film.
Pour éviter que le public ne parte pendant le générique de fin, certains cinéastes tentent de l'agrémenter de prises ratées (les films de Jackie Chan et Pixar sont des modèles du genre). D'autres ajoutent une dernière scène ou utilisent une chanson connue (voir pages 98-99). Toutefois, dites-vous que même si les spectateurs boudent le générique, l'important est qu'il soit lu par les personnes concernées.

À CONSULTER

Attrape-moi si tu peux de Steven Spielberg

Se7en de David Fincher

eXisTenz de David Cronenberg

Ghost in the shell de Mamoru Oshii

le Festin nu de David Cronenberg

www.adobe.fr: After Effects

www.apple.fr: LiveType et Motion

www.discreet.com: Combustion

www.macromedia.fr: Flash

Polices à télécharger gratuitement
www.acidfonts.com
www.chank.com
www.fonthead.com
www.girlswhowearglasses.com
www.houseind.com
www.larabiefonts.com

Le son

LA QUALITÉ DE LA PRISE DE SON EST ESSENTIELLE (VOIR PAGES 72-75), MAIS MÊME AVEC LA MEILLEURE VOLONTÉ ET LE MEILLEUR ÉQUIPEMENT DU MONDE, CERTAINS BRUITS D'AMBIANCE DEVRONT ÊTRE RAJOUTÉS ALORS QUE D'AUTRES DEVRONT ÊTRE GOMMÉS. C'EST EN PHASE DE POST-PRODUCTION QUE VOUS DONNEREZ AU SON TOUTE SA DIMENSION.

- Engagez un spécialiste
- Monter et ajouter le son
- La piste des dialogues

ÉCOUTEZ BIEN !

Pour avoir toutes les chances de votre côté, faites appel à un ingénieur du son compétent ayant accès à un studio. En général, il maîtrisera parfaitement les logiciels et saura jongler avec les courbes pour donner à votre film un son de qualité. À défaut, vous pouvez travailler avec un ami musicien calé en technique ; il pourra de surcroît vous aider pour composer la musique du film.

Postsynchro ►
Parfois, les dialogues ne sont pas suffisamment audibles et doivent être ré-enregistrés en studio, de préférence avec le même équipement que pendant le tournage. Cette étape s'appelle la postsynchronisation, le terme « doublage » étant réservé à l'enregistrement des dialogues dans une autre langue, en vue d'une exploitation du film à l'étranger.

BRUITAGES ET EFFETS SONORES

Toutes les ambiances et tous les dialogues enregistrés sur le tournage doivent être numérisés et stockés sur ordinateur, afin d'être importés dans un logiciel de montage vidéo ou son où vous pourrez consacrer une piste pour chaque type de son. Certains logiciels grand public comme Apple Final Cut Express proposent jusqu'à 99 pistes audio, ce qui suffit à produire des bandes sonores synchrones et bien mixées, même si le niveau de contrôle n'égale pas celui de la version Pro ou de Adobe Premiere. Pour un mixage complexe, vous devrez faire appel à un logiciel dédié tel que ProTools ou MOTU Digital Performer. Ces logiciels d'enregistrement et de mixage donnent d'excellents résultats mais ils demandent un long apprentissage et des connaissances techniques poussées, c'est pourquoi, en général, ils ne sont utilisés que par des professionnels.

Tous les sons qui n'ont pas été enregistrés pendant le tournage sont ajoutés par un bruiteur en post-production. Son rôle est alors de recréer en studio des bruits de pas, des portes qui claquent, etc. en s'aidant d'accessoires les plus divers pour imiter au mieux le son naturel. Si vous n'avez pas les moyens de faire appel à un bruiteur, vous devrez avoir recours à des bruitages pré-enregistrés. Vous trouverez de nombreuses compilations sur CD, souvent classées par thèmes, ou parfois même des sons gratuits sur Internet. Malheureusement, il n'est pas toujours facile de trouver un enregistrement de qualité reproduisant exactement ce que l'on recherche. Finalement, il est souvent plus intéressant de télécharger des bruits individuels sur des sites commerciaux, car ces sites proposent en général un large choix

LE SOUND DESIGNER

Le Sound Designer (ou Illustrateur sonore) est un métier récent qui vient du monde des jeux vidéo et qui reste encore peu répandu en Europe.

Son travail consiste à trouver l'identité sonore du film.

Il intervient très en amont pour s'imprégner au mieux de l'ambiance afin de créer les sons d'ambiance telles que les nappes sonores et définir le thème musical général, qu'il décline ensuite selon les scènes.

En général, le Sound Designer est un musicien possédant une excellente culture musicale et cinématographique.

Il doit savoir respecter le travail du metteur en scène et de l'équipe et mettre sa créativité au service du film.

Il travaille souvent en collaboration avec le compositeur et le bruiteur.

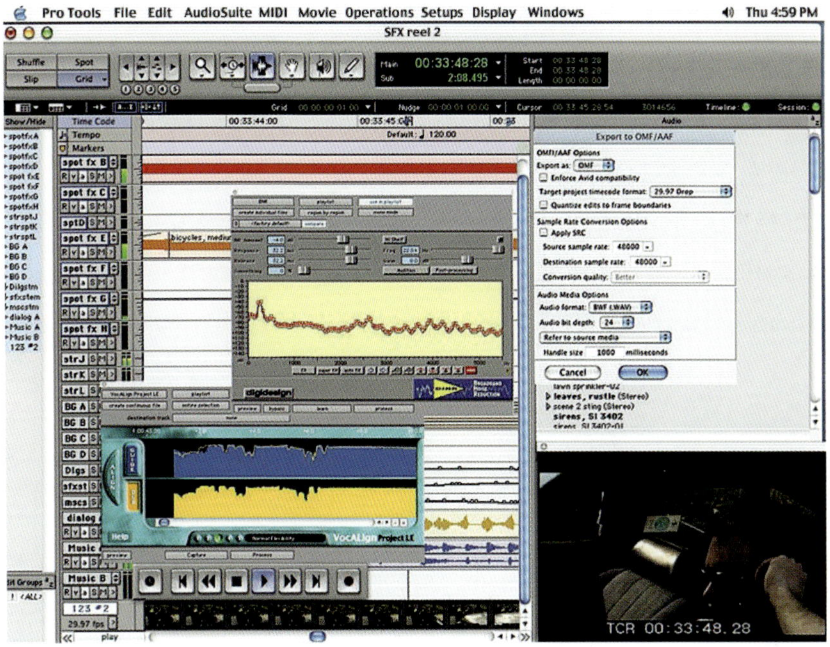

Le logiciel ProTools ▲
ProTools de DigiDesign est souvent utilisé pour monter la bande son des films indépendants. Il est livré avec un plug-in permettant de travailler avec la vidéo numérique.

avec des options de pré-écoute afin de juger de la qualité. Le téléchargement et le paiement s'effectuent à la carte, ce qui évite d'acheter tout un CD pour n'utiliser qu'un seul son. L'investissement est tout à fait raisonnable.

POSTSYNCHRONISATION ET VOIX OFF

Que se passe-t-il en cas de problème avec la sacro-sainte piste des dialogues? Si l'image est bonne, vous pouvez simplement ré-enregistrer les acteurs en studio ou dans tout autre endroit insonorisé (c'est ce qu'on appelle la postsynchronisation ou la postsynchro). Vous n'obtiendrez pas une synchronisation parfaite aussi facilement qu'avec des moyens professionnels, mais cela reste possible. Vous devrez aussi prévoir un écran pour que les acteurs voient l'image et des casques audio pour les isoler, faciliter leur concentration et les aider à retrouver l'émotion du tournage. Enregistrez sur DAT ou directement sur le disque dur d'un ordinateur. Ce peut être aussi l'occasion de modifier les dialogues. Dans ce cas, prévoyez un montage où ces nouveaux dialogues seront dits hors-champ et servez-vous de plans d'insert pour rétablir la synchronisation. Pour ne pas créer une rupture trop perceptible entre les voix enregistrées en studio et sur le tournage, rajoutez des filtres dans le logiciel de son. Faites-le également pour les voix off.

MIXEZ, ÉGALISEZ

Sur les longs-métrages, l'ingénieur du son utilise une table de mixage avec un nombre de pistes impressionnant et des haut-parleurs d'excellente qualité pour obtenir le meilleur résultat possible. Vous n'aurez probablement accès qu'à un logiciel de mixage, mais avec de bons haut-parleurs, ou un casque audio haut de gamme, vous pourrez discerner tous les sons de la bande. Pour la musique, la question ne se pose pas, il vous faut un matériel de très bonne qualité.

À CONSULTER

www.bias-inc.com: Peak et Deck, logiciels d'enregistrement et de montage son.

www.motu.com: Digital Performer, logiciel d'enregistrement et de séquençage audio.

www.protools.com: ProTools est un classique du montage son. Il s'intègre dans Avid Xpress Pro.

www.digidesign.com/ptfree: version gratuite de Pro Tools pour PC et MacOS-9 (ne tourne pas sur OS-X, pas même en mode Classic).

Silence, on bruite, André Naudin, Éditions Dixit, 2000.

Bibliothèques d'effets sonores (en anglais):

www.sonymediasoftware.com/default.asp

www.powerfx.com

www.sound-effects-library.com

www.soundoftheweb.net

La musique

L'AJOUT D'UNE MUSIQUE NE SE FAIT QU'APRÈS AVOIR CALÉ LES DIALOGUES ET LES EFFETS SONORES SUR LA BANDE SON. ESSAYEZ D'IMPLIQUER LE COMPOSITEUR DÈS LE DÉBUT DU PROJET AFIN QU'IL S'IMPRÈGNE SUFFISAMMENT DU FILM POUR INVENTER DES THÈMES EN ACCORD AVEC L'ACTION.

Pour un jeune réalisateur, la première question est souvent de savoir comment trouver un compositeur. Ensuite, comment le rémunérer? Alors, une troisième question s'impose, n'est-il pas plus simple d'employer des morceaux d'un album de votre groupe ou chanteur préféré? Il faut savoir que dès que vous utilisez une musique existante, non seulement vous devez payer des droits d'auteur mais vous devez également obtenir l'autorisation de la maison de disques. Rendez-vous sur le site de la SACEM (www.sacem.fr) et vous trouverez de nombreuses informations très claires sur les droits d'auteur pour la musique de films. Vous pourrez même poser vos questions par e-mail. En règle générale, évitez d'utiliser un morceau préexistant, à moins qu'il ne s'agisse d'une musique d'illustration telle que définie par la SACEM.

À CONSULTER

Complete Guide to Film Scoring, Richard Davis, Berklee Press, 1999.

Musique au cinéma, Michel Chion, Fayard, 1995.

Soundtrack: Quand la musique fait son cinema, N. Saada, Éd. du Panama, 2005.

La Musique de film, Pierre Berthomieu, Klincksieck, 2004.

www.adobe.com/products/audition: Audition, logiciel audio s'intégrant dans Premiere pour Windows.

www.apple.com/ilife/garageband: GarageBand, logiciel d'enregistrement et de montage musique.

www.bias-inc.com: Peak et Deck, logiciels d'enregistrement et de montage musique.

www.groovemaker.com: générateur de boucles son pour Mac et PC.

www.sonymediasoftware.com: Sound Forge et autres logiciels audio.

www.motu.com: Digital Performer, logiciel d'enregistrement et de séquençage.

www.steinberg.de: Cubase et Nuendo, logiciels de musique et de production multimédia.

VOUS CONNAISSEZ LA CHANSON

La musique contribue à installer le thème et l'atmosphère d'un film. Son style dépendra donc du genre cinématographique ainsi que des ambiances que vous souhaitez établir. Bien évidemment, vos goûts et votre budget auront une influence déterminante. Si vous ne connaissez pas de compositeur, vous avez toujours la solution de créer votre propre musique dans un logiciel de montage. Ainsi, Final Cut et même iMovie permettent de travailler avec des logiciels de musique simples à utiliser. Par exemple, GarageBand et Soundtrack proposent des boucles d'instruments préenregistrées qui peuvent être séquencées et combinées de manière à écrire une bande originale riche. Ces logiciels sont conçus de manière à faciliter l'intégration de la musique dans les vidéos. Ils donnent des résultats honorables, même s'ils ne sauraient en aucun cas rivaliser avec un compositeur talentueux capable de traduire des émotions.

Par ailleurs, il faut aussi savoir où et comment utiliser une musique. Vous apprendrez beaucoup en visionnant des films d'autres réalisateurs et en analysant la manière dont ils ont procédé. Souvent, les passages les plus réussis sont ceux où l'on ne la remarque pas, mais où elle renforce les images ou l'atmosphère.

Une fois composée et enregistrée, la musique doit être mixée avec le reste du son. Cette étape est importante et vous avez intérêt à vous faire aider par un spécialiste afin de ne pas surcharger la bande-son. Un simple son stéréo devrait suffire amplement à un premier film. Vous pouvez renforcer la part audio avec le son surround (le 5.1), grâce à des logiciels dédiés comme Bias Deck, ProTools, Nuendo ou Audition. Certains restent à des prix abordables et, correctement utilisés, ils offrent une qualité de son professionnelle indéniable.

Pour conclure, dites-vous que nous sommes aujourd'hui tellement habitués à entendre de la musique pendant les films que son absence est déstabilisante. Cependant, il peut parfois être intéressant de désorienter le spectateur.

Son surround ▶

Avec le développement du « home cinema », le son suround ajoutera la petite touche professionnelle à votre film. Des logiciels comme ProTools de DigiDesign permettent d'intégrer le son dans les canaux 5.1.

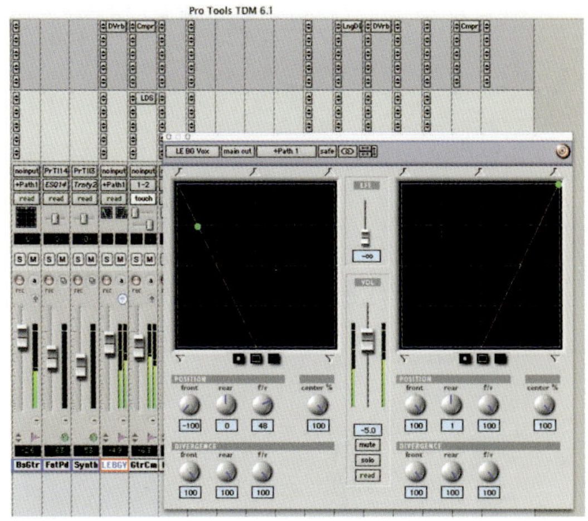

Boucles sonores ▼

Soundtrack d'Apple est un logiciel qui permet à des non-musiciens de composer une bande originale, grâce à l'utilisation de boucles d'instruments et d'effets sonores préenregistrés. Fourni en standard avec Final Cut, il est précisément conçu pour les films et il vous évitera les soucis de copyright ou de droits.

Les boucles musicales sont classées par catégories pour faciliter leur recherche. Une même boucle peut toutefois apparaître dans plusieurs catégories.

La vidéo (via un fichier QuickTime) s'affiche ici en prévisualisation. Final Cut exporte des fichiers spécifiquement destinés à Soundtrack incluant des marqueurs servant de repères.

Contrôles de lecture et de minutage.

Marqueurs audio insérés depuis Final Cut servant à caler la musique.

La « timeline », montrant les images du film où les marqueurs ont été insérés.

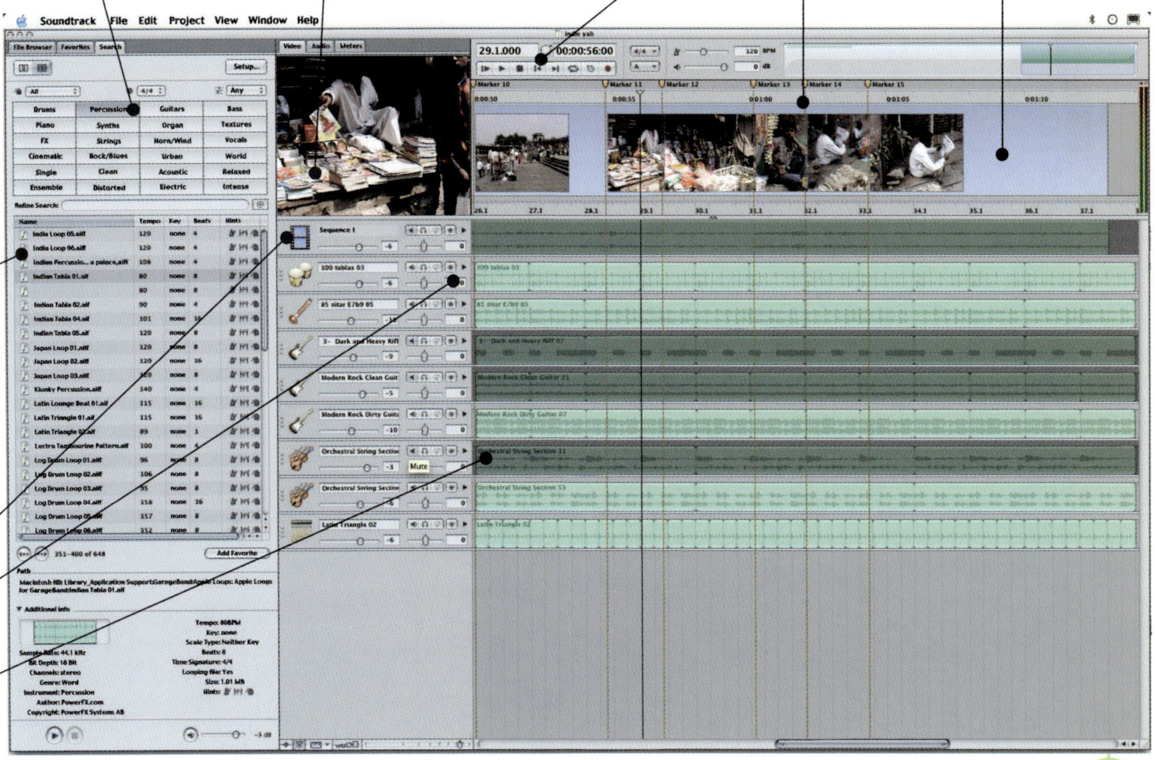

Les boucles, classées ici par ordre alphabétique, peuvent être écoutées d'un simple clic. Les informations concernant chaque boucle sont inscrites à côté du nom et en bas de liste.

La piste des dialogues enregistrés du film.

Faites glisser les boucles depuis la liste de gauche vers une piste de la « timeline ». Les noms et les réglages apparaissent dans la colonne centrale.

Les pistes grisées ont été désactivées.

Le tout numérique

Le format de diffusion détermine en grande partie le choix du support de tournage. Posez-vous donc la question très en amont et demandez-vous quelle carrière vous envisagez pour votre film. Comptez-vous le projeter lors de festivals, le mettre en ligne sur Internet ou simplement créer un DVD pour une utilisation familiale ?

Quel que soit le format de diffusion que vous choisissez, il vous faudra transférer le montage final effectué sur ordinateur sur le support adéquat.

Si vous avez tourné sur pellicule, il est probable que vous désiriez également finaliser sur ce même support. Il faudra donc « conformer » le négatif d'origine avec votre montage virtuel, afin de tirer des copies positives pour la projection. Si vous avez filmé en 16 mm, sachez que la plupart des salles de cinéma ne sont équipées qu'en 35 mm. Vous devrez donc envisager sérieusement un « gonflage » dans ce format.

Comme les laboratoires facturent au mètre, plus le film sera long, plus ce transfert sera cher. Il vous faudra donc prévoir ce coût dans votre plan de financement tout en sachant que, si vous prévoyez une diffusion en salles, le distributeur prendra cette dépense à sa charge. En revanche, si votre film n'est projeté que dans des festivals, vous devrez assumer seul ces frais supplémentaires.

Projecteur numérique ▲
De plus en plus de salles de cinéma sont équipées pour la projection numérique. Des projecteurs moins sophistiqués permettent à des particuliers, des cafés ou des associations d'organiser des petits festivals. Il s'agit néanmoins de deux produits peu comparables en termes de coût et de qualité d'image.

Se renseigner sur les festivals ▶
Certains sites Internet consacrés aux festivals de courts-métrages, notamment www.filmfestivals.com et www.withoutabox.com, permettent d'effectuer des recherches par thème ou par lieu.

PROJECTION NUMÉRIQUE

Jusqu'à récemment, tous les films étaient projetés sur pellicule, ce qui conduisait même à transférer sur ce support les œuvres réalisées en images de synthèse. Cette opération, appelée « shoot », est tellement onéreuse, qu'il revient parfois moins cher de tourner directement en 35 mm. Mais aujourd'hui, les salles ont tendance à s'équiper en projecteurs numériques en raison des énormes progrès de ces appareils et de l'essor de la vidéo HD. Avec la prolifération des multiplexes et des petites salles, les cinémas n'ont plus

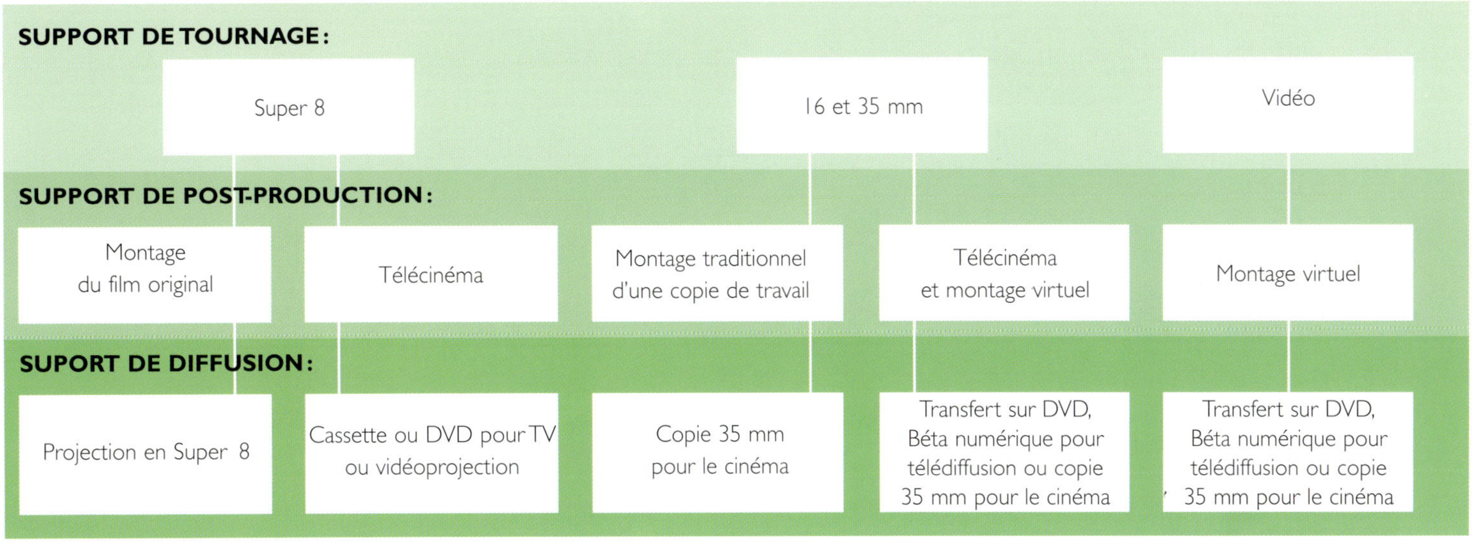

Les sentiers de la gloire ▲
Les possibilités de montrer votre film dépendent de son support de diffusion. Ce tableau, non exhaustif, présente les principales options liées aux formats préférés des cinéastes indépendants.

besoin de projecteurs capables d'envoyer une image d'excellente qualité sur un écran géant. On en arrive même parfois à ce paradoxe, où les films tournés en 35 mm sont convertis en vidéo HD pour être diffusés en salles. Quant aux cinéastes indépendants, c'est une aubaine pour eux car leurs films peuvent enfin être à l'affiche.

De nombreux festivals s'équipent aussi en vidéoprojecteurs, car les organisateurs savent bien que les jeunes réalisateurs tournent de plus en plus fréquemment en vidéo pour réduire les coûts. L'économie effectuée sur l'achat de la pellicule leur permet d'améliorer la qualité de leur production, voire même de réaliser un film qui n'aurait pas été finançable autrement.

Même après un tournage sur pellicule, qui reste très chère à dupliquer, la diffusion numérique est intéressante car les frais de copies sont considérablement réduits, notamment si vous en effectuez un grand nombre.

Le format DVD, dont les coûts ne cessent de baisser, a ouvert un nouvel horizon aux jeunes cinéastes, en facilitant la diffusion de leurs films. Il n'y a qu'une faible déperdition de qualité entre un tournage en DV et le produit final gravé sur DVD. N'importe quel ordinateur grand public est aujourd'hui capable de créer un DVD de niveau professionnel. L'image sera techniquement excellente sur votre téléviseur et même en vidéoprojection sur un écran de taille raisonnable. Il ne vous reste plus qu'à faire preuve de talent, d'inspiration et de maîtrise technique pour faire un chef-d'œuvre.

TÉLÉDIFFUSION

Si vous visez une diffusion télé, vous avez tout intérêt à tourner dans un format pro (Béta numérique ou DVCAM). La qualité d'image est bien supérieure. Par ailleurs, un distributeur peut être séduit par le contenu de votre film et accepter de le diffuser, même s'il a été tourné en miniDV. Avec la convergence actuelle vers la haute définition, de nouveaux formats vont venir tout bousculer. Des solutions économiques comme le HDV sont déjà disponibles, augmentant vos chances de créer une œuvre répondant aux normes de télédiffusion.

Que ce soit en DVD, à la télévision ou en projection numérique en salles, il devient de plus en plus facile, techniquement, de diffuser une œuvre réalisée avec un petit budget. Reste à trouver un marché pour vendre votre court-métrage.

PROJETS

Vous trouverez dans ce chapitre des propositions de projets qui vous inciteront à passer à l'action.

Le court-métrage permet d'explorer tous les genres, sans les contraintes qu'imposent le long-métrage ou la télévision. On considère généralement comme court-métrage tout film entre 30 secondes et 30 minutes. Cependant, certaines durées sont plus faciles à commercialiser que d'autres, notamment parce qu'elles permettent une diffusion en première partie d'un long-métrage ou entre deux émissions de télévision. Tous les projets présentés ici ne dépassent pas 15 minutes.

La plupart ne sont pas à proprement parler des films narratifs, mais ils offrent une bonne représentation des genres et des styles souvent rencontrés dans le court-métrage, notamment l'animation et les films sans acteurs. Vous trouverez également des conseils à propos de certains formats particuliers auxquels les festivals réservent des compétitions spécifiques. Ils mettront à l'épreuve votre imagination et votre ingéniosité.

Vous aborderez également divers supports, vidéo numérique, Super 8, 16 mm, 35 mm, et même certains formats qui ne nécessitent aucune caméra. Inspirez-vous de ces projets et n'hésitez pas à mélanger les genres si bon vous semble. Laissez-vous guider par la surprise et l'étonnement. Vous êtes ici pour vous lancer dans l'aventure et découvrir les trésors que recèle votre imagination. Sans oublier une certaine part de rêve…

4

Film de 15 secondes

LA DURÉE DONT VOUS DISPOSEZ POUR RACONTER VOTRE HISTOIRE EST ENVIRON CELLE QU'IL VOUS FAUT POUR LIRE LE TITRE ET CETTE PHRASE. MAIS L'EXERCICE DE STYLE EST INTÉRESSANT, NOTAMMENT SI L'ON SONGE QUE CERTAINES PUBLICITÉS TÉLÉVISÉES RÉUSSISSENT À VENDRE TOUT UN CONCEPT DE VIE EN AUSSI PEU DE TEMPS.

- Restez simple
- Allez droit au but
- Exercice de montage

Certes, les flashs de 15 secondes sont des extraits d'un spot plus long, ils sont généralement insérés à la fin d'une page publicitaire pour renforcer le message, et de ce fait, ils n'ont pas à véhiculer une idée complète. Alors, existe-t-il un vrai marché pour des courts-métrages aussi courts?

Les publicitaires et les professionnels du marketing, familiers des spots de 15 secondes, ont pensé qu'on pouvait s'en servir pour promouvoir la nouvelle génération de téléphones portables vidéo. Nokia a été le premier à lancer une compétition ouverte autour de ce concept. Et aujourd'hui, avec le développement des réseaux mobiles, la demande pour ce type de contenu devrait aller croissante pour séduire la clientèle. Par ailleurs, les restrictions imposées par cette technologie sont un véritable challenge pour les cinéastes qui doivent dépasser leurs limites.

UNE SEULE IDÉE, MAIS BONNE

Comme tous les films, une vidéo de 15 secondes doit s'appuyer sur une idée. Comme son développement sera très court, autant qu'elle soit relativement simple. Il faut aller droit au but et ne pas s'embarrasser de personnages complexes avec un passé que vous devrez présenter. Posez tout de suite le concept et essayez de trouver une chute surprenante pour que votre film accroche le spectateur. Évitez cependant des fins atroces, choquantes ou désobligeantes. L'humour est

MISSION

OBJECTIF :
- ✗ Créer un film de 15 secondes, avec ou sans son, pour le diffuser sur téléphone portable.

ÉQUIPE :
- ✗ Réalisateur
- ✗ Cadreur
- ✗ Monteur

MATÉRIEL :
- ✗ Caméra miniDV ou DV

Ça roule ▲
La voiture a été préparée pour le tournage. Un rideau noir évite les reflets sur le pare-brise. Le réflecteur blanc renvoie dans la voiture la lumière absorbée par le rideau noir.

JE L'AI?

INT. VOITURE – JOUR
Un APPRENTI CONDUCTEUR stressé assis aux côtés d'une EXAMINATRICE. (consultant son carnet) : Créneau, freinage d'urgence. Excellent.

L'APPRENTI CONDUCTEUR :
Alors?

1

2

souvent le parti pris adopté pour ces mini courts-métrages. En 15 secondes, vous devez condenser l'histoire tout en évitant un sentiment d'inachevé. Si des acteurs interviennent, faites en sorte qu'ils aient des visages très expressifs, à la limite de la caricature.

PLANS CONCIS

Même si votre film ne sera diffusé que sur les réseaux de téléphones portables, mieux vaut tourner avec une caméra miniDV plutôt qu'avec celle de votre mobile. Car vous pourrez plus facilement modifier la résolution et intervenir sur le montage. Comme pour tout autre court-métrage, prévoyez de la matière. Vous constaterez que, proportionnellement, la quantité de rushes est bien supérieure à celle d'un long-métrage et même d'un film de dix minutes.
Inutile, bien entendu, de créer des plans complexes et extravagants. Rien ne vous empêche même de faire un plan unique, si l'idée fonctionne. Et en 15 secondes, il n'y a guère de raisons que cela ne marche pas.

COUPE AU RASOIR

Créez un premier bout à bout d'environ 30 à 60 secondes et affinez-le ensuite en ne gardant que les plans qui véhiculent l'idée. Le seul moyen est de le visionner à multiples reprises, en supprimant à chaque fois quelques secondes, jusqu'à ce qu'il atteigne la durée requise. Cet exercice est une excellente école pour apprendre à économiser les plans. Si vous parvenez à achever avec succès un film de 15 secondes, vous serez bien armé pour des réalisations d'une durée plus importante.

JE L'AI ? – LISTE DES PLANS

Noir, cut vers…

DURÉE

« JE L'AI ? » en grosses lettres blanches sur fond noir. Cut vers… — 3 s.

GP : Un crayon écrit sur une feuille à en-tête d'examen de conduite, en cochant des cases. Une autre feuille est brandie en l'air. On entend de la musique. L'examinatrice marmonne pour elle-même « freinage d'urgence, etc. ». — 2 s.

PL : Apprenti conducteur en amorce, plongée sur l'examinatrice. Cadré depuis la place de l'apprenti. L'examinatrice baisse la feuille et conclut « Excellent ». — 3 s.

PL : Examinatrice en amorce, plongée sur l'apprenti. Cadré depuis la place de l'examinatrice. L'apprenti, appuyé contre la vitre, une main sur le volant, demande, confiant, « Alors ? ». — 2 s.

CONTRE-CHAMP sur l'examinatrice qui éteint la musique et montre son carnet. « Mais vous ne l'avez pas ». Monter cette phrase à cheval sur le plan suivant, en faisant un raccord sur son mouvement. — 3 s.

CONTRE-PLONGÉE : Depuis le siège de l'examinatrice, le carnet en haut à droite du cadre, l'apprenti à droite également., L'apprenti regarde vers le bas, le carnet vole vers le haut. Il le regarde brièvement puis tourne la tête alors qu'on entend claquer la porte. — 3 s.

PLAN D'ENSEMBLE : Au-dessus de la voiture. L'examinatrice s'extrait de la voiture renversée, les sourcils froncés, pousse un profond soupir et s'en va. — 2 s.

Générique 1 — 2,5 s.

Générique 2 — 2,5 s.

L'EXAMINATRICE :
Mais vous ne l'avez pas !

L'examinatrice s'apprête à s'extraire de la voiture, en posant son stylo et son carnet sur le tableau de bord. Le carnet et le stylo s'envolent au plafond.

3 

4 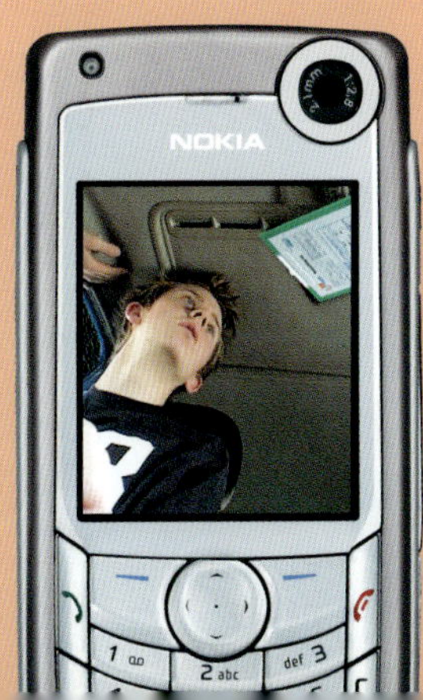

5 

EXT. VOITURE – SUITE
L'examinatrice se hisse hors de la voiture RETOURNÉE SUR LE TOIT, observée par l'apprenti conducteur déçu.
Et un PASSANT perplexe.

Documentaire de 10 minutes

LE DOCUMENTAIRE A CONNU RÉCEMMENT UNE HAUSSE DE POPULARITÉ SIGNIFICATIVE, GRÂCE, NOTAMMENT, À MICHAEL MOORE ET À SES SUCCÈS INTERNATIONAUX.

- Partagez vos passions
- L'équipement adéquat
- Filmez tout, vous monterez plus tard

MISSION

OBJECTIF :
- ✗ Produire un documentaire de dix minutes sur un sujet de votre choix en vidéo numérique.

ÉQUIPE :
- ✗ Réalisateur
- ✗ Cadreur
- ✗ Preneur de son

MATÉRIEL :
- ✗ Caméra vidéo numérique
- ✗ Micro
- ✗ Pied de caméra

La télévision diffuse de très nombreux programmes en dehors des fictions, des jeux et de la télé-réalité. D'ailleurs, la liste des émissions thématiques est conséquente : nature, animaux, éducation, voyages, etc. Si un sujet vous passionne, l'occasion de le faire partager est à saisir.

Le calibre des plages télévisées est généralement de 30 ou 60 minutes, mais, pour ajuster les horaires, des programmes de 5 ou 10 minutes, souvent originaux et non narratifs, sont recherchés. On attend d'eux qu'ils soient informatifs, divertissants, visuellement captivants, et qu'ils ouvrent une petite fenêtre sur le monde.

ÉQUIPEMENT

Si ce genre de films vous attire et que vous envisagez une diffusion télévisée, vous devez utiliser l'équipement adéquat. Les normes de télédiffusion impliquent habituellement un tournage en Béta numérique, format onéreux, mais l'avènement de la HDV a ouvert des possibilités aux cinéastes débutants, surtout en matière de documentaire. Vous pourriez même tourner en miniDV ou en DVCAM, mais vous augmenterez tout de même vos chances de diffusion avec une meilleure qualité.

Un documentaire nécessite des heures de rushes qui doivent ensuite être réduites pour entrer dans le format de durée. Avec la vidéo numérique, le moindre coût de la bande, comparé à celui la pellicule, est une véritable bénédiction pour les cinéastes. Par ailleurs, les caméras, plus légères et donc moins intrusives, facilitent grandement le tournage. Enfin, le dérushage et le montage sont simplifiés.

Outre l'équipement, comme pour tout film, c'est le contenu qui importe. Mais seuls votre approche, votre

LE CHANT DU STYRÈNE

Documentaire de 19 minutes, réalisé par Alain Resnais en 1958.

Un modèle de court-métrage documentaire qui a marqué le cinéma.

Filmé en 35 mm couleur, il s'agit au départ d'une commande de Péchiney à la gloire de ses usines de plastique.

Alain Resnais a réalisé un film hautement poétique sur lequel une voix off (Pierre Dux) lisait un poème en alexandrins de Raymond Quéneau, qui décrit toutes les étapes de la fabrication.

La musique de Pierre Barbaud a été composée avec un minutage précis, car le film était déjà monté et le commentaire enregistré.

Scénario avant tournage ►
L'état d'achèvement du scénario avant le tournage dépend du type de film que vous comptez réaliser. S'il s'agit d'un documentaire sur la vie sauvage ou en milieu naturel, il vous sera difficile de planifier précisément le tournage. Vous devrez alors, comme ici dans ce court-métrage sur un snowboarder, vous contenter d'un scénario qui jettera les grandes lignes et d'une liste de quelques questions pour une éventuelle interview. Vous pourrez rajouter une voix off après le montage pour commenter les images.

Positionnement ▲
Le meilleur emplacement pour tourner un plan est parfois très éloigné du sujet. Les talkies-walkies sont, dans ce cas, un excellent moyen de garder le contact. Les possibilités de tourner à nouveau la prise étant rares, le sujet ne doit donc pas bouger avant que la caméra soit prête.
Vous devrez faire preuve d'une bonne organisation pour ne pas entraver la spontanéité de l'action.

Dans le blanc des cieux *(titre provisoire)*
Benoît Neve : Snowboarder de l'extrême *(sous-titre)*
Durée : *10-15 minutes*

Benoît est réputé pour ses sauts à la verticale sur les flancs abrupts des montagnes recouvertes de poudreuse. En l'absence d'hélicoptère, il faudra choisir avec soin les emplacements où poser la caméra pour bien saisir l'action et obtenir les meilleures images possibles.

Il faut prévoir au moins deux caméras pour chaque saut. Les plans seront difficiles, mais le temps de tournage ne devra pas excéder une semaine. Il faudra aussi au moins un objectif à très longue focale.

Beaucoup de plans de half pipe (filmés en très grand angle).

Benoît est aussi connu pour son sens de la fête et son humour. Une caméra, aussi peu intrusive que possible, même s'il aura tendance à jouer un peu, devra le suivre quand il ne surfe pas. Il faut aussi le filmer dans les moments de repos. Ne filmer aucune séquence pouvant engendrer des poursuites judiciaires, parce que de toute façon, elles seront inutilisables.

Quelques idées de questions pour l'interview

- Quelles sont vos motivations ?
- Est-ce la peur des éléments qui vous donne le frisson ?
- Faites-vous un repérage des lieux avant de vous lancer, ou bien y allez-vous sans savoir, en espérant que tout se passera bien ?
- Quelles mesures de précaution prenez-vous ?
- Certaines personnes observent une longue préparation physique et mentale avant une piste difficile. Vous paraissez très détendu. Quel est votre secret ?
- Les surfers de grosses vagues parlent toujours de leur crainte et de leur respect de l'océan. Avez-vous le même sentiment envers la montagne ?
- Quelle est la blessure la plus grave que vous vous soyez faite en snowboard ?
- La plupart des gens se spécialisent dans un style, tandis que vous êtes réputé pour toutes vos figures. Laquelle préférez-vous ?
- Vous n'êtes pas entré dans le circuit professionnel alors que vous pourriez surpasser bien des concurrents. Pourquoi ne faites-vous pas de compétition ?

regard et votre manière de présenter le sujet lui donneront une âme. Même si le tournage dans un environnement réel laisse une part à l'imprévu, vous devez poser les bases de votre concept avant de vous lancer dans l'aventure. Des changements pourront intervenir pendant ou après le tournage, mais sans un canevas établi, vous n'arriverez pas à un bon résultat.

QUELQUES EXEMPLES DE SUJETS

Pour un premier documentaire, limitez vos ambitions. Choisissez un sujet parmi vos passions. Il peut traiter d'un sport extrême, de musique, de trains ou de cuisine. Quel qu'il soit, votre enthousiasme et votre habileté à le filmer sous un jour nouveau doivent lui conférer sa force.

Par exemple, si vous aimez la BD et que vous connaissez un dessinateur, pourquoi ne pas filmer toutes les étapes de la création d'une page : idée de départ, croquis préliminaires, mise en page, crayonnés, encrage, colorisation ? Montrez le studio, tournez chaque stade sous les angles les plus variés, avec des gros plans des mains, du visage, des yeux. Cadrez par-dessus l'épaule, des plans d'ensemble, des plans moyens. Interviewez l'artiste, filmez-le occupé à autre chose qu'au dessin. La bande ne coûte pas cher et vous ne pourrez sans doute pas revenir tourner, car même si vous pouvez monter des inserts, notamment pour l'interview, il vous sera difficile, pour des questions de raccords, de filmer la création des dessins une seconde fois.

Le montage réclame une approche légèrement différente de celle des films narratifs, car des plans plus courts peuvent être utilisés sans gêner le déroulement du sujet. Il vous sera donc plus facile de caler l'image avec la bande sonore, voire de créer une bande originale spécialement pour le film. Comme lors de tout montage, vous devrez imprimer un rythme en rapport avec le sujet filmé.

Parmi ce type de documentaires, un genre peut s'avérer très intéressant pour un cinéaste débutant : le making-of de long-métrage, destiné aux bonus de DVD. Non seulement, vous réaliserez votre propre film, mais vous enrichirez votre formation en observant le tournage d'un long-métrage. Si vous avez un bon contact avec un metteur en scène, demandez-lui de filmer son prochain tournage : mettez en avant que ce sera pour vous une expérience très enrichissante et proposez-lui de tenir le résultat à sa disposition, sans toutefois trop vous engager sur la qualité, notamment s'il s'agit de votre toute première expérience.

Talents multiples ◀
Pour filmer un sport d'action, le caméraman doit pouvoir suivre les mouvements, garder le point et faire des tilts et des panoramiques tout en conservant une position confortable. Un bon trépied et une grande aisance avec le matériel sont donc indispensables.

Toujours plus proche ▲
Le documentaire implique immanquablement que la caméra s'approche du cœur de l'action. Pour cela, les objectifs grands-angles comptent autant que l'expérience et la connaissance du sujet, surtout s'il présente des dangers.

À CONSULTER

www.fidmarseille.org : Festival international de films documentaires de Marseille.

www.lussasdoc.com : États généraux du film documentaire, *Lussas*.

www.docencourts.com : Site du festival du court-métrage documentaire de Lyon

www.odyssee.com : Chaîne thématique documentaire.

www.addoc.net : Association des cinéastes documentaristes.

Discovery Channel diffuse d'excellents documentaires courts pour compléter sa grille de programmes.

Vidéo-clip

LE VIDÉO-CLIP EST UN MOYEN RÊVÉ POUR UN CINÉASTE DE FAIRE SES GAMMES, CAR IL N'A POUR AINSI DIRE PAS DE RÈGLE. ET LES GROUPES MUSICAUX EN MAL DE CLIPS POUR PROMOUVOIR LEURS CHANSONS NE SONT PAS DIFFICILES À DÉNICHER.

- Trouver un sujet
- Vendre les artistes
- Quel support ?

MISSION

OBJECTIF :
- ✗ Produire un clip de trois minutes et demie en un jour, avec un petit budget.

ÉQUIPE :
- ✗ Réalisateur
- ✗ Directeur photo
- ✗ Assistant réalisateur
- ✗ Assistant opérateur
- ✗ Électricien
- ✗ Maquilleur
- ✗ Stagiaire

MATÉRIEL :
- ✗ Caméra Super 16 mm
- ✗ Éclairage

DÉCORS :
- ✗ Intérieur et extérieur

AIDES DIVERSES :
- ✗ Autant que possible

L'éventail des budgets va d'un extrême à l'autre ; d'un côté, certains clips demandent des sommes plus importantes que pour un long-métrage, de l'autre, où vous vous situerez sans doute, se trouvent les tournages sans pratiquement aucun moyen.

Le clip offre une grande liberté de créativité, ce qui explique qu'il existe autant de cinéastes à la recherche de musiciens que de musiciens à la recherche de cinéastes. Si vous désirez entrer dans ce marché, une petite étude préalable ne sera pas dénuée d'intérêt. Le mieux est de commencer par vous-même. Quel type de musique appréciez-vous ? Quel genre de film souhaitez-vous réaliser ? Les deux sont-ils compatibles ?

CHOISIR UN ARTISTE

Assistez à des concerts d'artistes locaux. Discutez avec eux ou avec leur manager pour connaître leurs ambitions et leurs perspectives. Faites-leur savoir que vous souhaiteriez tourner un clip, mais ne vous précipitez pas pour offrir vos services. Choisissez un groupe ou un artiste dont la musique et la personnalité vous inspirent et vous plaisent.

S'ils ont un contrat d'enregistrement ou s'ils sont en passe d'en avoir un, le clip est une étape obligée. Car une maison de disques ne signe généralement que pour un ensemble complet, à savoir des maquettes de chansons achevées ou un album, et au moins un clip. Bien des musiciens ignorent que le financement de leur clip n'est pas assuré par leur maison de disques, mais par les avances qu'ils reçoivent sur leurs droits. Expliquez-le aux artistes et présentez-leur un programme soigneusement budgété, vous gagnerez immédiatement leur confiance. Si vous acceptez un paiement différé et si vous menez correctement les négociations,

Maquillage de star ▲
Le maquilleur est souvent oublié sur les tournages de clips. Il est pourtant un membre essentiel de l'équipe, notamment pour le travail avec une artiste féminine en gros plan.

Créer l'atmosphère ▲
Une machine à fumée recrée ici l'atmosphère d'un cabaret.

Répétitions ▲
Le directeur photo et son assistant travaillent à la mise au point d'un gros plan à l'aide d'une longue focale. L'artiste chante en suivant un enregistrement pour assurer la synchronisation en post-production, mais aucun son direct n'est enregistré sur le plateau.

l'affaire peut être intéressante. À vous, ensuite, de réaliser de bons produits.

Vous devrez discuter avec le groupe du contenu du clip. Si vous les abordez avec un concept original, plutôt que d'attendre qu'ils vous proposent leur idée, votre plaisir en sera accru. Ce film est d'une importance majeure pour vous. Il figurera sur votre bande démo et votre prochain travail pourrait bien en dépendre.

SUJET ET MATÉRIEL

L'approche la plus sûre consiste à créer une histoire autour des paroles ou de l'atmosphère de la chanson. Évitez ce qui paraît exagérément recherché ou trop conceptuel. Les apparitions des membres du groupe ou de l'artiste sont indispensables, puisqu'il s'agit de les vendre autant que la chanson, mais évitez les clips trop focalisés sur eux, car ils deviennent lassants au fil des diffusions, même si les maisons de disques adorent ce style pour présenter de nouveaux musiciens. Toutefois, le tournage de ce type de clips est rapide et simple, et tout se joue autour de l'image et du marketing d'un artiste.

L'avènement du DVD musical a ouvert tout un champ de possibles aux réalisateurs de clips. Avant, ils n'accompagnaient que les morceaux diffusés. À présent, l'album entier fait l'objet d'un habillage visuel. Par ailleurs, pratiquement tous les clips étant destinés à des diffusions sur petit écran, il n'est nul besoin d'avoir recours au 35 mm. En pellicule, le 16 mm et le Super-16 sont largement suffisants. Le Super-8 même est envisageable. La plupart des caméras DV semi-pro et pro conviennent à merveille, bien que les nouvelles caméras HDV soient encore mieux. Pour un petit budget, la DV est l'unique option. Avec l'éclairage et le caméraman adéquats, vous atteindrez sûrement l'objectif que vous vous étiez fixé.

Essayez de réaliser un clip qui ne vieillira pas aussi vite que la musique. Évitez les effets trop criards. Le spectateur lambda pourra être impressionné, mais un professionnel averti reconnaîtra d'emblée le nouveau plug-in de tel ou tel logiciel. Des scènes en animation traditionnelle peuvent offrir un potentiel plus riche.

Quelles que soient les images que vous comptez tourner, elles doivent coller à la musique. Non seulement en termes de narration, mais aussi de cadence. Le rythme, souvent lié au montage, est d'autant plus important dans un clip.

Quoi que vous réalisiez, soyez original tout en restant fidèle à la musique et ne vous laissez pas déposséder du projet.

LISTE DES PLANS

Sur les genoux

Décor: Cabaret

(Tous les plans durent la longueur de la chanson chantée devant la caméra)

Plan 1: PE sur fond de rideau rouge

Plan 2: PM sur fond de rideau rouge

Plan 3: GP sur fond de rideau rouge

Plan 4: GP mobile autour de l'angle du mur de briques (caméra épaule).

Décor: Cage d'escaliers (second couplet et refrain uniquement)

Plan 5: PM de la montée des marches en direction de la caméra

Plan 6: PM de la montée des marches en s'éloignant de la caméra

Décor: Toit qui surplombe la ville

Plan 7: PM pendant toute la chanson, de la ville en panoramique

Plan 8: GP (refrain et couplet final uniquement)

Mieux vaut deux fois qu'une ◀
Une bonne équipe est inestimable lors d'un tournage et plus encore quand on tourne sur pellicule. Les bobines étant la dépense principale, un opérateur expérimenté s'assurera que tout se passe bien. Ici, les assistants opérateurs vérifient une deuxième fois l'équipement avant le tournage.

Caprices météo ◀
La pluie et le vent ont retardé le tournage sur ce toit-terrasse surplombant la ville. Il a fallu quand même tourner à cause des contraintes de planning liées à l'emprunt du matériel et à l'équipe de bénévoles.

Et encore des répétitions ◀
La plupart des musiciens sont à l'aise face à un public ou une caméra. Pour un clip, ils auront besoin de peu d'indications de jeu, mais les répétitions sont essentielles avant de tourner vraiment.

À CONSULTER

MTV, MCM et toutes les chaînes musicales

Directors Label DVD series de Palm Pictures: Ce coffret DVD en anglais présente les réalisations des maîtres du clip de la dernière décennie

www.shootingpeople.org: site, en anglais, d'une communauté de réalisateurs sur Internet.

www.net4image.com: Groupe de discussion et témoignages sur le tournage de clips.

www.mvwire.com ce site, en anglais, est une mine d'informations, d'interviews, de nouveautés et d'astuces concernant l'industrie du vidéo-clip.

48 heures pour un film

IL EST TRÈS DIFFICILE POUR UN JEUNE CINÉASTE DE FAIRE SON PREMIER FILM. VOUS DEVREZ FAIRE FACE À DE NOMBREUX OBSTACLES : TROUVER UN SCÉNARIO, DU MATÉRIEL, DES IDÉES, UNE ÉQUIPE, OU TOUT SIMPLEMENT DU TEMPS... POUR INCITER LES RÉALISATEURS DÉBUTANTS À SE LANCER, UNE INITIATIVE INTÉRESSANTE A VU LE JOUR ; IL S'AGIT D'UNE COMPÉTITION OUVERTE À TOUS, QUI S'INTITULE « FAIRE UN FILM EN 48 HEURES ».

- Relever un défi
- Travailler en équipe
- Planifier le temps

MISSION

OBJECTIF :
- ✗ Produire un film de cinq minutes en vidéo numérique en l'espace de 48 heures, sans connaître le genre ni le titre avant le début de la compétition.

ÉQUIPE :
- ✗ Réalisateur
- ✗ Cadreur
- ✗ Preneur de son
- ✗ Maquilleur

MATÉRIEL :
- ✗ Caméra numérique
- ✗ Micro
- ✗ Pied de caméra
- ✗ Accessoires

Comme c'est souvent le cas au sujet des bonnes idées, peu de personnes s'accordent sur le pays initiateur, car plusieurs versions de cette compétition sont apparues simultanément aux États-Unis, au Canada et au Royaume-Uni, avant de se propager dans le monde entier.

Les principes varient quelque peu d'un pays à l'autre, mais la base est la même : il s'agit de tourner un court-métrage de cinq minutes sur miniDV, dans un délai de 48 heures. Le challenge ne s'arrête pas là : le film ne peut en aucun cas être préparé à l'avance, car le titre et le genre ne sont donnés qu'au début de la compétition. Dans sa version la plus simple, les concurrents tirent au sort un genre et un titre dont ils doivent ensuite faire un film. Pour compliquer les choses, ou prévenir toute tricherie, certaines contraintes peuvent être ajoutées, comme imposer un objet particulier, un décor ou une ligne de dialogue. Une autre variante consiste à demander à chaque équipe de composer un ensemble contenant un son, une image, une idée de décor et un accessoire ; tous les papiers sont ensuite mélangés et tirés au sort par tous les groupes participants. D'autres contraintes peuvent être liées au nombre d'acteurs ou de membres de l'équipe, à la durée du film, etc.

À VOS MARQUES...

Il n'existe aucun moyen de préparer de façon sûre un tel projet, tant les paramètres varient d'une compétition à l'autre. Cependant, vous pouvez définir à l'avance quelques règles au sein de votre équipe, qui vous feront gagner un temps précieux sur le tournage.

Répétitions ►
Le genre est « film de guerre » et le titre est *Foutu*. L'équipe choisit, en raison des moyens limités, de baser l'histoire sur des jeux d'enfants qui font l'école buissonnière. Pour faciliter le montage, il est également décidé que le court-métrage ne contient pas de dialogues, ou qu'ils seront ajoutés en post-production si nécessaire, avec la musique et les effets sonores.
Ici, le réalisateur fait répéter la scène aux comédiens tandis qu'il décide de l'angle et du cadre.

La réalisation de A à Z d'un court-métrage en 48 heures est une expérience intense. Les conflits d'idées et le manque de sommeil peuvent aboutir à des situations explosives, il est donc important de définir clairement un leader (pas forcément le réalisateur). Deux manières sont envisageables pour recruter l'équipe. L'une consiste à faire appel à des professionnels ou des personnes expérimentées qui ne se connaissent pas. Ce peut être un réel handicap, car un groupe dont les membres n'ont jamais travaillé ensemble peut ne pas fonctionner ou ne trouver ses repères que trop tardivement. De plus, des professionnels risquent de se limiter à leur rôle technique et ils n'auront par ailleurs pas forcément la motivation nécessaire pour une telle expérience. Enfin, vous aurez du mal à rassembler et à convaincre une telle équipe, surtout pour un débutant.
Une autre solution consiste à vous entourer de vos collaborateurs et amis les plus fidèles et d'envisager cette compétition comme un jeu, un défi que vous vous lancez par plaisir. C'est peut-être la meilleure approche, car si vous n'avez pas en tête de gagner à tout prix, vous réaliserez probablement un film intéressant. En

Foutu

Int – Jour: Pavillon de banlieue
ALEX est prêt pour l'école. Son sac sur le dos, on le voit passer la porte d'entrée. Sa MÈRE arrive au bas de l'escalier, elle l'interpelle quand elle aperçoit son classeur d'anglais sur le sol, devant la porte qui se ferme. Elle le ramasse et ouvre la porte.

Ext – Jour: Rue de banlieue
La mère d'Alex l'appelle en haut de la rue pour lui rendre son classeur. Alex la rejoint en courant, embrasse sa mère et redescend la rue au pas de course, puis disparaît à l'angle.

Ext – Jour: Une autre rue de banlieue
Alex cache soigneusement le classeur sous un buisson et continue sa route.

Ext – Jour: Devant le portail de l'école
Alex passe en courant devant le portail de l'école jusqu'à l'endroit où l'attend son ami David.

Ext – Jour: Parc planté d'arbres
Les garçons tirent de leurs sacs vestes de camouflage, cagoules et fausses armes. Ils passent de l'uniforme d'écolier à celui de militaire. David compte tout bas contre un arbre tandis qu'Alex court dans les bois. David se lance à sa poursuite. Ils jouent à se pourchasser jusqu'à ce que l'un d'entre eux soit finalement « tué ».

Ext – Jour: Pavillon de banlieue
Alex arrive chez lui. Sa mère est en train de sortir les poubelles. Malgré la fatigue, il salue sa mère avec enthousiasme. Tandis qu'il passe la porte, sa mère ôte instinctivement quelque chose des cheveux de son fils. Elle y jette un œil, puis y regarde à deux fois alors qu'Alex entre dans la maison.

Fondu
Générique

Bouillon d'idées ◀
Les actions sont généralement improvisées, mais pour que le réalisateur puisse anticiper les mouvements de caméra, il discute avec les jeunes acteurs de leurs idées.

Une page, un scénario ▲
L'action de cette intrigue simple est expliquée en une seule page de scénario.

tant que leader, vous déciderez sans doute d'endosser de nombreux rôles techniques et artistiques (mise en scène, cadre, montage) et vous laisserez le reste à vos amis (jouer, tenir la perche ou faire le café).
Quelles que soient les conditions, la marche à suivre est identique à celle de tout autre court-métrage, mais en l'espace d'un week-end. La phase de pré-production est la plus longue. Imaginer une histoire adaptée au genre, au titre, aux accessoires, etc. vous demandera beaucoup de réflexion et de temps. N'oubliez pas toutefois de rester ouvert aux idées des autres. Tenez compte pour concevoir le scénario des acteurs, des décors et des accessoires dont vous disposez, à plus forte raison s'ils sont imposés par les organisateurs.

PRÊT ? PARTEZ !

Dès que l'histoire est en place, commencez à tourner. Vous n'aurez pas le temps de répéter, alors filmez directement, dans l'idéal avec deux caméras. Tenez une liste précise des plans (réussis ou non) de manière à faciliter leur recherche au montage. Plus vous tournez, plus vous aurez de choix. Filmez donc tous les plans nécessaires, mais sans perdre de temps à les peaufiner, car il vous faudra au moins 12 heures pour le montage et la bande-son. Comptez aussi du temps pour les imprévus, comme les pannes de matériel.

MONTEZ LE SON

Préparez aussi rapidement que possible un premier montage afin de donner à votre compositeur le temps de créer la bande originale. Les musiciens ont généralement sous le coude des morceaux adaptables, surtout quand ils sont enregistrés en numérique. Une fois le montage final des images effectué, calez la bande son.
Après avoir monté le film, mixé et synchronisé le son, il ne reste plus qu'à l'éditer sur le support requis et à le remettre au comité organisateur de la compétition. Réaliser un film en 48 heures est certainement une expérience qui transformera votre approche du cinéma. Le stress d'une équipe pour un plan de 20 secondes qui doit être tourné coûte que coûte risque de vous marquer pour longtemps. Si aucune compétition de la sorte ne se déroule près de chez vous, organisez-la vous-même avec des amis.

Prêt ou non ◀
Plusieurs plans dans le parc sont tournés caméra à l'épaule, pour recréer l'atmosphère d'un reportage de guerre, notamment quand les enfants se poursuivent dans les bois.

Organisation sacrée ◀
Avec les contraintes du film en 48 heures, une liste détaillée de chaque plan allège le travail du monteur. Il gagnera un temps précieux s'il connaît exactement les plans tournés, leur position, leur qualité… Autant de minutes qui pourront être utilisées pour affiner le montage et réduire le film à sa durée imposée.

Scène finale ◀
La scène finale est tournée à la fin du premier jour, après les plans dans le parc. Les scènes du début seront tournées le lendemain matin, pour profiter de la lumière adéquate. Le monteur aura déjà commencé à assembler les plans, en attendant la suite pour finaliser le montage.

GENRES

Les genres peuvent être combinés, par exemple un thriller-romantico-comique.

- Comédie
- Western
- Romance
- Horreur
- Parodie
- Action/ Aventure
- Comédie musicale
- Suspens
- Policier
- Fantastique
- Humour noir
- Documentaire
- Comédie dramatique
- Superhéros
- Espionnage
- Film de copains
- Art et essai
- Sience-fiction
- Arts martiaux/ Kung-fu

TITRES

Choisissez un titre au hasard parmi les propositions suivantes.

- Projection
- À volonté
- Garde le cap
- Conversion
- Cool à mort
- Après-midi de chien
- Cherche emploi
- Pensée originale
- Interférence
- Peine capitale
- Intercepté
- Vol de nuit
- Voir c'est croire
- Réservé au personnel
- Lettre mortelle
- Ligue de justice
- Dormir debout
- La Cure
- Clan Destin
- Crise
- Panique
- Qu'est-ce que je fais là ?
- Réservation
- Conditions de retour

Générateur d'idées ◀
Vous voulez organiser votre propre compétition? Voici quelques genres et titres parmi lesquels choisir.

À CONSULTER

www.48hourfilm.com: Le site officiel des challenges présente toutes les éditions recensées à travers le monde.

www.48hourfilm.com/paris: La première édition française du challenge « 48 heures pour faire un film » a eu lieu en octobre 2005.

www.seventhsanctum.com: Un site en anglais qui regorge d'idées et de titres à exploiter.

www.reelfastfilms.com: Le challenge de Vancouver est un des plus anciens et des plus renommés. Le site, en anglais uniquement, fournit de nombreuses idées.

Super-8

BIEN QUE LE SUPER-8 AIT PERDU DU TERRAIN FACE À LA DV (COMMENT SOUTENIR LA CONCURRENCE FACE AU PRIX ET À LA FACILITÉ DE MONTAGE ?), SES AFICIONADOS SONT PLUS QUE JAMAIS ACTIFS. DE NOMBREUX FESTIVALS DE COURTS-MÉTRAGES LUI SONT RÉSERVÉS, COMME STRAIGHT 8 (WWW.STRAIGHT8.NET).

- Straight 8 et le « Tourné Monté »
- Planifier et minuter
- Ajouter le son

MISSION

OBJECTIF :
- ✗ Produire un film en Super-8 en une seule bobine, sans aucun montage, et créer une bande son sans avoir vu le film.

ÉQUIPE :
- ✗ Réalisateur
- ✗ Cadreur
- ✗ Story-boarder
- ✗ Scripte
- ✗ Compositeur, ingénieur du son

MATÉRIEL :
- ✗ Caméra Super-8
- ✗ Pied de camera support (si nécessaire)

Lancé par deux réalisateurs londoniens, le principe de Straight seule bobine de Super-8 numérotée. Rien de plus simple. Là où les choses se corsent, c'est que vous devez tourner votre film, sur le sujet de votre choix (dans les limites de la décence et de la légalité) et renvoyer la cartouche aux organisateurs pour le développement. Vous pouvez joindre une bande originale sur CD. Vous ne verrez votre film pour la première fois que lorsqu'il sera projeté, également pour la première fois, en public, par exemple lors d'un festival comme celui organisé en marge de Cannes.

RÉPÉTER ET CHRONOMÉTRER

Pour tourner un film de trois minutes en une prise, sans montage et, de surcroît, avec une bande originale, il n'y a qu'un moyen de procéder: préparez un plan de tournage à la seconde près, prévoyez des répétitions et un chronomètre.
Comme pour tout film, il vous faut une idée de départ, qui sera ensuite scénarisée. Puis, un story-board précis s'impose que vous tourniez avec des acteurs ou en animation. Si les story-boards sont si utilisés en animation, c'est que chaque image représente toute une entreprise à elle seule et qu'il faut éviter tout gâchis. La plupart des caméras Super-8 proposent l'option « single-frame », qui autorise un tournage image par image.
Il vous faudra chronométrer chaque plan précisément, car vous devrez composer avec une cartouche qui ne compte que 15,2 mètres de pellicule. Ce qui revient à 3 minutes 20 secondes à 18 i/s et à 2 minutes 30 secondes à 24 i/s. Et il est bien sûr hors de question que la fin du film manque en raison d'une pénurie de bobine.
Si chaque seconde compte, il est également nécessaire que chaque plan soit fixé dès la première prise. Répétez jusqu'à la perfection avant de tourner. Pour les répétitions tech-

Café frappé! Story-board ◀
Un story-board précis est fondamental pour ce type de film où la seconde chance n'existe pas.

Liste des plans ▶
Une liste des plans précisément minutés est capitale. Mieux vaut tourner moins de temps que trop. Le minutage est ici pour 24 i/s. (Reportez-vous page 67, pour les abréviations concernant les plans.)

Plan 1 : GP sur le policier. On recule jusqu'au PA.	5 s.
Plan 2 : PA du policier avec son café et son gâteau, il regarde passer la femme.	6 s.
Plan 3 : PM panoramique du point de vue de la femme.	8 s.
Plan 4 : GP statique du policier, l a moto s'approche à l'arrière-plan, un homme en PM sort d'un taxi.	17 s.
Plan 5 : PM du motard qui passe et arrache la valise.	5 s.
Plan 6 : PM de la moto qui passe à côté du policier et manque de le renverser.	6 s.
Plan 7 : PL du policier qui se précipite à sa voiture et monte dedans, la moto à l'arrière-plan.	10 s.
Plans! à 11 : PL du motard qui court et escalade le grillage tandis qu'arrive la voiture de police.	25 s.

niques, utilisez une caméra vidéo pour tester divers mouvements. Vous aurez un retour immédiat de l'image et une idée de la durée. Au moment du tournage sur pellicule, filmez simultanément avec une cassette DV neuve. Si vous parvenez à fixer les caméras ensemble sans qu'elles interfèrent entre elles, vous aurez une réplique vidéo quasi exacte de votre film Super-8, ce qui facilitera grandement le travail pour la bande sonore.

Les films Super-8 étant muets, et les festivals n'acceptant pas le son synchrone, il est donc inutile d'enregistrer les dialogues. Notez-le sur le scénario afin que toute l'équipe en soit consciente. S'il vous faut impérativement des dialogues, intégrez-les hors champ pour éviter d'avoir à les synchroniser parfaitement. La version vidéo du film vous aidera pour leur ajout et leur calage, ainsi que pour ceux de la musique et des effets sonores.

Si votre expérience se borne à la DV et que vous souhaitez néanmoins participer à un festival « Tourné Monté », faites quelques essais avec des Kodachromes.

À CONSULTER

www.cine-super8.net: Ce site dédié au Super-8 centralise les festivals « Tourné Monté ».

Diaporama

La cinématographie, comme l'indique son étymologie, est l'art de raconter une histoire avec des images en mouvement. Mais les technologies numériques permettent aujourd'hui de créer très facilement un film à partir d'images fixes. Alors pourquoi ne pas explorer cet autre mode d'expression ?

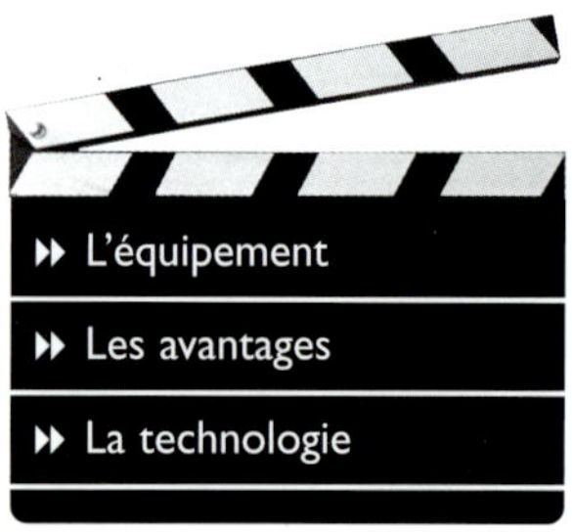

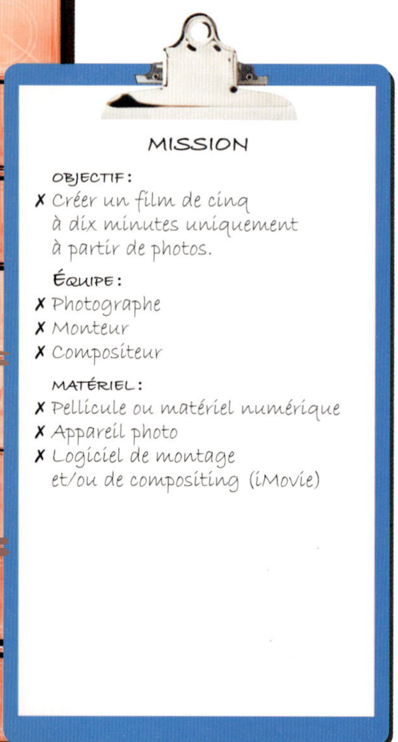

La bande dessinée, ou « l'art séquentiel » pour reprendre la célèbre formule de Will Eisner, consiste en une série d'images fixes qui créent une histoire et dont le rythme est imprimé par la composition, la disposition des vignettes sur la page et les poses dynamiques. Le roman-photo a repris ce principe et la projection d'images statiques sur un écran (diaporama) relève du même concept.

Comme pour tout autre court-métrage, le story-board réalisé à partir du scénario sera le point de départ. Il servira en quelque sorte de patron au film, les photos venant se substituer aux vignettes.

MATÉRIEL

Un avantage du diaporama est que l'équipement n'est plus un souci. Certes, la qualité de l'objectif est déterminante, mais on trouve des appareils à visée reflex d'occasion à bas prix (les objectifs Olympus, Canon, Nikon et Pentax sont excellents). La pellicule, comme la numérisation, est bon marché. Par ailleurs, les nouveaux appareils photo numériques, qui offrent une excellente résolution, n'engendrent aucun frais de pellicule ni de développement. Certains proposent même le format vidéo HD 16/9, si bien qu'il permet de réaliser un mini-film en HD pour un prix défiant toute concurrence. Sa carte mémoire de 512 Mo peut contenir plus de 450 images HDV, ce qui devrait être suffisant pour un diaporama.

TOURNAGE ET MONTAGE SIMPLIFIÉS

Le tournage n'est pas soumis aux contraintes habituelles d'un film : aucun risque de multiplier les prises parce qu'un acteur oublie son texte, aucun mouvement de caméra à calculer, aucun son à enregistrer… En fonction de l'histoire, arrangez-vous pour que la composition ne soit pas trop figée, puisque l'image l'est déjà. Vous pouvez prendre les clichés pendant que les acteurs jouent, afin de renforcer le réalisme, et éventuellement leur demander de refaire une pose qui vous a plu sans avoir à tourner toute la scène à nouveau.

Une fois que toutes les photos sont prises (prenez-en beaucoup), vous pouvez commencer à les monter. Si vous employez un appareil numérique et un ordinateur Macintosh, vous aurez avec iLife, livré en standard, tous les logiciels nécessaires (iPhoto, iMovie, GarageBand et iDVD) pour assembler le film. Pour les utilisateurs de Windows, il existe Adobe Video Collection ou d'autres logiciels meilleur marché. Pour cette réalisation, nous avons utilisé iLife.

Importez les images dans iPhoto, et placez les meilleures dans un album séparé pour faciliter leur recherche. La photothèque de iPhoto est consultable dans iMovie et vous n'avez qu'à les faire glisser sur la timeline pour les intégrer au film. L'effet Ken Burns (du nom du documentariste) permet d'intégrer des mouvements (panoramique et zoom). Chaque plan, comme chaque cut et chaque transition, est facilement chronométrable. Pour ôter l'aspect trop lisse de l'image numérique et lui donner un air de photo sur pellicule, vous pouvez ajouter des effets de poussières et de rayures (sans en abuser). GarageBand vous aidera à créer la bande-son, en vous offrant même la possibilité d'ajouter une voix off. Après avoir monté l'ensemble, il ne vous reste plus qu'à graver votre film sur DVD pour le montrer.

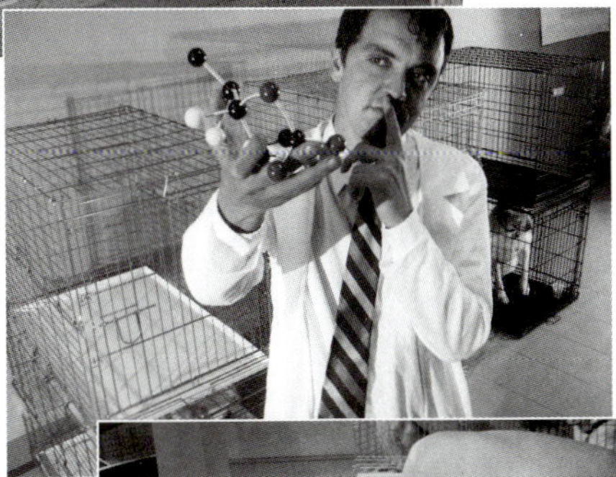

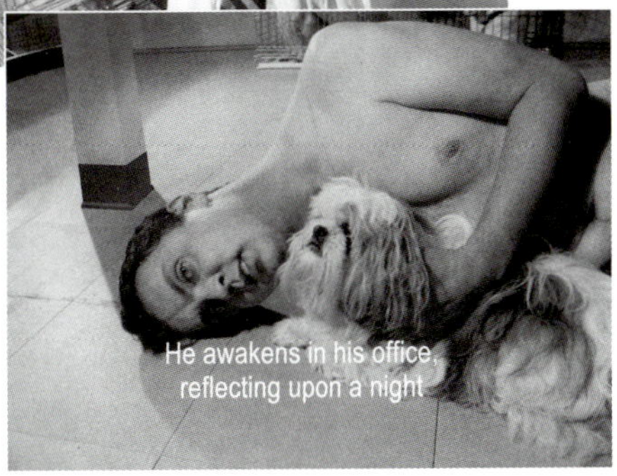

La Vie d'un chien ◄
Le court-métrage La Vie d'un chien, de John Harden, qui a reçu de nombreux prix, est une série de clichés en noir et blanc avec une narration en français (on voit ici les sous-titres anglais). Ce film est un hommage au film de Chris Marker, *La Jetée*, réalisé dans les années 1960 (allez voir www.johnfilms.com).

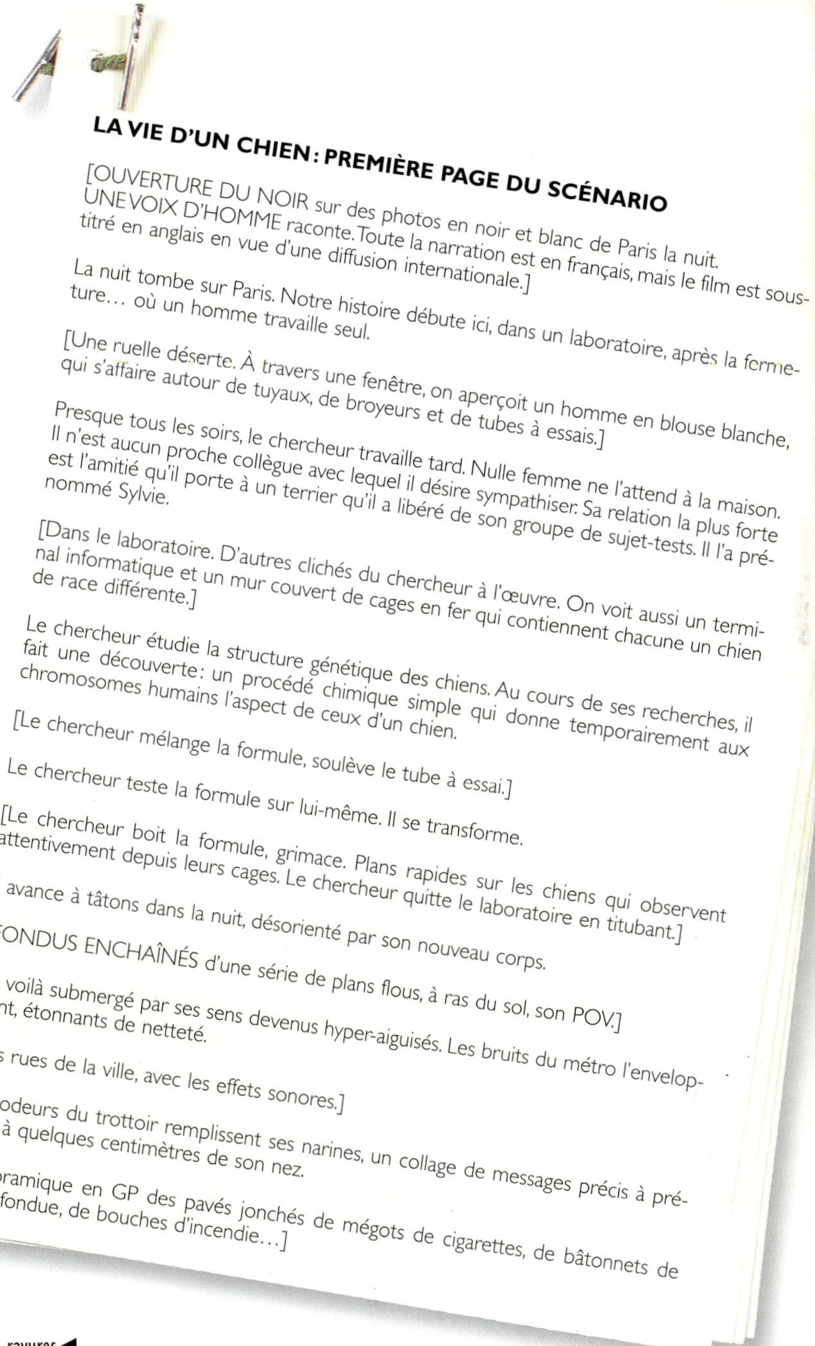

LA VIE D'UN CHIEN : PREMIÈRE PAGE DU SCÉNARIO

[OUVERTURE DU NOIR sur des photos en noir et blanc de Paris la nuit. UNE VOIX D'HOMME raconte. Toute la narration est en français, mais le film est sous-titré en anglais en vue d'une diffusion internationale.]

La nuit tombe sur Paris. Notre histoire débute ici, dans un laboratoire, après la fermeture… où un homme travaille seul.

[Une ruelle déserte. À travers une fenêtre, on aperçoit un homme en blouse blanche, qui s'affaire autour de tuyaux, de broyeurs et de tubes à essais.]

Presque tous les soirs, le chercheur travaille tard. Nulle femme ne l'attend à la maison. Il n'est aucun proche collègue avec lequel il désire sympathiser. Sa relation la plus forte est l'amitié qu'il porte à un terrier qu'il a libéré de son groupe de sujet-tests. Il l'a prénommé Sylvie.

[Dans le laboratoire. D'autres clichés du chercheur à l'œuvre. On voit aussi un terminal informatique et un mur couvert de cages en fer qui contiennent chacune un chien de race différente.]

Le chercheur étudie la structure génétique des chiens. Au cours de ses recherches, il fait une découverte : un procédé chimique simple qui donne temporairement aux chromosomes humains l'aspect de ceux d'un chien.

[Le chercheur mélange la formule, soulève le tube à essai.]

Le chercheur teste la formule sur lui-même. Il se transforme.

[Le chercheur boit la formule, grimace. Plans rapides sur les chiens qui observent attentivement depuis leurs cages. Le chercheur quitte le laboratoire en titubant.]

Il avance à tâtons dans la nuit, désorienté par son nouveau corps.

[FONDUS ENCHAÎNÉS d'une série de plans flous, à ras du sol, son POV.]

Le voilà submergé par ses sens devenus hyper-aiguisés. Les bruits du métro l'enveloppent, étonnants de netteté.

[Les rues de la ville, avec les effets sonores.]

Les odeurs du trottoir remplissent ses narines, un collage de messages précis à présent à quelques centimètres de son nez.

[Panoramique en GP des pavés jonchés de mégots de cigarettes, de bâtonnets de glace fondue, de bouches d'incendie…]

Les logiciels professionnels tels que Adobe After Effects ou Final Cut, chez Apple, offrent certes plus de maîtrise, mais leur apprentissage est bien plus long que pour iMovie.

Quel que soit le logiciel, pensez au rythme de l'histoire et du montage, et à la crédibilité des dialogues et de la voix off. Regardez *La Jetée* de Chris Marker (1962) – qui inspira *L'Armée des douze singes*, de Terry Gilliam (1995), une référence du genre.

Poussière et rayures ◄
Parmi les nombreux filtres, certains donnent à l'image l'aspect rayé et poussiéreux des vieux films.

Animation 3D

L'ANIMATION 3D EST TRÈS EN VOGUE, ET L'ON VOIT AUJOURD'HUI DES LONGS-MÉTRAGES COMME *SHREK* REMPORTER UN SUCCÈS MONDIAL. SANS VOUS LANCER DANS UNE TELLE ENTREPRISE, VOUS POUVEZ RÉALISER DES COURTS-MÉTRAGES À L'AIDE DE LOGICIELS TELS QUE POSER DE CURIOUS LABS OU DAZ STUDIO. ILS SONT AUSSI D'EXCELLENTS OUTILS DE PRÉVISUALISATION DES FILMS EN PRISE DE VUE RÉELLE.

La création d'images de synthèse 3D semble réservée à quelques passionnés, qui n'ont d'autre vie que celle passée devant leur ordinateur. Ce n'est pas si éloigné de la vérité, surtout quand on pense à la difficulté de concevoir des personnages humains convaincants. Heureusement, les dernières innovations en matière de logiciels et de technologie informatique permettent de réaliser d'excellents courts animés, avec assez peu d'expérience de la 3D.

EXEMPLE D'UN LOGICIEL

Poser a ainsi été conçu, à l'origine, pour offrir aux artistes graphiques travaillant en numérique l'équivalent des mannequins de bois utilisés en dessin. Il s'est développé au point de devenir un outil de création de personnages et d'images 3D à part entière, capable d'animation. Sa popularité a crû au même rythme que son contenu et que sa capacité à s'intégrer à d'autres logiciels 3D, tels que Carrara Studio, Lightwave et le générateur de paysages Bryce. Poser ne suffira jamais à des studios hollywoodiens, mais il convient très bien pour

MISSION

OBJECTIF :
- ✗ Produire un film d'animation de trois minutes avec des personnages dans Poser ou DAZ|Studio.

ÉQUIPE :
- ✗ Animateur

MATÉRIEL :
- ✗ Ordinateur (Macintosh ou PC)
- ✗ Curious Labs Poser ou Daz|Studio
- ✗ Daz|Mimic
- ✗ Personnages, vêtements et accessoires 3D

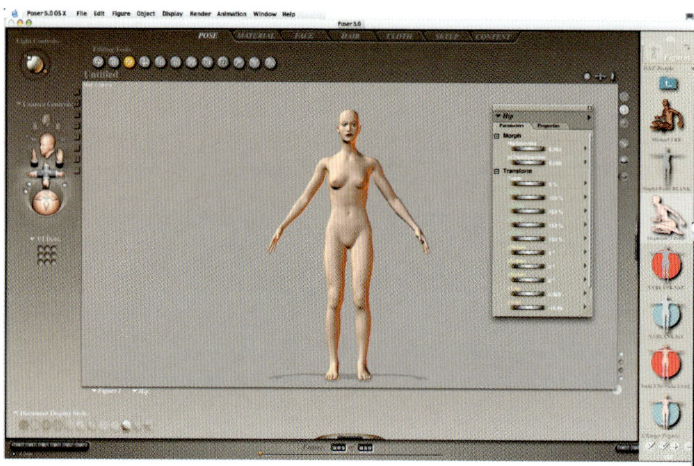

Corps en kit ▲
Commencez par construire le personnage. Cet exemple est basé sur Stephanie 3 de DAZ.

Prêt-à-porter ▼
Choisissez ensuite les costumes appropriés. Tous les vêtements et les accessoires doivent impérativement être associés (« conformed ») au personnage de manière qu'ils suivent le même mouvement.

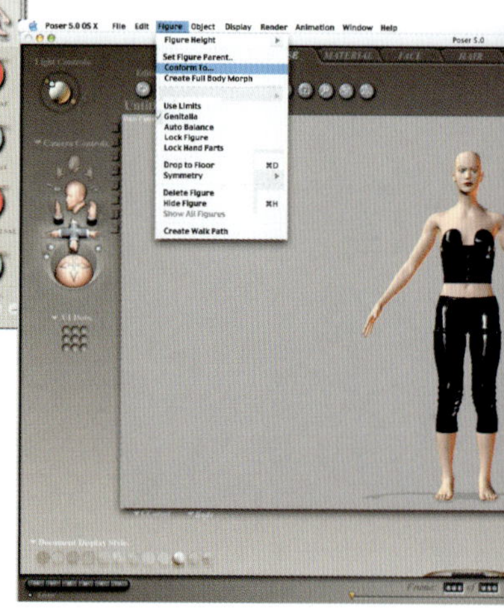

fabriquer des courts-métrages d'animation 3D avec des personnages réalistes. Il exécute aussi d'excellents story-boards et animatics.

La plupart des éléments proposés par Poser appartiennent à des mondes fantastiques et de science-fiction ; il sera donc le plus efficace dans ces domaines-là, à moins de créer vous-même votre propre univers. Bien que les modèles fournis aient une sorte de marque de fabrique, il est facile de les personnaliser et leur donner une identité propre : la quantité de costumes et d'accessoires disponibles permet en effet des combinaisons infinies.

Après avoir choisi vos modèles et leurs vêtements, vous devez vous assurer qu'ils sont associés, de façon qu'ils suivent le même mouvement. Dans Poser, cette étape s'appelle le « conforming ». Les personnages peuvent alors être animés, moyennant un peu de pratique. En effet, lorsqu'on débute, ils ont tendance à se contorsionner dans des positions improbables.

Dans les grands studios d'animation traditionnelle, les images-clés (c'est-à-dire les points extrêmes de l'action) sont dessinées par l'artiste principal, puis celles intermédiaires par son équipe. Poser fonctionne sur le même principe : sélectionnez tout d'abord une pose initiale et une pose finale (les images-clés) et glissez-les dans la timeline. Ensuite, le logiciel se charge à votre place de calculer et de créer automatiquement toutes

AUTRES TYPES DE FILMS D'ANIMATION

Les festivals de courts-métrages accueillent de nombreux films d'animation. Outre avec la 3D, vous pouvez utiliser d'autres techniques, sans pour autant investir dans un matériel important :

- **Découpage et collage** : un scanner et un simple logiciel de montage suffisent.
- **Animation en pâte à modeler** (*Wallace et Gromit*, par exemple) : un simple appareil photo numérique et quelques logiciels courants. Vous pouvez aussi filmer en Super-8 et en DV.
- **Animation et Flash** : conçu à l'origine pour les animations sur le web, ce logiciel très puissant est d'une utilisation simple mais il vaut mieux posséder quelques talents de dessinateur. Essayez également Toon Boom Studio, qui permet de créer de véritables animations, également au format Flash.

Si vous vous lancez dans l'animation, commencez par lire l'un des ouvrages de référence en la matière : *Techniques d'animation*, Richard Williams, Éditions Eyrolles.

À CONSULTER

www.curiouslabs.com : site officiel de Poser.

www.daz3d.com : site officiel des personnages, des accessoires et des vêtements de Poser, DAZ|Studio, DAZ|Mimic et Bryce.

www.eovia.com : site de Carrara Studio, logiciel 3D compatible avec Poser.

www.poserpros.com : des modèles, des vêtements et des accessoires (site en anglais).

wiki.metacites.net/poser : des modèles, des vêtements et des accessoires (site en français).

www.téléchargement.journaldunet.com : pour télécharger la version démo de Poser.

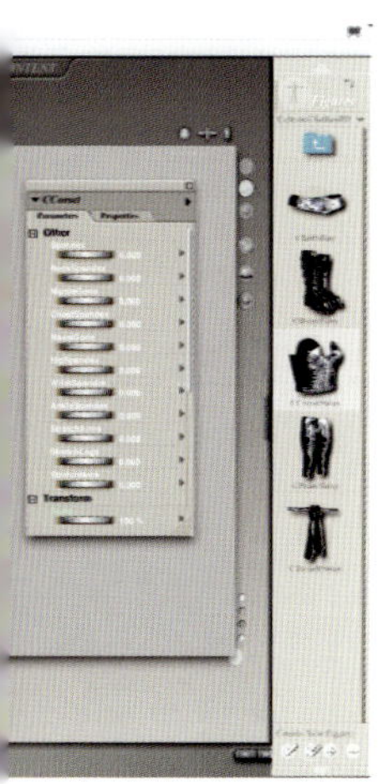

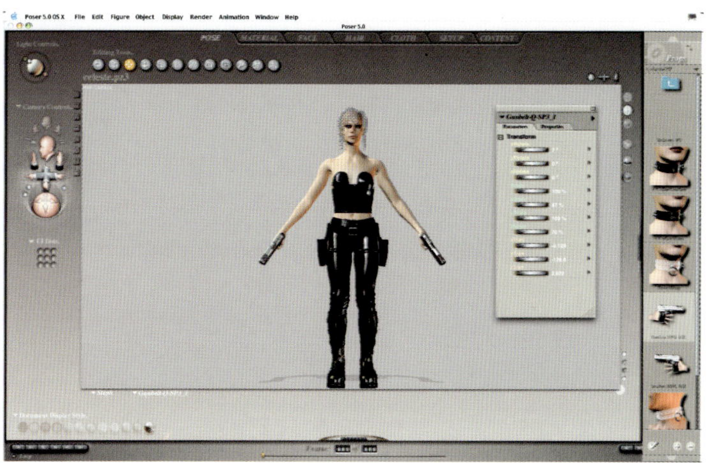

Accessoiriser ▲
Ajoutez la chevelure, le maquillage et les accessoires pour donner vie au personnage.

Planter le décor ▲
Placez les personnages dans le décor (ici, il a été réalisé dans DAZ et importé dans Poser). D'autre logiciels, comme Bryce, Carrara Studio, Vue d'Esprit ou Lightwave, fonctionnent aussi avec Poser.

Lumière ▲
Éclairez convenablement la scène. De nombreux arrangements de lumière prêts à l'emploi sont téléchargeables sur les sites répertoriés.

les images intermédiaires, appelées « intervalles » dans le jargon professionnel. Le grand nombre de poses disponibles sur Internet vous simplifiera la tâche en vous évitant de dessiner vous-même les images-clés. Par ailleurs, vous pouvez aussi animer la caméra, ce qui facilite grandement certains effets, parmi lesquels le fameux « bullet-time », que l'on a malheureusement tendance à voir un peu trop depuis *Matrix*.

Pour créer des dialogues, Poser propose un ensemble de phonèmes basiques (pour la position des lèvres), mais le résultat sera plus aisé et plus réaliste avec DAZ|Mimic, qui utilise des fichiers son et crée les mouvements des lèvres pour tous les personnages de Poser.

Poser offre de nombreuses autres possibilités, parmi lesquelles la création d'un fond vert pour l'intégration des images de synthèse aux prises de vue réelles ou l'importation des personnages dans d'autres logiciels, notamment le générateur de paysages Bryce.

Le calcul du rendu est un processus long. Les animateurs spécialistes de Poser utilisent plutôt Carrara Studio ou Lightwave, car ils produisent des images de meilleure qualité. Cela dit, le rendu de Poser est tout à fait convenable pour une première expérience.

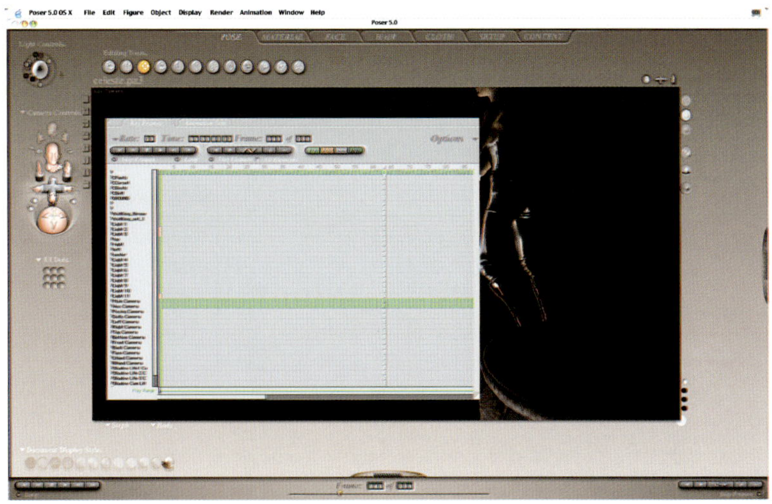

Fignolage ▲
Mettez la touche finale à votre séquence grâce à la palette d'animation (dans le menu Windows).

Action ▲

L'animation du personnage est l'opération la plus complexe, mais la tâche est facilitée grâce aux nombreuses poses prédéfinies. Il vous suffit de placer les images-clés de chaque action (poses extrêmes) pour que Poser calcule automatiquement les poses intermédiaires. Chronométrez le temps nécessaire à l'action et cliquez sur le + dans l'angle en bas à droite.

Changement de point de vue ▲

Une fois la séquence du mouvement achevée, vous pouvez la « filmer » sous différents angles, en utilisant d'autres caméras qui peuvent aussi se déplacer en fonction d'images-clés.

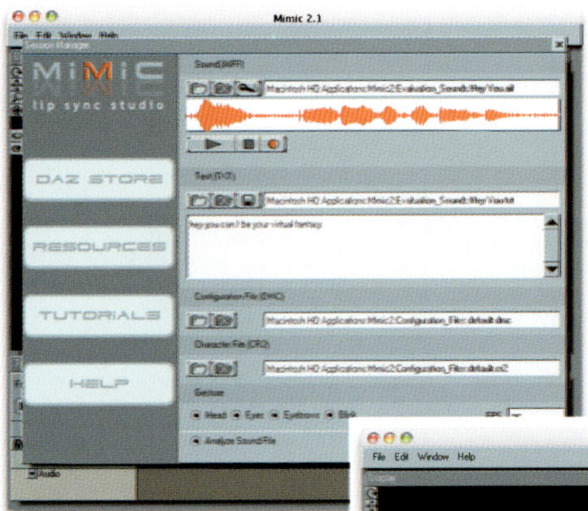

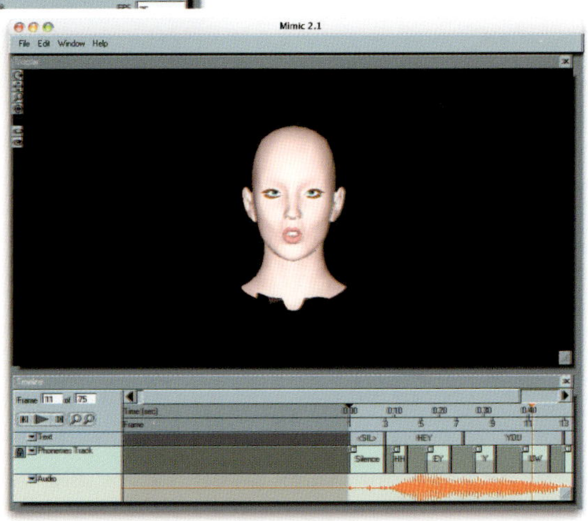

Dialogues ▲ ▶

Pour intégrer des dialogues synchronisés, l'utilisation de DAZ|Mimic est conseillée. À partir d'un enregistrement (en WAV ou AIFF), ce logiciel crée automatiquement les mouvements des lèvres et vous évite ainsi de nombreuses heures de travail.

Rendu ▼

Effectuez le calcul de rendu une fois l'animation achevée. Poser offre un résultat d'assez bonne qualité, à condition de bien maîtriser les différentes options. Sauvegardez-le dans un format compatible avec votre logiciel de montage, le format DV étant le plus courant.

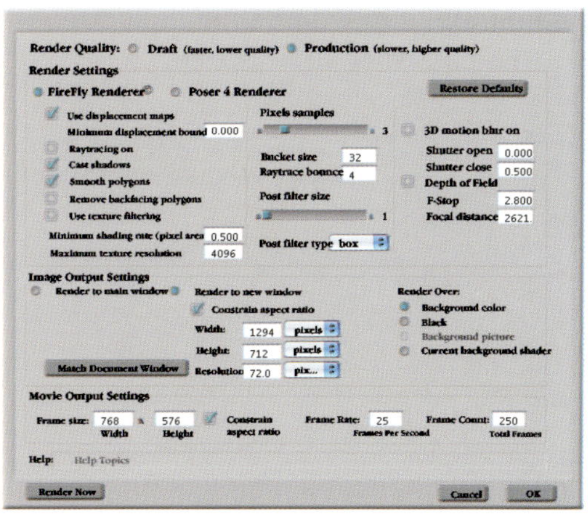

SE FAIRE CONNAÎTRE

Le marketing et la distribution figurent parmi les plus gros postes des budgets hollywoodiens. Si vous ne pouvez prétendre à de tels moyens financiers, vous devrez faire preuve d'imagination et d'originalité pour promouvoir votre film.

Vous découvrirez dans cette section comment monter un dossier de presse, comment toucher un maximum de public au travers des festivals et d'Internet, et comment utiliser votre premier film comme carte de visite afin de vous faire connaître auprès des professionnels et d'en réaliser un deuxième.

Quelques conseils sur les pièges à éviter en matière de droits vous aideront à vous lancer dans la promotion de votre film avant de passer à la réalisation d'un long-métrage.

5

LE MARKETING

Le problème des courts-métrages est l'absence d'un réel marché commercial. Auparavant, ils étaient nombreux à être projetés en complément des programmes de longs-métrages mais, aujourd'hui, l'abondance des publicités et des bandes-annonces ne laisse plus guère de créneaux pour leur diffusion. Toutefois, même si la concurrence est rude, il est encore possible de montrer un court-métrage. Vous trouverez ici quelques idées pour atteindre cet objectif, mais la seule véritable recette est de rendre votre film attractif.

Votre outil marketing majeur est le dossier de presse. Très complet, il doit être utile tant aux médias, qu'aux acheteurs et aux distributeurs potentiels et aux organisateurs de festivals. Quelle que soit sa forme et sa présentation, il doit contenir: une copie du film, une bande-annonce, un synopsis bien rédigé, le CV des principaux membres de l'équipe et du casting, des photos, et éventuellement des affiches et des flyers. Pour les médias (radio, télévision, journaux), joignez une page avec les dix questions les plus fréquemment posées et leur réponse.

Le dossier de presse devra adopter un design percutant, car il influera sur la première impression que les professionnels auront de votre film. N'essayez pas de rivaliser avec les majors, car vous n'en aurez pas les moyens, mais montrez-vous imaginatif. Plutôt qu'un banal dossier avec des feuilles volantes sur lesquelles vous collez un DVD, inventez un graphisme en rapport avec celui du film. Agrafez les pages entre elles, pour éviter qu'elles ne se perdent et prévoyez un conditionnement suffisamment robuste pour supporter les manipulations. L'impression numérique offre aujourd'hui une qualité et des tarifs qui devraient vous permettre de créer un produit attractif sans vous ruiner.

Plutôt qu'une cassette vidéo, incluez un DVD du film. La plupart des professionnels possèdent un lecteur DVD ou peuvent le lire sur leur ordinateur. Si vous visez une diffusion locale, il n'est pas nécessaire de proposer deux formats (PAL et NTSC) ; en revanche, pensez-y si vous envisagez une diffusion internationale, et renseignez-vous également sur les différents systèmes d'encodage en fonction des pays. Si vous avez suffisamment de place sur le DVD, incluez la bande-annonce ainsi qu'une version numérique du dossier de presse. Choisissez dans ce cas des formats que tout le monde peut lire (PDF ou RTF), plutôt que des formats liés à une application en particulier (par exemple, Microsoft Word). Assurez-vous aussi que la navigation sur le DVD est simple. Vous pouvez éventuellement rajouter un CD où vous graverez tous les dossiers numériques (photos, synopsis, etc.) et une version QuickTime du film pour les personnes sans lecteur de DVD mais avec un lecteur de CD sur leur ordinateur.

Pour le synopsis, prévoyez trois versions : une courte, une moyenne et une longue. La courte compte 50 à 75 mots, la longue s'étend sur une page (250 mots). Rédigez-le avec clarté et

FAQ

1. ***D'où vous vient l'idée ? Est-ce autobiographique ?***
   Comme dans bien des histoires, il y a une part de vécu. Je me suis un jour posé la question « Quel bilan faire de ma vie… ? » dans un parking semblable à celui du film, et j'ai imaginé une histoire qui est ensuite devenue un scénario.
2. ***Quelle a été la durée du tournage ?***
   Le tournage a duré une semaine, mais deux ans s'étaient écoulés depuis l'écriture du scénario. À l'origine, je voulais faire jouer mes enfants dans le film, mais ils étaient devenus trop grands entre-temps. La préproduction a été minutieuse. Tout a été préparé en détail. Le tournage en numérique nous a aussi épargné beaucoup de temps.
3. ***Comment avez-vous choisi vos acteurs ?***
   Ce sont des amis, qui sont en plus mariés dans la vie. Ils tournent beaucoup pour des séries à la télévision, ce qui les rend peu disponibles. C'est d'ailleurs une des raisons pour lesquelles nous avons dû faire vite.
4. ***Et les enfants ?***
   Les miens étaient trop âgés, j'ai donc demandé à mes amis. Malgré ce qu'on dit souvent, je n'ai eu aucun problème à les diriger, car ils étaient très naturels. En tournant les choses sous forme de jeux, tout le monde y a pris plaisir.
5. ***Quel était votre budget ?***
   Il n'y en avait pour ainsi dire pas. Cela a coûté moins de 150 euros, repas pour tous compris. Bien sûr, si chacun avait dû être payé pour son poste, la situation aurait été très différente.
6. ***Est-ce votre premier film ?***
   C'est le premier que je trouve digne de montrer au public. J'ai tourné plusieurs autres courts-métrages dans de très courts délais, sans véritable pré-production. Cela m'a appris à travailler dans l'urgence, et cela m'a convaincu qu'une préparation minutieuse est indispensable.
7. ***Quel est votre prochain projet ?***
   J'en ai plusieurs, à divers niveaux de préparation.

Questions dirigées ◀
Cette liste regroupe des questions susceptibles d'être posées par un journaliste. Trouvez des questions pertinentes avec des réponses simples. C'est aussi l'occasion de donner votre meilleure interview, puisque vous avez le temps de préparer vos réponses.

concision, et évitez les superlatifs pompeux. Vous écrivez un résumé du film et non pas une critique. Faites-le relire par une personne compétente afin qu'il ne reste aucune faute de grammaire ni d'orthographe, n'oubliez pas qu'il s'agit là de la carte de visite de votre court-métrage. Si les membres de l'équipe et les acteurs ne sont pas connus, faites preuve d'une grande créativité pour rédiger leur CV, mais tenez-vous en à la vérité.

Les questions fréquentes et leur réponse, qu'on appelle FAQ, facilitent la tâche des journalistes, qui ont ainsi sous la main de quoi écrire leur article, et vous garantissent que les informations qu'ils donneront seront de qualité.

Utilisez un appareil numérique pour prendre les indispensables photos des acteurs, de l'équipe, des répétitions, des décors en construction, du tournage… Imprimez ces clichés pour le dossier, mais copiez-les également sur le CD ou le DVD afin que les journalistes puissent les utiliser.

Dans un dossier de presse, la qualité prime toujours sur la quantité. Vous avez affaire à des personnes occupées qui ne prendront pas le temps de lire des pages et des pages et de rechercher parmi des centaines d'images un contenu à reprendre.

Synopsis court

Une crise ? Quelle crise ?

Matt atteint la quarantaine. Son arrivée sur le parking d'un grand magasin de meubles déclenche une crise existentielle qui va profondément l'affecter.

PUBLICITÉ

La publicité commence avant le tournage. Les journaux locaux ont besoin, pour leurs articles, de sujets autres que ceux de la rubrique des chiens écrasés. Faites-leur savoir que vous tournez un film, surtout s'il y a un enjeu : « Des gens de la région en route pour Cannes. » Vous pouvez même leur fournir des photos et une copie du scénario. Les articles publiés seront autant de matériel supplémentaire pour le dossier de presse.

Synopsis long

Une crise ? Quelle crise ?

Le quarantième anniversaire de Matt est proche. Il mène une existence confortable entre sa charmante épouse et ses deux adorables enfants. La vie lui épargne bien des soucis, mais il en est certains qu'il redoute particulièrement. Aujourd'hui il doit accomplir une promesse faite à sa femme et accepter l'inévitable. Après avoir survécu à un trajet infernal, il arrive à destination (le parking d'un grand magasin de meubles) sur lequel il doit affronter ses démons et traverser une crise existentielle qui l'affectera profondément, ainsi que ceux qui l'aiment.

Synopsis moyen

Une crise ? Quelle crise ?

Le quarantième anniversaire de Matt approche. Il mène une existence confortable entre une femme charmante et deux enfants adorables. La vie lui épargne bien des soucis, mais il en est certains qu'il redoute particulièrement, et l'épreuve qui l'attend aujourd'hui est de celles qu'il ne peut pas fu00ir plus longtemps. Sur le parking d'un grand magasin de meubles, le voilà aux prises avec une crise existentielle qui l'affectera profondément, ainsi que ceux qui l'aiment.

Synopsis ►
La longueur du synopsis dépend de celle du film. Le court doit être intrigant, les autres peuvent révéler un peu plus de l'histoire, sans pour autant la déflorer. Vous devez donner aux gens l'envie de voir le film.

LA RECHERCHE DE FINANCEMENT

Certains cinéastes font toute leur carrière dans le court-métrage parce qu'ils apprécient ce format qu'ils jugent adapté aux idées qu'ils veulent exprimer. La majorité, cependant, l'envisage comme un entraînement et une carte de visite en vue de projets plus vastes.

Le *modus operandi* ressemble fort à celui du marketing précédemment décrit, mais l'objet diffère légèrement. Au lieu de centrer l'intérêt sur le court-métrage et l'histoire qu'il raconte, c'est vous et votre talent qu'il faut placer en ligne de mire. Cela ne dévalue aucunement le film, au contraire, puisque vous serez jugé à travers lui, mais ce n'est pas lui, mais vous, que vous vendez. Par ailleurs, les personnes visées ne seront pas les mêmes. Ce ne sont pas les distributeurs ou les festivals que vous comptez atteindre, mais des producteurs et des financiers.

Dites-vous qu'il y a fort peu de chances qu'un premier court-métrage vous ouvre les portes d'une maison de production qui vous financera un long-métrage. Mais il vous servira à montrer votre talent aux loueurs de matériel, aux laboratoires ou autres, qui verront peut-être en vous un potentiel suffisant pour vous aider à réaliser un autre court dans de meilleurs conditions. Les prestataires sont souvent à la recherche de nouveaux talents auxquels attacher leur nom. Ils supposent qu'en vous aidant, vous vous en souviendrez le jour où vous deviendrez professionnel et que vous leur apporterez de nouveaux contrats. Présentez-vous et montrez votre court-métrage en insistant sur le manque de moyens dont vous disposiez. Demandez-leur d'imaginer ce que vous pourriez faire avec une caméra et de la pellicule. Il ne vous reste plus qu'à les convaincre et à obtenir le maximum d'aides possible pour réaliser votre deuxième court-métrage.

Sachez à ce propos, que si vous avez l'intention de tourner un autre court-métrage, il existe diverses aides, notamment celles proposées par le Centre national de la cinématographie (www.cnc.fr). Les conditions imposées sont parfois difficiles à réunir pour un jeune cinéaste, mais votre premier film peut être un atout important.

Si vous désirez séduire des producteurs de longs-métrages, un seul court-métrage n'y suffira pas, à moins qu'il ne soit le film le plus génial depuis *Citizen Kane*. Il vous faudra de toute façon une « bande démo », une sorte de bande-annonce, sur laquelle sont habilement montées les meilleures séquences de vos travaux de réalisation, de mise en scène ou de bande-son. Enregistrez cette bande démo sur DVD, cela vous permettra d'y ajouter vos films complets. Le destinataire pourra alors les

QUELQUES SITES POUR OBTENIR UNE AIDE À LA CRÉATION

Centre national de la cinématographie (CNC) : www.cnc.fr

Défi jeunes : www.defijeunes.fr

Film France :
www.filmfrance.net/fr/index.cfm (recense toutes les aides régionales françaises)

Fondation Gan pour le cinéma :
www.fondation-gan.com

Groupe de recherche et d'essais cinématographiques (GREC) :
info@grec-info.com

Maison du Film Court :
www.maison-du-film-court.org

Prix Junior du Meilleur Scénario :
www.prix-scenariste.org

Renseignez-vous aussi auprès des conseils régionaux pour savoir s'il existe d'autres aides locales dans la région où vous tournez.

À l'étranger

Moxie Films : www.moxie-films.com

Australian Film Commission :
www.afc.gov.au/funding/

British Council :
www.britishcouncil.org/arts-film-funding.htm

Conseil des Arts du Canada :
www.canadacouncil.ca/mediaarts/

UK Film Council :
www.ukfilmcouncil.org.uk/funding/

visionner si la bande démo l'a accroché. Il vous faudra faire preuve d'ingéniosité et de persévérance pour atteindre les bonnes personnes et vous devez vous préparer à de nombreux refus. Si vous contactez les producteurs directement par téléphone ou par courrier, vos chances sont à peu près égales à celles de gagner le gros lot au loto. La famille du cinéma étant relativement restreinte, les rencontres se font principalement grâce au réseau relationnel. Essayez dans un premier temps d'intégrer un groupement de cinéastes indépendants ou une association, comme la SACD ou la SCAM, pour y rencontrer des gens partageant vos ambitions. À force de ténacité, vous finirez par rencontrer des personnes qui seront sensibles à votre travail et qui vous aideront à vous lancer. Conservez votre enthousiasme, votre passion et ne vous promenez jamais sans un ou deux DVD sur vous.

Quelle que soit la méthode que vous employez pour vous faire connaître, la qualité de votre travail sera déterminante. Les festivals vous permettront de montrer votre film et de voir les réactions du public.

LES FESTIVALS ET LES CONCOURS

LES FESTIVALS

Les festivals et les compétitions sont sans doute le meilleur moyen de montrer votre film et d'obtenir un peu de reconnaissance. Il en existe de toutes sortes, des prestigieux festivals de Venise ou de Cannes jusqu'aux bien plus modestes festivals locaux où vous ferez certainement vos débuts.

Ne limitez pas vos chances et inscrivez votre film au plus grand nombre de festivals possible, à condition qu'il réponde aux critères de sélection. Il sera parfois retenu, parfois rejeté. Cela vous semblera injustifié et vous devrez prendre sur vous pour ne pas le vivre comme un échec personnel, d'autant plus que les lettres de refus sont souvent impersonnelles. Cela peut toutefois se comprendre lorsqu'on sait que certains festivals reçoivent plusieurs centaines, voire des milliers de candidatures.

Vous trouverez sur le site www.filmfestivals.com une liste très complète des festivals par région et par date, ainsi que toutes les informations nécessaires pour y participer. Renseignez-vous sur les conditions d'inscription. Informez-vous également sur le type des films sélectionnés lors des précédentes éditions car certains festivals, même s'ils n'ont pas un intitulé explicite, privilégient un genre ou un thème précis. En revanche, d'autres festivals sont très ouverts. Donc, si votre film est de la science-fiction, recherchez d'abord les manifestations dans ce domaine. Mais ne vous limitez pas à cela.

Considérez également le format demandé. De plus en plus de festivals acceptent les films en DV, et la tendance s'accélère avec l'arrivée des

Projection de festival ▶
Les festivals sont très variés, ils peuvent être petits et très confidentiels ou bien être de grandes manifestations médiatiques organisées par des majors. Les petits festivals sont plus souples quant aux formats et offrent de nombreuses occasions d'échanger des idées avec d'autres cinéastes.

caméras HDV grand public et des projecteurs numériques. Les débouchés du Super-8 sont en revanche moins certains, excepté dans les manifestations spécifiques, notamment à cause des difficultés de projection.

Sachez, si vous voulez tenter votre chance Outre-Atlantique, que la plupart des festivals américains exigent des frais d'inscription. Plus le festival est important, plus ils sont élevés, sans garantie que votre film sera visionné quand vous l'enverrez à la sélection. Renseignez-vous aussi sur ce qu'ils couvrent exactement, assurez-vous par exemple de pouvoir aller à la projection de votre film (s'il est sélectionné) sans avoir à payer le ticket d'entrée. Soyez vigilant et menez votre enquête, car certains escrocs collectent des frais d'inscription pour des festivals qui n'ont jamais lieu.

LES CONCOURS

Les festivals proposent souvent un concours dans le cadre de leur déroulement, mais il existe également certaines compétitions qui ne sont pas liées à un festival. En général, ces concours sont axés autour d'un genre ou d'un thème. Il vous faut donc trouver ceux qui vous conviennent le mieux. Leur avantage est d'être très motivants et d'obliger à respecter des délais, ce qui peut stimuler votre énergie créative et accélérer vos prises de décisions.

Comme pour les festivals, vérifiez ce qu'englobent les frais d'inscription. Renseignez-vous sur le concours et sur ses organisateurs. Le monde du cinéma est un petit milieu et vous n'aurez aucun mal à trouver des renseignements. Lisez attentivement les termes et les conditions avant de vous inscrire, notamment pour savoir si on ne vous fait pas renoncer à vos droits d'auteur.

Mini ciné ▲
En installant des systèmes de home cinéma, les organisateurs du Festival de Film de Science-Fiction de Londres ont créé un mini cinéma pour projeter gratuitement et en continu des courts-métrages, devant un public qui vote pour son film favori. Une initiative intéressante qui maintient en vie le court-métrage.

Voyez aussi les concours organisés sur Internet. Certains comme www.triggerstreet.com et www.moviesaskew.com (organisés respectivement par Kevin Spacey et Kevin Smith) sont très réputés. Pour plus d'informations sur les possibilités offertes par Internet, reportez-vous page 132.

Que ce soit pour les festivals ou les concours, visionnez les films gagnants des précédentes sélections. Vous aurez une idée des attentes du jury, du niveau de la compétition, et vous serez mieux à même de juger si vous devez y participer ou non.

Conditions d'inscription à un festival ▶
Chaque festival a ses exigences, c'est pourquoi vous devez lire soigneusement le règlement. À droite, vous trouvez un exemple des conditions d'adhésion au Festival du Film de Raindance au Royaume-Uni.

Les formulaires d'inscription requièrent tous un certain nombre d'informations. Les conditions légales peuvent varier selon les pays. Il est donc conseillé de vous assurer que tous les aspects légaux sont en règle.

1. Le format dans lequel a été tourné le film entre en considération dans la sélection, notamment pour des raisons de projection.

2. Les formats professionnels sont acceptés dans la plupart des festivals, mais les projecteurs numériques qui projettent les DVD se répandent.

3. Certains festivals se spécialisent dans un genre (épouvante, comédie), mais la plupart sont généralistes.

4. Utilisez le synopsis préparé pour le dossier de presse.

5. S'il n'y a qu'un seul nom, soit vous impressionnerez le comité de sélection, soit vous ne serez pas pris au sérieux. Mais, cela a marché pour Robert Rodriguez.

6. Pour une première expérience, la question ne se pose sans doute pas, mais en projetant votre film en festival, vous pourriez rencontrer d'éventuels acheteurs.

7. Certains festivals exigent l'exclusivité, d'autres privilégient la qualité. Ne mentez pas, le monde du court-métrage est petit.

8. Vous ne signez pas un pacte avec le diable, mais assurez-vous quand même d'avoir bien lu les termes et les conditions, et demandez conseil en cas de doute.

À CONSULTER

Raindance: www.raindancefilmfestival.org

Gérardmer-Fantastic'Arts: www.gerardmer-fantasticart.com

TromaDance: www.tromadance.com

Clermont-Ferrand: www.clermont-filmfest.com

Réglement d'inscription au festival

Formulaire d'inscription

[doivent figurer les informations suivantes]:

- Informations sur le film
- 1 Support de tournage
- 2 Support de projection au festival
- Format du son optique
- Format de l'image
- 3 Genre
- 4 Synopsis court
- Coordonnées du candidat
- Fournisseurs de la copie
- 5 Liste technique et artistique
- 6 Droits disponibles
- 7 Sélections à d'autres festivals
- 8 Frais d'inscription et formulaire signé avec acceptation du réglement Raindance

Date limite d'inscription

- La sélection est ouverte du 9 mars [de l'année en cours] jusqu'au 1er juillet de la même année.

Format de sélection

- Pour la sélection, les films doivent être soumis exclusivement en DVD ou VHS. Les possibilités de projection Raindance sont : 35 mm avec son optique, Beta-SP, Beta numérique, DVD et VHS. Les formats vidéo sont impérativement en PAL. Le 16 mm, le Super-16 et le format double bande ne peuvent être projetés.
- Titre, format de projection et durée doivent être clairement inscrits sur la boîte.
- Les copies envoyées à la sélection ne seront pas renvoyées, mais pourront être récupérées après le festival.

Critères de sélection

- Les films doivent avoir été terminés après le 1er septembre [de l'année précédente].
- Les films ne doivent jamais avoir été commercialisés au Royaume-Uni, quel que soit le format.
- Le dossier d'inscription doit inclure une copie de visionnage, un formulaire d'inscription au Festival de Raindance dûment rempli, le montant des frais d'inscription, et un dossier de presse contenant un synopsis d'environ 200 mots, la liste complète de l'équipe et des acteurs, une biographie du réalisateur et un CD avec une photo du réalisateur et deux images du film.
- Tous les films qui ne sont pas en langue anglaise doivent être sous-titrés en anglais.
- Aucun film avilisant ou pornographique ne sera sélectionné.

Chaque festival a ses propres critères. Celui de Raindance est assez ouvert quant au genre, à condition que le film respecte l'éthique du cinéma indépendant.

Sélection des films

Les films sont visionnés et choisis selon les critères suivants :

- Qualité du scénario et de la réalisation
- Nature indépendante de la production
- Disponibilité des plages de diffusion en fonction de la durée
- Disponibilité des droits de distribution du film

La procédure de sélection pour Raindance est close au 1er septembre [de l'année en cours]. Tous les souscripteurs sont alors informés par écrit du résultat de la sélection. Les participants sélectionnés recevront un courrier contenant des informations importantes sur l'envoi de la bobine ou de la bande au festival, un dossier de presse, de la publicité, une accréditation, des précisions sur les contacts, et des conseils pour profiter au mieux du festival. La copie doit arriver au minimum cinq jours avant la date de projection prévue.

Certains festivals ont la réputation d'empocher les droits d'inscription, sans même regarder les demandes d'inscription. Les critères de Raindance sont clairs, et l'équipe de sélection visionne tout ce qu'elle reçoit avant de choisir les films qui seront projetés.

INTERNET

Si vous n'êtes pas une bête de concours, vous pouvez vous faire connaître en diffusant votre film sur Internet. Vous pouvez ainsi l'envoyer à de nombreux sites consacrés au court-métrage (par exemple, mouviz.com ou section-courts.com). Mais si vous préférez rester totalement indépendant, pourquoi ne pas créer vos propres pages web?

Les sites web spécialisés permettent de toucher une large audience composée principalement d'autres cinéastes, ce qui augmente les chances que votre film soit vu par les personnes appropriées. Par exemple, sur le site anglais triggerstreet.com, chaque nouveau film inscrit est présenté aux autres réalisateurs adhérents, qui peuvent rédiger une critique. Ces avis vous fourniront un excellent moyen d'évaluer la qualité de votre travail, sans trop vous mettre en avant s'ils sont négatifs. Cela peut donc s'avérer être une alternative intéressante si vous avez peur de vous inscrire à des festivals ou à des concours à cause des risques d'échec.

BESOIN DE PERSONNE

Si vous voulez être indépendant à tout prix, créez votre site web. Si vous souhaitez vous lancer dans une telle expérience, il vous faudra cependant réfléchir à quelques points, qui peuvent parfois vous sembler être des évidences ou du simple bon sens, mais que de nombreux créateurs de sites ont tendance à oublier.

Possédez-vous un nom de domaine? La plupart des «.com» sont déjà réservés. D'autres possibilités existent: .net, .org, .fr, .tv. Ne choisissez pas un nom trop long ou compliqué à mémoriser et à taper, car il vous sera déjà assez difficile d'attirer des visiteurs sur votre site.

Trois éléments importants ne doivent pas être négligés: le contenu, la navigation et la vitesse du site. Gardez à l'esprit que le contenu doit être facile à trouver, d'accès rapide et, par-dessus tout, intéressant. Évitez les graphismes trop intenses, ce qui vaut pour le design en général. Macromedia Flash crée des sites interactifs très intéressants, mais qui peuvent être très lents à

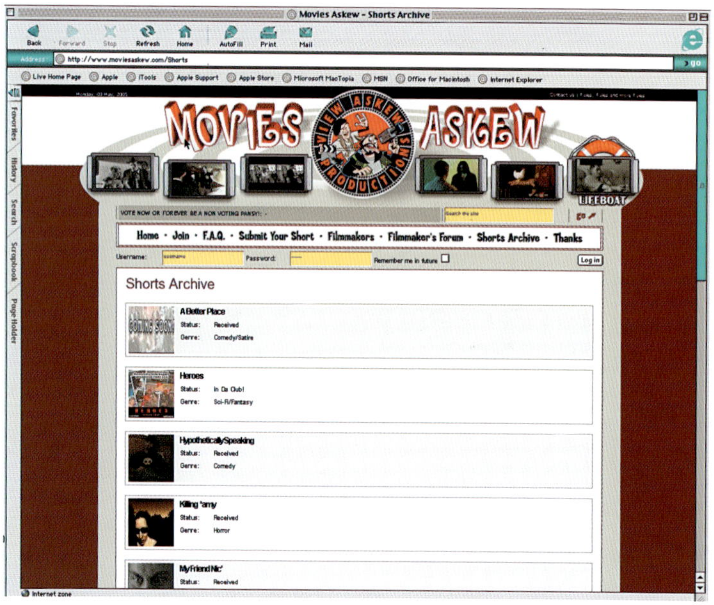

Movies askew ▲
Le réalisateur Kevin Smith (*Clerks*, *Dogma*) participe à la sauvegarde du cinéma indépendant grâce à sa compétition en ligne de courts-métrages. Sacrément décalé.

Atom Films ▲
Tous les genres et tous les goûts se trouvent sur ce site, un des premiers, où sont diffusés probablement les meilleurs courts-métrages du net.

afficher. Même si le haut débit tend à se généraliser, certaines personnes ne se connectent encore qu'avec des modem 56k. Pensez-y et faites en sorte que les pages soient téléchargeables rapidement. Proposez donc deux versions du film, une pour le haut débit, une autre pour les accès traditionnels et choisissez un format universel (QuickTime, par exemple, que l'internaute peut acquérir gratuitement). Vous pouvez également convertir vos films en Flash. Des logiciels comme Flix de Wildform vous y aideront.

Parallèlement, posez-vous la question de savoir quelle sera la fonction de votre site web. Souhaitez-vous en faire une simple devanture ou une véritable entreprise commerciale? Il est sans doute préférable de s'en tenir, au départ, à une vitrine, jusqu'à ce que la qualité de votre travail ou votre réputation permettent d'envisager d'en tirer des revenus, du pay-per-view à la vente de DVD.

Ces considérations nous conduisent à aborder le problème de la fréquentation du site. Pour inciter les gens à visionner votre film plutôt que des millions d'autres sur Internet, il vous faudra de l'ingéniosité et une bonne dose de chance. Les méta-tags sont le premier angle d'attaque : en y plaçant les mots adéquats, les moteurs de recherche vous trouveront, mais votre position dans la liste dépendra du nombre de visites effectuées sur le site. Dans ces conditions, il vous sera donc difficile d'accroître le trafic. Il vous faudra donc susciter l'intérêt et laisser le bouche à oreille électronique faire le reste. La méthode fonctionne si vous avez un contenu de qualité, pour preuve le phénomène médiatique engendré par le site Internet du *Projet Blair Witch*. Commencez par prévenir vos amis par e-mail et demandez-leur de faire passer le mot. Assurez-vous tout de même de ne pas joindre de virus.

DIFFUSER VOTRE FILM SUR INTERNET

1 Écrivez un scénario brillant et réalisez le film, sans oublier que plus c'est court, mieux c'est.

2 Trouvez un site qui diffuse le même genre de films.

3 Suivez le mode d'inscription en étant attentif aux conditions relatives aux droits et aux autorisations de diffusion.

4 Conviez vos amis et les amis de vos amis à le voir et à voter pour lui.

5 Créez votre propre site pour héberger vos films.

6 Enregistrez les fichiers dans un format compatible avec le streaming (QuickTime, Real, Windows Media). Évitez les fichiers trop lourds ou proposez des versions pour deux vitesses de connexion.

À CONSULTER

www.apple.com/quicktime QuickTime est un lecteur de vidéos fréquemment utilisé sur Internet.

www.macromedia.com Logiciel de création de sites web.

www.microsoft.com/windows-media Autre lecteur de vidéos sur le net.

www.real.com Fournit des vidéos en streaming.

www.wildform.com Convertit des vidéos au format Flash.

www.amazefilms.com Distribution de films sur Internet.

www.atomfilms.com Site proposant des films sur Internet.

filmwatcher.com Portail dédié au court-métrage.

www.moviesaskew.com Communauté de cinéastes créée par Kevin Smith.

www.triggerstreet.com Communauté de cinéastes créée par Kevin Spacey.

DROITS

En termes simples, vous êtes propriétaire des droits de toute œuvre originale que vous créez. En France, ces droits (les droits d'auteur) sont incessibles, en ce qui concerne les droits moraux. Seuls sont cessibles les droits patrimoniaux. Ce que vous cédez à un producteur ou un distributeur sont les droits d'exploitation (droits patrimoniaux) qui lui permettent, pendant une période donnée, d'utiliser votre travail. La différence avec le copyright pratiqué aux États-Unis notamment est considérable puisque, dans ce pays, un producteur ou un distributeur acquiert les droits de manière à ce que l'œuvre lui appartienne ensuite totalement, le droit moral n'y existant pas en tant que tel.

Vous avez tout intérêt à protéger votre scénario. Les possibilités sont nombreuses. Un enregistrement auprès d'institutions comme la SACD (www.sacd.fr) ou la SCAM (www.scam.fr) vous garantit en outre une assistance juridique. Cette démarche n'a pour but que de prouver, en cas de litige, que vous avez été le premier à inventer cette histoire en témoignant de l'antériorité.

LES AUTRES AUSSI SONT PROTÉGÉS

Si vos films sont réservés à un cadre strictement privé, il n'est pas nécessaire de vous acquitter des droits d'utilisation d'œuvres protégées. Vous pouvez parfaitement réaliser en tant qu'amateur un parfait plagiat d'un épisode de *Star Wars* si vous n'en tirez pas profit, et si vous ne le montrez en privé qu'à vos amis. À moins bien sûr d'avoir la permission de George Lucas.

Le matériel protégé inclut, outre les textes écrits, toute marque déposée, toute œuvre d'art et tout morceau de musique. Chaque pays a ses lois, le mieux est donc de se conformer au droit international pour rester dans la légalité. Si des éléments protégés sont censés apparaître dans votre film, demandez des autorisations aux ayants droit avant de tourner. En ces temps propices aux litiges, la moindre inadvertance pourrait jeter votre carrière dans une impasse pour des années.

Rien ne vous empêche de demander une utilisation gracieuse, surtout pour un court-métrage, dont le potentiel commercial est limité (ce qui ne veut pas dire pas qu'il ne puisse pas être rentable).

Avec un peu d'astuce, vous pouvez tourner à votre avantage l'emploi de marques déposées, surtout s'il existe un concurrent. Admettons que votre personnage principal doive boire un soda, contactez votre marque favorite et demandez-leur non seulement l'autorisation d'utiliser le produit mais aussi de vous fournir autant de canettes que nécessaire pour le tournage. Le placement de produits est un vrai business dont vous pouvez profiter tout en étant couvert.

L'utilisation de la musique a été traitée pages 98-99, mais sachez qu'un morceau diffusé à la radio ou sur une platine, pendant une scène, exige également une autorisation. Il vaut mieux, de toute façon, éviter d'allumer ces appareils durant le tournage, ne serait-ce qu'à cause des raccords. La musique nécessaire s'ajoute en post-production.

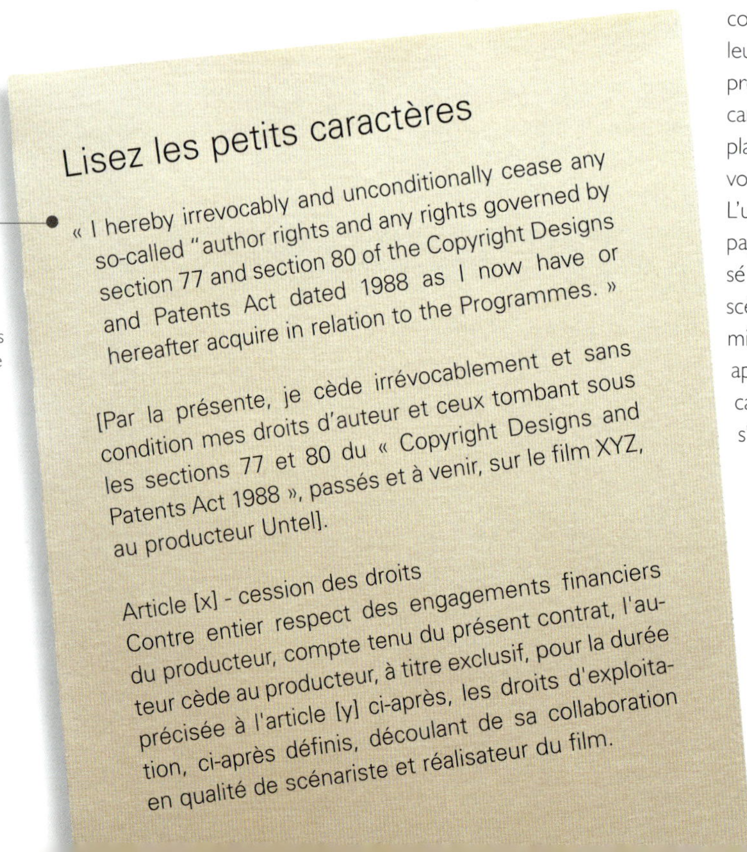

Lisez les petits caractères

« I hereby irrevocably and unconditionally cease any so-called "author rights and any rights governed by section 77 and section 80 of the Copyright Designs and Patents Act dated 1988 as I now have or hereafter acquire in relation to the Programmes. »

[Par la présente, je cède irrévocablement et sans condition mes droits d'auteur et ceux tombant sous les sections 77 et 80 du « Copyright Designs and Patents Act 1988 », passés et à venir, sur le film XYZ, au producteur Untel].

Article [x] - cession des droits
Contre entier respect des engagements financiers du producteur, compte tenu du présent contrat, l'auteur cède au producteur, à titre exclusif, pour la durée précisée à l'article [y] ci-après, les droits d'exploitation, ci-après définis, découlant de sa collaboration en qualité de scénariste et réalisateur du film.

Voici ce que proposerait un producteur américain. En signant, vous lui cédez la propriété intégrale de votre œuvre, y compris une réécriture postérieure à la signature du contrat. En France, en revanche, les droits sont comme « loués » pour une période donnée, mais restent propriété de l'auteur et de ses ayants droit.

L'épineuse et complexe question des droits remplit d'énormes et pointilleux ouvrages. En cas de doute, prenez conseil auprès de spécialistes, pour éviter de grosses dépenses d'argent et des ennuis à terme. Cela vaut pour tout contrat ou toute entente qu'on vous demande de signer. Sachez enfin que si vous passez un accord avec un distributeur pour leur céder les droits d'exploitation, vous leur garantissez que la question des droits et des autorisations est en règle. En cas de litige, ils se retourneront contre vous. Prudence est mère de sûreté, dit-on, et souvenez-vous que même pour un film sans budget, la loi n'a jamais considéré la pauvreté comme circonstance atténuante.

À CONSULTER

www.atomshockwave.com/clearance_procedures.html Règlement destiné aux cinéastes diffusant leurs œuvres sur le site d'Atom Films. Une mine d'informations sur la gestion des droits aux États-Unis.

www.pierrelautier.com Avocat spécialisé dans les domaines artistiques.

Association « Protection des ayants-droit » – 41, rue des Archives, 75004 Paris – Tél. : 01 42 77 64 66.

www.ina.fr L'Institut national de l'audiovisuel propose des stages en droit de l'audiovisuel.

www.sacd.fr Société des Auteurs où vous pouvez protéger votre scénario. La SACD propose également un service d'assistance juridique à ses sociétaires.

La Production audiovisuelle – Les Contrats, Catherine Martel, Éditions Dixit, 2003.

Droit du cinéma, R. Gomi et G. Bossis, LGDJ, 2004.

L'Auteur du film : description d'un combat, ouvrage collectif, Actes Sud, 1999.

Quelques extraits du règlement du festival de Clermont-Ferrand

8. Indemnité de projection
Le Festival accorde à la société de production principale ayant un film en compétition officielle, une indemnité de projection de 75 € HT. Elle sera versée après le Festival, à condition d'avoir reçu, avant le 14 janvier 2006, le RIB/RIP de la société de production et une facture libellée au nom de l'association.

Il arrive que les projections soient ainsi défrayées (plutôt que rémunérées), mais cela est assez rare.

11. Diffusion télévision et Internet
La participation au Festival implique l'autorisation de passage sur les télévisions françaises et étrangères et sur Internet (extraits limités à 10 % de la durée totale du film et ne pouvant en aucun cas excéder 3 min).

12. Archivage
Depuis son origine, l'association Sauve Qui Peut le Court Métrage mène une mission de sauvegarde du patrimoine des courts métrages. À cet effet, elle garde les VHS et DVD soumis à la sélection, et peut être amenée à les transférer, pour une meilleure conservation, sur de nouveaux supports (numériques ou autres). Leur consultation libre et gratuite est possible au Centre de Documentation du Festival ainsi que dans le réseau de la Bibliothèque Communautaire et Inter-Universitaire de Clermont-Communauté dont nous faisons partie. Dans le cadre de ses activités, notamment celui des missions du Pôle Régional d'Education aux Images et d'hommages au Festival en France et à l'étranger, l'association pourra utiliser ces supports dans un but uniquement culturel et non commercial.

Votre premier court-métrage, définitivement archivé, c'est déjà la garantie qu'il ne disparaîtra pas.

14. Prolongement du Festival
Des programmes composés de films de la sélection officielle (en particulier les films primés) pourront faire l'objet de diffusion après la manifestation pour la promotion du Festival en France et à l'étranger.

Il n'est à aucun moment mentionné de clause d'exclusivité. Le film peut donc être projeté dans d'autres cadres.

15. Acquisition des copies
L'association pourra solliciter du producteur le droit d'acquérir une copie de tout film sélectionné au Festival National du Court Métrage de Clermont-Ferrand, et en particulier, de ceux primés. L'association s'engage expressément à en limiter l'usage à ses activités propres, strictement culturelles et non commerciales.

La diffusion d'extraits est très rigoureusement encadrée et répond à des critères communément admis. Par ailleurs, l'utilisation du film entier est garantie pour un usage non commercial, uniquement culturel et pour la promotion du festival. Vous participez ainsi également à la sauvegarde du court-métrage !

EN ROUTE POUR UN LONG-MÉTRAGE ?

Après un premier, un deuxième, un énième court-métrage, alors que vous sentez naître la reconnaissance que vous pensez mériter, vous voilà prêt à passer à un projet plus ambitieux : un long-métrage. Les principes restent les mêmes, au moins techniquement, mais le travail sur le canevas élargi à l'échelle d'un long implique une approche différente.

LE SCÉNARIO

Un court-métrage, un peu comme une nouvelle, est un épisode ponctuel mais complet, tiré du tourbillon de la vie. Un long-métrage nécessite un exposé plus global, vous permettant de construire les personnages et de poser les relations et les enjeux. Avec 90 minutes, voire plus, vous avez le temps nécessaire, mais vous devez aussi véhiculer votre idée et tenir votre public en haleine, l'amuser, l'effrayer, bref, le captiver. Si, comme la majorité des cinéastes, vous vous sentez trop à l'étroit dans le court, le long devrait vous convenir. Assurez-vous simplement que vous possédez un scénario solide avant d'envisager tout autre aspect de la production.

LA RÉALISATION

En vous lançant dans l'aventure impétueuse du long-métrage, vous visez un large public qu'il s'agit de passionner pendant une heure et demie. L'image doit donc être excellente, ce qui suppose une caméra de qualité et si possible la meilleure. Rien ne vous oblige à utiliser de la pellicule, bien des succès ont été tournés avec la Canon XL1, mais il s'agit là d'un strict minimum. La HDV permet d'envisager de nouvelles solutions, d'autant que la concurrence est vive parmi les fabricants de caméras professionnelles HD, qui doivent se faire leur place sur le marché. Envoyez-leur votre scénario. Si l'un d'eux l'apprécie, il se peut qu'il vous propose un accord intéressant.

Une des différences majeures entre le court et le long-métrage est la durée et, par conséquent, les moyens financiers et l'engagement qu'elle implique. Quel que soit le temps que vous ayez consacré à votre film de dix minutes, un long-métrage vous en prendra neuf fois plus, voire davantage selon le scénario. En pré-production, vous devrez consacrer une part importante à la logistique afin de réussir à réunir toute l'équipe et les acteurs en même temps, dans un même endroit, à un moment où ce lieu, précisément, est disponible. Il vous faudra une méthodologie rigoureuse. Si vous avez déjà eu du mal à organiser votre court-métrage, il y a fort à parier que vous n'aurez pratiquement aucune chance d'aller au bout d'un long-métrage.

Prévoyez aussi d'augmenter la durée des répétitions, car les acteurs auront davantage de scènes et surtout plus de texte à apprendre. Une seule chose qui ne devrait pas changer, à moins que vous n'exigiez un travail particulier sur la lumière ou les décors, c'est le temps de tournage d'une prise. Mais là encore, il faudra en multiplier le nombre en fonction du nombre de scènes. L'étape la plus longue sera sans doute la post-production, avec les heures de rushes à sélectionner et à monter pour atteindre 90 minutes. Chaque élément vous prendra tout simplement plus de temps.

Plus votre budget sera limité, plus la tâche s'avérera difficile. Vous trouverez toujours quelques personnes pouvant travailler un week-end ou deux, mais convaincre tout un groupe de s'engager sur un long-métrage est une autre affaire. De nombreux films indépendants ne voient jamais le jour, simplement parce que le réalisateur n'a pas réussi à réunir toute une équipe. Si vous envisagez de faire appel à des bénévoles, il vous faudra rester très souple sur le planning et les délais. Si vous vous en sentez capable, essayez de tenir plusieurs fonctions pour moins dépendre des autres.

Dans l'idéal, vos courts-métrages vous auront ouvert la porte de quelques sponsors ou producteurs. Ne dépensez pas tout en matériel et en accessoires, au détriment de l'équipe et des acteurs. Ce sont eux qui font le film, pas la caméra. Ne l'oubliez pas, ils vous en seront reconnaissants et feront alors tout leur possible pour vous donner le maximum.

Quoi que vous ayez envie de tourner, un court, un long, une comédie ou un documentaire, lancez-vous !

À CONSULTER

Comment faire un film, Claude Chabrol et François Guérif, Rivages, 2004.

Notes sur le cinématographe, Robert Bresson, Gallimard, 1995.

Si vous lisez l'anglais, voici trois autres références à ne pas manquer.

Make Your Own Damn Movie, Lloyd Kaufman, L.A. Weekly Books, 2003.

Rebel Without a Crew, Robert Rodriguez, Plume Books, 1996.

Making Movies, Sidney Lumet, Vintage, 1996.

LES 10 RÈGLES D'OR POUR RÉUSSIR UN FILM

1	Avoir un excellent scénario.	6	Réaliser une version dans un format qui puisse être projeté en salles.
2	Avoir un scénario vraiment excellent.	7	Bien respecter les modalités d'inscription aux festivals où vous postulez.
3	Posséder le meilleur équipement possible.	8	Intégrer un réseau et rencontrer un maximum de professionnels.
4	Travailler avec les meilleurs artistes et techniciens possibles.	9	Être passionné et enthousiaste, mais endurci.
5	Avoir le meilleur son possible.	10	Avoir le meilleur scénario.

GLOSSAIRE

Alimentation fantôme Source électrique permettant d'alimenter le micro sous la forme d'une tension continue qui circule sur les câbles audio sans faire partie du signal sonore.

Animation Film réalisé à partir de la succession d'images fixes (dessins, marionnettes, objets, images virtuelles...).

Animatique Animation par ordinateur présentant l'ébauche d'une future réalisation. En général, il s'agit d'un story-board filmé avec son, donnant une idée du rythme du film, avec parfois une animation simple en 3D pour expliciter une scène d'action compliquée.

Balance des blancs Réglage, sur une caméra vidéo, pour l'ajuster à la température de couleur du lieu de tournage.

Bande-annonce Bref montage de plans choisis du film destiné à en donner un aperçu pour attirer les spectateurs.

Bande-son Partie auditive du film, comprenant les dialogues, les effets sonores et la musique. La bande originale, elle, se réfère uniquement à la musique.

Beta Num Abréviation de Betacam numérique (Digital Betacam), format vidéo professionnel haut de gamme.

Bruitages Sons enregistrés en studio après le tournage. Ce sont généralement les sons synchrones du film, comme les bruits de pas ou les fermetures de portes.

Bullet time Ralenti filmé par plusieurs caméras permettant de capturer des images fixes qui sont ensuite montées séquentiellement pour donner l'impression d'un point de vue différent dans un même espace-temps. Cet effet a été popularisé par le film Matrix.

Carte SD Carte mémoire de petite taille utilisée par les appareils numériques tels qu'appareils photo, caméscopes ou lecteurs de musique.

Casting (ou Audition) Test passé par un acteur en vue de décrocher un rôle.

CCD (charge coupled device) Capteur qui transforme la lumière en image dans une caméra vidéo. Les caméras de qualité possèdent 3 CCD. Les modèles récents sont équipés de capteurs au format 16/9, évitant d'anamorphoser l'image quand on tourne dans ce format.

Cellulo Feuille de celluloïd transparent utilisée en animation traditionnelle pour tracer les dessins.

Celluloïd Produit employé autrefois pour fabriquer de la pellicule film.

Changing bag Sac noir opaque dans lequel s'effectue le chargement de la pellicule dans le magasin de la caméra.

Chroma key *Voir* Fond bleu.

Conformer Adapter le négatif d'un film pour qu'il corresponde au montage réalisé sur ordinateur.

DAT (digital audio tape) Appareil d'enregistrement sonore à petites cassettes numériques. Par extension, format d'enregistrement utilisé par ces appareils.

Décor naturel Lieu de tournage qui n'a pas été créé en studio. Il peut être extérieur ou intérieur.

Découpage technique Détail des plans à tourner avec indication des mouvements et des grosseurs des plans.

Dialogues Phrases prononcées dans un film, par les acteurs ou par un narrateur.

Distribution Diffusion des films dans des salles de cinéma, moyennant un tarif de location de la copie. Désigne également la liste des acteurs du film.

Documentaire Film dont le contenu relate, de manière à les expliquer ou à les analyser, des faits, des événements ou des phénomènes authentiques.

Dolly Support de caméra avec roues, généralement installé sur rails, dans le but de créer des mouvements fluides.

Doublage Remplacement du dialogue original d'un film par la traduction dans une autre langue, pour une exploitation à l'étranger.

Droits d'auteur Propriété intellectuelle d'un auteur (incessible en France, contrairement au copyright anglo-saxon).

DV (digital video) Tout système enregistrant des images en mouvement sous forme numérique. Les principaux formats sont : miniDV, HDV, DVCAM, DVCPro, Digital Betacam.

Étalonner Accorder la colorimétrie de chaque plan pour gommer les écarts dus aux variations de lumière non intentionnelles pendant le tournage. L'étalonnage sert aussi à ajouter une dominante colorée à l'image.

Être raccord Assurer la continuité des éléments à l'image dans des plans successifs.

Faire le point Ajuster dans la lentille les éléments de manière à ce qu'ils soient nets ou flous, selon le besoin.

Film guérilla Terme couramment utilisé dans les pays anglophones pour désigner le cinéma à tout petit budget, dont les conditions sont très rudimentaires et nécessitent de l'inventivité.

Filtre Dispositif placé devant un objectif pour changer la qualité ou réduire la quantité de lumière perçue. Dans les logiciels, les filtres simulent les mêmes effets sur des images numérisées.

Flare Effet de diffraction sur la lentille qui génère un halo autour d'un point lumineux.

Follow focus Système avec une butée réglable permettant de contrôler la mise au point grâce à une molette afin de reproduire les mêmes réglages plusieurs fois.

Fond bleu (ou fond vert) Remplacement d'une couleur déterminée dans une image (généralement le bleu ou le vert) par une autre image. Aussi appelé « Chroma key ».

Gaffer Ruban adhésif entoilé noir ou blanc, indispensable sur un tournage. Le ruban adhésif de type Chatterton utilisé pour la caméra lui ressemble, mais en plus étroit et de diverses couleurs.

Gélatine Filtre coloré que l'on place en général sur l'objectif de la caméra pour absorber certains rayons lumineux et modifier la couleur de l'image.

Générique Liste des personnes ayant collaboré au film.

Gonflage Technique qui consiste généralement à transformer un film 16 mm ou Super-16 en film 35 mm destiné à la projection en salles. Cette technique peut être utilisée pour d'autres formats, par exemple pour passer du 35 mm au 70 mm.

Grand-angle Objectif à courte focale offrant un large champ de vision. Il est particulièrement utile en intérieur et autres lieux exigus.

Grue Équipement de machinerie disposant d'un long bras permettant d'élever la caméra.

HDV (high definition video) Vidéo haute définition. Ce format très récent offre une très haute résolution d'image en 16/9.

i/s (images par seconde) Nombre d'images saisies en une seconde par la pellicule ou la bande. Le standard en pellicule est de 24 i/s, en vidéo PAL de 25 i/s et en NTSC de 30 (29,97) i/s.

ILM (Industrial Light and Magic) Gigantesque entreprise spécialisée dans les effets spéciaux dirigée par George Lucas.

Image de synthèse Image créée par ordinateur, souvent en 3D, pour des effets spéciaux ou des films d'animation.

Images-clés (Keyframes) Premier et dernier plans d'un mouvement en animation, qui définissent la pose de départ et celle d'arrivée du geste.

Inversible Se dit d'un film qui, après développement, donne directement une image positive sans passer par un négatif.

Kelvin Unité de mesure de la température de couleur.

LCD (liquid cristal display) Écran à cristaux liquides. Il est composé d'une solution de cristaux liquides scellés entre deux feuilles transparentes polarisantes, sensibles à un courant électrique qui modifie la disposition des cristaux, lesquels laissent passer ou non la lumière.

Long-métrage Film dont la durée est supérieure à 60 minutes.

Longue focale Objectif qui écrase les perspectives et fait paraître plus proche les objets lointains (comme un télescope).

Mandarine Lampe, tenant son nom de la forme et de la couleur de sa coque, composée d'un pied, d'une lyre de fixation, d'une coque et de volets réflecteurs.

Micro Outil servant à convertir le son en courant électrique pouvant être enregistré sur un support approprié.

MiniDV Format de bandes numériques utilisées dans les caméras numériques grand public.

Moniteur (ou écran de contrôle) Petit écran étalonné en haute résolution utilisé pour vérifier la lumière et l'exposition sur le plateau.

Monopode Pied de caméra à une branche, léger, facile à transporter, mais insuffisant pour le cinéma.

Montage Assemblage et organisation des plans et des divers éléments d'un film pour créer un tout cohérent.

Montage virtuel Système de montage sur ordinateur. Pour un tournage sur pellicule, il nécessite un transfert des rushes en vidéo.

NTSC (national television standards council) Standard de télévision et de vidéo en Amérique et au Japon, qui tourne à 525 lignes et 29,97 ou 30 i/s. Ce format est surnommé « Never Twice the Same Colour » (Jamais deux fois la même couleur) à cause de sa qualité de reproduction plus que médiocre.

Ours Premier montage grossier des images du film, à affiner ensuite.

PAL (phase alternation line) Standard de télévision et de vidéo en Europe et dans les pays n'utilisant pas le NTSC, qui tourne à 625 lignes et 25 i/s.

Pan and Scan Procédé selon lequel la pellicule cinématographique qui défile est balayée par un étroit faisceau lumineux (de la taille de la pointe d'une aiguille). La lumière qui traverse la pellicule est analysée par une cellule photoélectrique ou un capteur CCD qui la convertit en signal vidéo.

Panoramique Mouvement de caméra fixée sur un trépied qui suit l'action dans la scène.

Photo Au cinéma, l'art d'utiliser la lumière et la caméra.

Photoflood Projecteur de lumière pour tournage film et vidéo.

Plan fixe Scène filmée avec une caméra immobile, placée sur un trépied ou tout autre support.

Polaroïds Photos instantanément développées sur pellicule, créées par la Polaroid Corporation. Le numérique les a presque fait disparaître, sauf chez certains photographes professionnels qui les utilisent pour tester les plans.

Postsynchronisation Ré-enregistrement des dialogues en studio après le tournage en vue d'améliorer la qualité technique du son.

POV (point of view) Point de vue selon lequel se place la caméra pour montrer les évènements tels qu'ils sont perçus par un personnage.

Réflecteur Surface réfléchissante utilisée pour renvoyer la lumière existante sur un acteur ou sur un endroit et pour « déboucher » les ombres, c'est-à-dire éclairer des zones trop sombres.

Rushes Copie des plans filmés tirée du négatif (ou sur bande vidéo) qui permet la vérification de ce qui a été tourné par le réalisateur et le directeur photo.

Scénario (ou script) Version écrite du film dans laquelle figurent la description des scènes et les dialogues.

Single-frame Option sur les caméras vidéo permettant de filmer image par image.

Son d'ambiance Bruit de fond enregistré pour agrémenter l'atmosphère d'une bande-son (vent, pluie, chants d'oiseaux…). Parfois appelé « silence plateau ».

Story-board Représentation visuelle du scénario composée de dessins qui montrent les moments-clés de l'action dans une scène.

Suivi de point Réajustement, effectué par l'assistant opérateur, de la mise au point quand la distance entre la caméra et le sujet varie au cours d'une prise.

Support Matériel sur lequel est tourné ou stocké un film. Les divers supports sont la pellicule, la bande vidéo, le DVD ou le disque dur.

Synchronisation Mise en concordance des images et du son (notamment du mouvement des lèvres) dans un film.

Télécinéma Transfert des images de la pellicule sur bande vidéo en vue, notamment, du montage virtuel. Dans le jargon des professionnels, on parle de « técé ».

Tilt Mouvement vertical de caméra (placée sur un trépied) qui suit l'action.

Timecode Système de numérotation des images destiné au montage et indiqué comme suit : HH:MM:SS:II (heures:minutes:secondes:images).

Travelling Mouvement souple produit par la caméra placée sur une dolly, généralement installée sur rails.

Trépied Support de caméra à trois branches avec tête pour effectuer des panoramiques et des tilts souples.

Tungstène Lampe à incandescence dont le filament est fait de tungstène. Sa basse température de couleur (autour de 3 200 K) apparaît orange à la lumière du jour. En film, il faut une pellicule spécifique pour créer un rendu normal. En vidéo, on ajuste la balance des blancs.

Voix off Texte enregistré qui s'ajoute aux dialogues du film après le tournage.

Widescreen Image dans laquelle la largeur est significativement plus grande que la hauteur. Le rapport de 16/9 a été adopté pour la télévision haute définition. Les formats de cinéma sont encore plus larges.

XLR Connecteur audio professionnel disposant de 3 à 5 contacts. Il comporte généralement un dispositif de verrouillage et un serre-câble.

Zoom Objectif à focale variable, généralement du grand-angle à la longue focale, sur les caméras film et vidéo. Conçu pour permettre le choix d'un cadre par l'assistant opérateur sans avoir à changer d'objectif, il a ensuite donné naissance à un mouvement, avec une caméra fixe, par le changement de focale lors de la prise.

Zoom numérique Agrandissement d'une image évitant l'utilisation d'une longue focale. Il dégrade la qualité de l'image.

Zoom optique Travelling optique obtenu en faisant varier la focale de l'objectif en cours de prise de vue.

BIBLIOGRAPHIE

ÉCRITURE DE SCÉNARIO

Comment reconnaître, identifier et définir les problèmes liés à l'écriture, Syd Field, éd. Dixit, 2000 : une référence sur l'écriture de scénario.

Écrire un scénario, Michel Chion, éd. Cahiers du cinéma, 2002 : une bible de la méthodologie de l'écriture du scénario. Incontournable.

Écriture : mémoire d'un métier, Stephen King, éd. LGF-Livre de poche, 2003 : le maître de la fiction explique ses méthodes. Si seulement c'était aussi simple…

La Dramaturgie, Yves Lavandier, éd. Le clown & l'enfant, 3e édition, 2004 : un classique de la structure dramaturgique au théâtre, au cinéma et ailleurs.

Le Guide du scénariste, Christopher Vogler, éd. Dixit-Eicar, 2002 : l'adaptation pour l'écriture de scénario des travaux de Campbell.

Le Héros aux mille et un visages, Joseph Campbell, éd. Robert Laffont, 1992 : le livre sur les mythes et archétypes. Vraisemblablement inspirateur de *Star Wars*.

Story, Robert McKee, éd. Dixit, 2005 : l'ouvrage de référence sur la structure du scénario.

The Art of the Matrix, Wachowski Brothers, éd. Newmarket Press (réédition), 2001 : probablement un des meilleurs story-boards jamais dessinés pour un film.

LA TECHNIQUE

Ciné-passions, Simon Simsi, éd. Dixit, 2000 : analyse du cinéma de 1945 à l'aube du XXIe siècle.

Comment faire un film, Claude Chabrol et François Guérif, éd. Rivages, 2004 : un livre simple, précis et efficace.

Esthétique du montage, Vincent Amiel, éd. Armand Colin, 2005 : informations pratiques et esthétiques sur le montage d'un film.

Faire son premier film, Frédéric Plas, éd. Dixit, 2002 : les étapes de la réalisation d'un film détaillées et expliquées aux débutants.

Hitchcock/Truffaut, éd. Gallimard, 2003 : entretiens entre deux monuments du cinéma. À lire absolument.

In the blink of an eye, Walter Murch, Silman-James Press (2nde éd.), 2001 : le génie du montage transmet sa sagesse. Il n'existe, hélas, pas de traduction en français.

Le Montage, Vincent Pinel, éd. Cahier du cinéma, 2001 : les bases du montage. Clair et idéal pour débuter.

Les Clés pour créer un story-board, Marcie Begleiter, éd. Dixit, 2004 : un ouvrage pour réaliser des story-boards efficaces.

Les plans au cinéma, J. Vineyard, éd. Eyrolles, 2005.

Les Théories des cinéastes, Jacques Aumont, éd. Armand Colin, 2002 : la théorie mise en pratique par ses spécialistes.

Mise en scène et Jeu de l'acteur, Josette Féral, éd. Lansman, 2001 : entretiens sur le jeu d'acteur, en deux tomes.

Réaliser ses films plan par plan, S.D Katz, éd. Eyrolles, 2005

Un homme à la caméra, Nestor Almendros, éd. Hatier, 1991 : le directeur de la photographie mythique de la nouvelle vague parle de son travail.

POUR L'INSPIRATION

Kubrick, Michel Ciment, éd. Calmann-Lévy, 2004 : un grand critique analyse le cinéma d'un des plus grands réalisateurs de tous les temps.

Les Clés des plus grands succès cinématographiques, Richard M. Stefanik, éd. Dixit 2003 : analyse des procédés d'écriture des plus gros succès du box-office.

Le Petit Livre de Terry Gilliam, Jean-Marc Bouineau, éd. Spartorange, 2002 : un des cinéastes les plus imaginatifs.

Make your own damn movie, Lloyd Kaufmann, éd. L.A. Weekly Books, 2003 : l'ouvrage, en anglais seulement, d'un irréductible du cinéma indépendant. Les conseils sont décalés, mais de qualité.

Notes sur le cinématographe, Robert Bresson, éd. Gallimard, 1995 : idées et réflexions du cinéaste au fil de 25 ans de métier.

Rebel without a crew, Robert Rodriguez, éd. Plume Books, 1996 : si ce livre ne vous inspire pas, rien d'autre ne le fera ! Hélas aucune traduction française n'a encore été réalisée.

DVD À REGARDER

Cinema 16 : courts-métrages de réalisateurs à renommée internationale (www.cinema16.org).

Le Parrain, I, II et III : les films sont superbes et les commentaires audio du réalisateur passionnants.

Lost in La Mancha : l'histoire du naufrage du Don Quichotte de Terry Gilliam.

Palm directors label : le travail publicitaire et musical de grands réalisateurs de clips.

Requiem for a dream : propose un excellent « making of ».

SITES WEB

TECHNIQUE

www.adobe.fr Logiciels Photoshop, Premiere et After Effects.

www.apple.fr Le site officiel de la marque d'ordinateurs Macintosh et des logiciels GarageBand, Final Cut, iLife, iMovie, QuickTime, Shake et Soundtrack.

www.avid.fr Système de montage Avid.

www.canon.fr Caméras numériques.

www.discreet.com Logiciels d'effets spéciaux et de compositing.

www.dvfilm.com Logiciel de désentrelacement pour donner un rendu « film » à la vidéo.

www.eBay.com Achat et vente de produits informatiques neufs et d'occasion.

www.finaldraft.com Logiciel d'écriture de scénario.

www.frameforge.com Logiciel de story-board 3D.

www.glidecam.com Systèmes de stabilisation de caméras.

www.jvc.fr Caméras DV et HDV.

www.kodak.fr Principal fabricant de pellicule cinéma.

www.panasonic.fr Caméras DV et HDV.

www.powerproductions.com Logiciel de story-board.

www.sachtler.com Trépieds à tête fluide.

www.sony.fr Caméras DV, DVCAM, HDV et BETACAM.

www.steadicam.com Stabilisateurs pour caméras.

SITES SUR LE CINÉMA

www.afar-cinema.com Site de l'Association française des assistants réalisateurs.

www.bellefaye.com Site de l'annuaire de référence du cinéma.

www.bifi.fr Site de la Bibliothèque du film.

www.cnc.fr Site du Centre national de la cinématographie.

www.erreursdefilms.com Liste d'erreurs et de faux raccords remarqués dans des films.

www.filmfrance.net Site de la Commission nationale du film.

www.forge-prod.com Site dédié aux courts-métrages.

www.le-court.com Portail du court-métrage français.

www.lefilmfrancais.com/festivals Guide des festivals de cinéma et audiovisuels.

www.mouviz.com Site dédié aux courts-métrages.

www.nidinfo.com Portail dédié aux professionnels de l'audiovisuel et du cinéma numérique.

www.objectif-cinema.net Forums et annuaire de sites sur le cinéma.

www.pro8mm.com Site de référence sur le Super-8.

www.version-finale.com Site dédié au scénario.

AUX ÉDITIONS EYROLLES

Ouvrages sur le cinéma

J.Cruz, *Les plans au cinéma*, 2005

S.D. Katz, *Réaliser ses films plan par plan*, 2005

Vidéo

T. Audoux, *Premiere Elements 1.0*, 2005

P. Bellaïche, *Les Secrets de l'image vidéo*, 2004, 5e édition.

Collectif, *After Effects*, « Cahiers du designer », 2004

Collectif, *Le Cahier de Gobelins, l'école de l'image*, « Cahiers du designer », 2004

T. & C. Meyer, *After Effects Master Class*, 2003

T. Morris, S. Oakley, *Premiere 6.5*, 2003

J.-C. et D.Teague, *Final Cut Pro 3, les bases du montage*, 2002

T.Wolsky, *Montage Pro avec Final Cut Pro 3*, 2002

Animation

R. Williams, *Techniques d'animation*

L. Bertran de Balanda, *Animation et effets spéciaux avec Maya*, 2005

Photographie et travail de l'image

W. Crumpler, B. Haynes, *Photoshop CS Master Class*, 2004

J. Enfield, *Procédés photos alternatifs*, 2004

M. Evening, *Photoshop CS pour les photographes – Manuel de formation pour les professionnels de l'image*, 2004

A. Frich, *La Photographie panoramique*, 2004

T. Gartside, *Photo de paysage*, « Labo numérique », 2004

P. Harcourt Davies, *La Macrophotographie*, 2004

P. Labbe, *Photoshop CS*, 2004

Son et musique

S. Millward, *Le Livre de Cubase SX/SL 3*, 2005

M. Wherry, *Cubase SX/SL 3*, 2005

C. Anderton, C. Deinhardt, *Mixage et mastering avec Cubase SX/SL 2*, 2004

M. Roberts, *Programmation rythmique avec Cubase SX*, 2004

M. Wherry, *Steinberg Press, Cubase SX/SL 2 – Guide officiel*, 2004

D. Ichbiah, B. Segalen, *GarageBand*, 2004

D. Ichbiah, *Cubase SX – Exercices corrigés*, 2003

M. Wherry, *Cubase SX starter*, 2003

S. Millward, *Cubase VST*, 2002

C. Macqueen, S. Albanese, *Pro Tools*, 2003

F. Rumsey, T. McCormick et J-P. Bourre, *Son et enregistrement*, 2002

Et bien d'autres ouvrages à découvrir sur le site www.editions-eyrolles.com.

REMERCIEMENTS

L'auteur tient à remercier les cinéastes, leurs équipes et leurs acteurs, qui ont autorisé que soit photographié leur travail en cours. Il remercie également de leur soutien Adobe, les ordinateurs Apple, E-Frontier, Power Productions et Wildform. Quatro tient à mentionner les sources des photos et illustrations reproduites dans ce livre et à remercier leurs ayants droit : (Légende : g gauche, d droite, h haut, c centre, b bas)

Page 7, Universal / The Kobal Collection ; page 8, Melies / The Kobal Collection ; page 9g, United Artists / The Kobal Collection ; page 9d, Hal Roach / UA / The Kobal Collection ; pages 10-11, Ashvin Kumar ; page 12, Sony ; page 13g, JVC ; page 13d, Sony ; page 13c, Canon ; page 14d, Bolex ; page 14g, Pro8mm ; page 15, Pro8mm ; page 16b, tripods, Miller ; page 16d, FlowPod, VariZoom ; page 17, Apple ; pages 24-25, Ashvin Kumar ; pages 34-37, The Elektrik Zoo, Agile Films, Rickshaw Productions ; page 38, The Spotlight www.spotlightcd.com ; page 46g, FrescoFilm Productions www.frescofilm.com ; page 46d, Plan-It Locations www.planitlocations.com ; page 47, Réalisatrice : Stephanie L. Jones, Chef décorateur : Kenneth A. Larson www.kesigndesign.com ; page 52, Lastolite ; page 53h, Warner Bros / The Kobal Collection ; page 53c, Lions Gate / The Kobal Collection / HAYES, KERRY ; page 53b, New Line / The Kobal Collection / SOREL, PETER ; page 68, Live Entertainment / The Kobal Collection ; page 69, 20th Century Fox / The Kobal Collection ; page 73, Tascam ; page 74h, d, and bd, Sennheiser ; page 74, Zoom Palm Studio, Zoom ; page 77, A Band Apart / Miramax / The Kobal Collection ; page 84d, Digital Film Lab Copenhagen A/S www.digitalfilmlab.com ; pages 90, Adobe ; page 91b, Adobe ; page 91h, Avid ; page 92, MGM / The Kobal Collection ; page 93hg, Discreet ; page 93bg, Adobe ; page 93bd, Simon Davison ; page 97, DigiDesign ; page 99, DigiDesign ; page 100, Sony ; page 100b, Without A Box, Inc. www.withoutabox.com ; pages 104-105b, Nokia Corporation 2002. All rights reserved ; page 104-105, Have I Passed? scénario et photos de plateau © copyright Tom Wright / Jason Fairley / Katharine Robinson / Steve Robinson ; pages 116-117, Giuseppe Cristiano www.iradidio.com ; page 119, clichés de La Vie D'un Chien, John Harden ; page 131, conditions d'adhésion au Raindance Film Festival, Raindance ; page 132g, View Askew Productions www.moviesaskew.com ; page 132d, AtomShockwave Corp. www.atomfilms.com

Toutes les autres photographies et illustrations sont la propriété de Quatro Publishing plc. Si, malgré tous les efforts fournis pour créditer toutes les personnes ayant collaboré au présent ouvrage, des omissions ou erreurs pratiques, avaient été commises, Quatro présente ses excuses et serait ravi de faire les corrections nécessaires dans de futures éditions du livre.

Imprimé en Chine
N° d'éditeur : 7252
Dépôt légal : Janvier 2006